DU MÊME AUTEUR

SOUVENIRS D'UN JOURNALISTE FRANÇAIS A ROME. . 1 VOL.

F. Aureau. — Imprimerie de Lagny.

HENRI DES HOUX

Ma Prison

LA TRIPLE ALLIANCE
LE COMTE DE CHAMBORD — LE COMTE DE PARIS
M. JULES FERRY
CAPRI — PŒSTUM — LA SICILE

QUATRIÈME ÉDITION

PARIS
PAUL OLLENDORFF, ÉDITEUR
28 BIS, RUE DE RICHELIEU, 28 BIS

1887
Tous droits réservés

PREFACE

Dans un premier recueil de mes Souvenirs de Rome, j'avais touché, d'une main sans doute téméraire, certaines questions brûlantes, qui agitent encore la Ville Éternelle et le monde catholique. J'avais réservé à une autre publication d'autres études du même ordre.

L'autorité suprême de l'Église m'avertit par une sévère condamnation, frappant mon ouvrage, qu'il m'était interdit, sous peine d'être exclu de la communion chrétienne, de livrer aux jugements profanes les personnes et les choses sacrées, que j'avais eu l'honneur d'approcher, pendant mon séjour de trois années auprès du Vatican.

J'adhérai de tout cœur à la sentence souveraine, et j'obéis sans réserve aux ordres émanant de la plus auguste autorité morale qui soit au monde. Le malheur des temps a privé l'Église de tout moyen matériel pour maintenir l'unité et la discipline parmi ses membres.

Donc, ceux qui se disent ses enfants, doivent s'attacher à elle d'un amour d'autant plus respectueux, qu'il est absolument volontaire et libre, courber le front sous ses réprimandes, céder sans résistance à ses injonctions, à la manière de fils soumis devant une Mère vénérée. Plus chétive est devenue la puissance matérielle du Saint-Siège, plus indiscutée doit devenir sa puissance morale.

L'accomplissement de mon devoir me fut encore facilité par les appels adressés à mon cœur, qui me vinrent de Rome en même temps que la peine rigoureuse. Les personnes romaines, élevées en dignité, que j'avais appris à respecter et à aimer, se montrèrent moins émues peut-être de ma faute, que des dangers qu'elle faisait courir à mon âme. Je retrouvai dans leurs plus pressantes adjurations, un fonds inépuisable de tendresse, auquel je ne pouvais résister. Ici, à Paris, le cardinal Guibert, d'heureuse et sainte mémoire, son admirable coadjuteur, aujourd'hui son successeur, Mgr Richard, préparèrent et accueillirent ma complète soumission avec une délicatesse et une bonté si touchantes, que j'en vins à craindre de n'avoir plus du tout de mérite à obéir à leurs conseils. Enfin, le souverain Pontife daigna m'envoyer la bénédiction apostolique, en gage de Son magnanime pardon.

Avant de donner au public le second recueil de mes Souvenirs d'Italie, je dois et je veux payer le juste tribut de ma reconnaissance et de mon affection à tous ceux qui n'ont pas douté de ma fidélité chrétienne en cette redoutable épreuve, et renouveler aux pieds de NOTRE SAINT-PÈRE LE PAPE LÉON XIII, *l'hommage de ma dévouée soumission et de mon éternelle gratitude*

Comme le Dieu, dont il est le Vicaire, le Souverain Pontife abaisse et relève, humilie et réconforte, punit et pardonne. Grâces soient rendues à Sa sévérité salutaire comme à Sa paternelle indulgence.

Afin d'éviter toute confusion avec mon premier volume mis à l'index, j'ai donné à ce nouveau recueil, un titre différent, comme différent en est le caractère. J'en ai soigneusement écarté tout ce qui pouvait rappeler ou raviver la mémoire des anciennes querelles. J'ose espérer toutefois que le lecteur n'y trouvera pas un moindre intérêt.

Paris, juillet 86.

HENRI DES HOUX.

MA PRISON

CHAPITRE PREMIER

LA CELLULE N° 19

SOMMAIRE

Il faut forcer la porte de la prison. — Le comte de Barrème et M. Dufaure. — Le fisc italien. — Adieux suprêmes. — Mon cachot. — Mon lit. — Assaut nocturne donné par la vermine. — Le *Juif-Errant*. — Mes compagnons. — Le domestique des prisonniers. — Rencontre inattendue d'un prélat. — Un prisonnier de distinction. — Pensées satiriques sur les femmes. — Un notaire. — Un officier. — Un maire et son adjoint. — Un pauvre homme ! — Un docteur. — Un assassin du grand monde. — Un meurtrier précoce. — L'influence du milieu.

Le mardi, 9 mars 1884, je résolus d'entrer en prison, afin de purger la condamnation qui m'avait été infligée, six semaines auparavant, par la Cour d'assises de Rome, ainsi qu'il est raconté dans un autre livre.

Rien de plus facile en apparence, pour un homme dûment et régulièrement condamné, que d'entrer en prison. La prison est faite pour le condamné comme la carapace pour la tortue, la coquille pour l'escargot, la gaine pour la lame. Si la liberté est inscrite au nombre des droits essentiels de l'homme et du citoyen, la prison demeure le dernier, l'unique droit du condamné.

Mais à Rome rien n'est simple, ni facile. Les conquérants piémontais se plaisent aux raffinements de l'administration. J'ai dû forcer la porte de mon cachot.

Ce n'est pas que le gouvernement ait songé une minute à m'imposer l'humiliation d'une grâce, comme voulut faire jadis le « tyran impérial » à mon ami le comte Hélion de Barrème.

Cet ardent royaliste avait rédigé contre le troisième empire une très brillante dissertation en latin. Les parquets d'alors estimèrent que s'il est permis au latin de braver l'honnêteté, il lui est interdit de braver les régimes absolus, d'autant plus que la langue savante de Tacite et de Juvénal se prête merveilleusement aux pamphlets. Hélion de Barrème subit donc une condamnation; mais le successeur de Tibère eut assez d'esprit pour en arrêter l'effet par une grâce immédiate. Le nouveau Suétone la rejeta avec indignation; il multiplia les requêtes au parquet, afin de faire connaissance avec les horreurs de la captivité. Sommations inutiles : Hélion de Barrème dut avertir l'empereur qu'à défaut de la prison publique, dont la porte lui restait fermée, il s'internerait lui-même dans sa chambre, et se condamnerait au régime de la paille humide, du pain noir, de l'eau claire et des haricots gluants. Il se fit, comme il avait dit, son propre geôlier, à l'exemple de *heautontimoroumenos* de Térence.

Pareille aventure faillit arriver, lors du coup d'État,

à l'austère M. Dufaure, relégué au Mont-Valérien, pendant la bourrasque du 2 Décembre. Par une fâcheuse coïncidence, le jour même où M. Dufaure devait s'enfermer dans la nuit des casemates, l'enfant qui est devenu M. Amédée Dufaure, très excellent conseiller municipal, aspirait à la lumière du soleil. Le prisonnier obtint sans peine la permission d'embrasser la mère et l'enfant, à la condition qu'il retournerait le soir à sa geôle. Esclave de sa parole comme Régulus, M. Dufaure gravit, à l'heure dite, les pentes du Mont-Valérien ; mais arrivé devant la première sentinelle, un : « Qui vive ? » l'arrêta. — Prisonnier. — Passez au large. — Je veux entrer. — Arrière ou je tire. — Tirez, mon cadavre entrera. — C'est ainsi que M. Dufaure dut à l'opiniâtreté de son caractère la faveur d'une casemate au Mont-Valérien.

Ces anecdotes me revenaient en mémoire, tandis que je me disputais avec les employés du parquet romain pour obtenir un ordre immédiat d'écrou.

Je n'étais pas payé, j'avais payé pour me méfier, non de la clémence, mais de l'astuce du *fisc* italien.

Chez nous, le nom de fisc appartient aux collecteurs de l'impôt ; là-bas, il appartient à la justice. En Italie, on ne distingue guère entre un impôt et une amende. Dans ce pays pauvre et grevé de taxes énormes, le paiement de l'impôt entraîne le plus souvent les effets d'une condamnation. En France, le fisc ne prend que l'argent ; en Italie, il prend l'argent et la liberté. Comme partout, le fisc représente l'État sous sa forme la plus onéreuse et la plus vexatoire. Le nom est bien appliqué à la justice italienne

Le fisc donc, si je l'avais laissé libre de déterminer lui-même l'époque de ma captivité, n'eût pas manqué sans doute de désigner un bon mois de canicule et de fièvre, alors que les rues de Rome, à moitié désertes, ressemblent à un vaste hôpital de grelotteux à la sueur froide, alors que la *mal'aria* débordant des campagnes s'abat avec le crépuscule sur la ville engourdie, et peuple de visions fébriles les songes des nuits d'été. Les Italiens, peuple ingénieux, pouvaient ne pas résister à la tentation d'ajouter, avec la complicité de leur soleil estival, un petit supplément de peine au Français qu'ils tenaient en leurs griffes. Je voulus prévenir cette tentation malsaine, et le mois de mars me parut favorable à l'incarcération. C'est la saison indécise et âpre où l'hiver et le printemps se disputent l'empire de l'air; enfin le carême commençait : saison réservée à la pénitence. Une retraite aux *Carceri nuove* devait compter double.

Il me fallut, pendant plus de deux heures, solliciter et attendre du bon plaisir du parquet le papier maculé, qui m'ouvrait les portes des *Carceri nuove*. Enfin la *furia francese* l'emporta sur le nonchaloir italien ; vers quatre heures de l'après-midi, j'emportais en ma poche mon titre de prisonnier.

Guillaume, l'inséparable compagnon de mes aventures m'escortait tristement, portant la valise qui contenait un peu de linge et des livres. Nous suivions la longue et lugubre via Giulia, où je devais pour un mois prendre logement. Je ne sais qui des deux paraissait plus affligé; car, pour le brave garçon, c'était aussi un mois de solitude, compliquée d'inquiétude.

J'avais eu soin d'envoyer ma femme passer l'hiver en France; mes deux enfants demeuraient en pension, confiés à d'incomparables maîtres. Ni l'une ni les autres ne connaissaient l'heure exacte de mon expiation.

A la porte des *Carceri nuove*, je rencontre deux de mes amis hollandais, l'abbé V. D. et l'avocat R, qui m'attendaient avec l'un de mes avocats, Mᵉ Budetti, pour me donner l'accolade et les encouragements suprêmes. Rien de plus lugubre que ces adieux à la porte d'une prison. La tristesse des amis devient contagieuse. Qu'y-a-t-il derrière ces grands murs inconnus? C'est l'entrée d'un autre monde, asile de toutes les misères et de toutes les turpitudes. Le condamné à mort espère le paradis, le prisonnier n'a d'autre perspective que le purgatoire. J'abrège les adieux, et je franchis résolument les grilles préliminaires. L'avocat Budetti et Guillaume sont seuls admis avec moi dans le vestibule de l'infamie.

On m'introduit au poste des gardiens, grande pièce noire et sale, toute grillée, tout empestée de tabac et de moisissure. Là, nouvelles difficultés. Le chef des gardes, personnage hautain, flaire en moi un prisonnier peu ordinaire. Il travaille à m'intimider, à me démontrer tout d'abord sa supériorité. On me mène entre deux gardiens, sabre au côté, trousseau de clefs à la ceinture, jusqu'au cabinet du directeur. Le directeur a servi dans la marine de l'État : il montre plus de politesse et de complaisance que son terrible subordonné. Aussi est-il moins puissant. Il s'agit de savoir si mes papiers sont en règle, si aucun paraphe ne manque à l'ordre d'écrou. Je ne sais plus si je dois craindre ou espérer. Certes, il serait bon de passer encore une soirée à l'air libre, de dormir une dernière nuit dans mon lit, loin de ces murailles affreuses, de cet enfer entrevu. Mais aussi, demain, il faudra recommencer les démarches au parquet, la scène des adieux. Non, non ; la décision est prise, l'effort accompli. J'ai renoncé pour un mois aux douces choses dont la liberté est faite, à ces mille riens délicieux, dont on ne goûte pas la jouissance dans la vie ordinaire, et que cette prison m'a appris à savourer pour ma vie entière ! Merci, M. le directeur, qui me remettez aux mains des geôliers. *Consummatum est.* Je dis rapidement un dernier adieu à Guillaume. En route pour le cachot !

Sur les instances de M⁻ Budetti, on m'accorde immédiatement la faveur d'une cellule payante, dans la section des prisonniers d'élite. Pour avoir droit à cette faveur, il suffit de payer un loyer de neuf francs par mois et de renoncer au bénéfice (quel bénéfice !) de la nourriture fournie par l'État aux prisonniers. Dans la section payante, on ne coûte rien à l'État ; au contraire, on lui rapporte un petit bénéfice. J'aime mieux cela ; je ne dois rien à l'Italie, pas même l'espace de mon cachot, pas même le prix de mes aliments de captivité. On m'a jeté sans cesse à la face l'hospitalité que je recevais des Italiens ; cette hospitalité, je l'ai toujours payée, même aux *Carceri nuove*.

On me ramène à la salle des gardes, où l'on me dépouille de ma montre, de mon argent, de tout objet autre que mes vêtements. On ne me laisse même pas mes objets de toilette, qui seront remis au gardien spécial de la section, chargé de me les *prêter*, quand j'en aurai besoin, et d'assister à l'emploi qu'il me plaira d'en faire.

Ainsi délesté, je monte cinq étages démesurés entre deux geôliers ; nous arrivons à une nouvelle grille, dont le gardien spécial de la section détient seul la clef. On me remet à lui ; je deviens sa chose, l'objet qu'il garde sous sa responsabilité, son dépôt.

C'est l'heure de la promenade ; la nuit tombe. Le corridor sur lequel ouvrent les cellules est rempli de prisonniers qui m'entourent, me regardent, se demandent quel crime m'amène, interrogent les gardiens. On me conduit à une cellule vide, la cellule n° 19 ; là, le brigadier procède à une visite minutieuse de mes vêtements. On trouve un crayon et quelques feuilles de papier dans ma poche ; on les confisque. On m'ordonne de retirer bottines et chaussettes pour vérifier si je n'y ai pas dissimulé quelque papier-monnaie ou quelque lime. Je me prête de bonne grâce à cette inquisition. Dès lors, je prends ma prison au sérieux ; il me paraît que je suis un criminel pour de bon. J'obéis à tous ces gens, comme s'ils avaient vraiment le droit de me commander, comme si toutes ces humiliations devenaient la règle légitime de ma vie.

Une dépression particulière de l'esprit correspond à l'état de prisonnier. Il me paraît que je redeviens enfant, tout petit garçon, au collège, alors que mon maître d'études me faisait peur, que je tremblais toujours de commettre quelque faute inconsciente, de violer quelque règlement inconnu. Il n'est pas jusqu'à ces prisonniers qui me regardent, qui n'affectent dans leur allure quelque chose de la supériorité des anciens sur un nouveau. Dieu me pardonne! je redoute quelque brimade.

Enfin, l'heure sonne où la promenade s'achève; on nous enferme. C'est très solennel; chaque cellule est munie de trois énormes serrures et d'un nombre formidable de verrous et de barres de fer.

Je procède à l'inspection de mon cachot. C'est un vrai cachot. Je le mesure, comme je puis, avec mes pieds; je compte en longueur dix-sept semelles, en largeur neuf, ce qui donne une dimension d'environ quatre mètres sur deux, soit huit mètres carrés. Le plafond est assez élevé. A plus de deux mètres au-dessus du plancher, le jour tombe d'un soupirail taillé en biais dans l'énorme épaisseur du mur. De forts barreaux de fer entre-croisés garnissent les orifices intérieur et extérieur du soupirail, de telle sorte que je n'aperçois du ciel qu'un pied carré découpé en trente-deux parts.

Le mobilier se compose d'une petite table boiteuse en bois blanc, d'un flambeau de fer, d'une chaise en paille, d'une cuvette et d'un pot à l'eau, d'un pot de grès couvert, réceptacle des ordures de toutes sortes, d'une table de nuit et d'un lit. Le lit est fait de deux planches posées sur des pieds de fer; sur les planches une maigre et sale paillasse et un matelas plus maigre encore; un oreiller de toile grossière, où bien des têtes criminelles ont laissé leurs traces. On m'informe que j'ai le droit de garnir le lit de draps m'appartenant; je l'ignorais; en attendant le lendemain, je dois me contenter pour cette première nuit des draps en toile à voile que fournit l'État aux condamnés.

Fort insensible à ces misères matérielles, j'éprouve une certaine joie à penser que ma prison n'est pas une frime, qu'elle ne rappelle en rien les délices de Sainte-Pélagie, où mes confrères parisiens ont coulé des jours agréables; que je souffrirai un peu, non seulement dans ma liberté, mais dans mon bien-être.

On m'a pris papier, plume et encrier; le règlement interdit toute écriture aux prisonniers, sauf sous l'œil du gardien, à des jours fixés pour des correspondances ouvertes. Reste la lecture; mais on ne m'a pas encore rendu mes livres, pas même cette *Imitation de Jésus-Christ*, présent du Père P., qui sera mon *vade mecum* et ma consolation en cette longue retraite. Les livres doivent recevoir le *visa* de la direction et la marque du timbre : *Carceri nuove*.

On dit les *Carceri nuove* ou prisons neuves, comme on dit à Paris : le Pont-Neuf. C'est un vieil édifice délabré, sombre et puant. Les cellules où nous nous trouvons ont été ajoutées par Pie IX à la construction primitive, comme en témoigne une inscription latine assez pompeuse qui orne le promenoir. Elles étaient, à l'origine, réservées comme une faveur aux prévenus politiques, soustraits ainsi à l'ignoble promiscuité des criminels de droit commun. Avec le nouveau régime, la fiction veut qu'il n'y ait plus de condamnés politiques. Les cellules deviennent donc l'apanage des prisonniers relativement riches, quel que soit leur crime ou leur délit. Les condamnés politiques n'ont plus de privilège ; ils sont astreints au règlement général de la prison. Grand bienfait d'un régime libéral !

Un de mes compagnons a eu la charité de me prêter

un livre; la nuit est venue; j'ai allumé la chandelle. Je regarde l'ouvrage : c'est l'*Ebreo errante*, traduction italienne du *Juif-Errant*, d'Eugène Sue. Je ne connaissais pas le fameux roman ; j'entreprends la fastidieuse épopée d'Ahasverus, d'Hériodade et de Rodin. La langue italienne prête à ces malfaisantes divagations je ne sais quelle saveur à la fois naïve et comique.

Vers neuf heures du soir (on m'a retiré ma montre, et je mesure le temps à la longueur de mon ennui), on frappe doucement au guichet pratiqué dans ma porte. J'ouvre; c'est le domestique des prisonniers, le brosseur ou *scoppino*, qui s'informe de mes besoins.

Lui-même est prisonnier. Sa bonne conduite lui a valu le privilège d'un lit gratuit dans la section payante, à condition qu'il servira les autres détenus.

Sa figure semble douce et honnête. Quel est son crime? A travers le guichet, il me raconte son histoire.

Enfant de la républicaine Romagne, le pauvre Diana était domestique d'un fils du député Majocchi, l'un des plus farouches garibaldiens de Montecitorio. Un soir, dans un cabaret fréquenté par les Romagnols, il a assisté à une rixe sanglante entre plusieurs de ses compatriotes; lui-même n'y prit aucune part, et il affirme n'avoir pas remarqué le détail de la scène. On le cite comme témoin devant les assises de Rome. Il jure qu'il n'a rien vu. La justice romaine a des Romagnols une horreur presque égale à celle qu'elle professe contre les journalistes catholiques. Les accusés sont condamnés; le témoignage de Diana n'a pas servi l'accusation ; donc, c'est un faux témoignage. Séance tenante, sur la réquisition du ministère public, Diana est arrêté ; il subit une prévention de six mois ; puis il est jugé et condamné à son tour pour faux témoignage à trois ans de réclusion ! C'est un Romagnol, un républicain présumé qui n'usera plus de ses droits civiques. La protection du député Majocchi a fait convertir la réclusion en simple prison. Au loin, les vieux parents de Diana pleurent l'infamie imméritée, je crois, de leur enfant. Depuis quinze mois, ils demeurent privés des secours qu'il leur envoyait. Diana, qui paraît bon chrétien autant qu'il est fils pieux et dévoué, sanglote en me faisant ce récit. Je m'attendris.

Je lui délivre aussitôt un crédit sur l'argent déposé par moi à la direction, crédit destiné à sa famille. Avec l'ardeur de la gratitude italienne, il me baise la main à travers le guichet. J'ai un client, j'ai un ami dans cette prison, où toutes les classes sociales, toutes les moralités sont confondues, où règne à peu près l'égalité dans la misère, où la charité, celle de la bourse et surtout celle du cœur, s'exerce à coup sûr. Décidément, je ne me repens pas ; j'ai bien fait de passer mon carême en prison. Les bonnes pensées y sont plus faciles ; on y donne plus volontiers le verre d'eau, au nom du Christ. En vérité c'est un bon lieu de retraite. Christ y vient, sans crainte d'y rencontrer de rivaux dans les cœurs : il est le bienvenu à l'âme ; c'est chose douce, quand on souffre, de soulager les souffrants ; et le malheur s'oublie à secourir les malheureux. Merci, Diana, tu m'as donné ma première joie en ce cachot, une des plus pures de ma vie. La grâce de

Dieu soit avec toi, car toi-même tu viens de me l'apporter ! Béni sois-tu, bénis soient tes vieux parents ; braves gens, soyez mes avocats à l'heure dernière. Je vous ai voulu du bien, rien que pour l'amour de Dieu. «

Je reprends la lecture de l'*Ebreo errante* et le sommeil me gagne. Il faut essayer ce lit, ces draps grossiers, cet oreiller confident des prisonniers, qu'ont touché des fronts souillés, repentants peut-être, peut-être aussi des fronts innocents et confiants dans la justice éternelle.

Me voilà dans la nuit : les étoiles brillent à travers les barreaux. J'ai pour voisins deux jeunes gens ; car les cellules se peuvent partager. Ils causent, ils rient aux éclats, ils jouent. J'apprends le lendemain qu'ils appartiennent à d'honorables familles et qu'ils sont prévenus, l'un de vol, l'autre d'escroquerie. Leurs mères pleurent sans doute à cette heure. Eux, ont déjà contracté l'habitude de la prison et, au milieu d'autres hontes, leur honte a disparu. La gaieté refleurit dans leur cœur. L'homme est un animal qui rit.

Le sommeil s'en va ; la nuit sera longue. Mes pensées s'envolent vers les miens, dont je suis séparé et qui ne me savent pas encore en ce lieu. Elles s'élèvent jusqu'à la philosophie, jusqu'à la cause pour laquelle j'ai l'honneur de souffrir un peu, jusqu'à l'inanité des biens et des maux terrestres, jusqu'aux fins dernières de l'homme,

Je m'agite en ce lit. Tandis que mon esprit voyage, ma chair a la fièvre. Je n'avais pas prévu ce supplice ; je suis la proie des bêtes. J'essaie de douter, de dormir par force. Je ne veux ni voir ni savoir. Il faut se rendre ; ma main vient de toucher une chose vivante, plate et puante. J'allume la chandelle : les monstres m'entourent, ils couvrent les murs, mes draps. Je saute à bas du lit ; je soulève l'horrible paillasse ; elle grouille ; j'inspecte les planches du lit ; leur pourriture nourrit une effroyable nichée. Le sommeil m'abandonne sans espoir de retour. Je me lève ; je m'habille ; que faire ? Mon temps de prison sera doublé par l'insomnie. Le sommeil, ce grand consolateur dont les païens avaient fait un dieu, le sommeil, qui est l'oubli, qui est le repos, le Sommeil qui ouvre les grilles, qui force les murailles, qui donne à l'âme la clef des champs, le sommeil ne devrait jamais manquer aux prisonniers. C'est une cruauté que de les en priver, de multiplier pour eux le nombre des heures où l'on pense, où l'on regrette, où l'on souffre. Ainsi pas même de rêves !

Quelle heure est-il ? Le jour doit chasser ces bêtes vilaines. Mais combien d'heures encore l'attendrai-je ?. Les minutes, les heures coulent éternelles. Tout à coup un bruit effroyable retentit ; un bruit de fer, un bruit de marteaux et de clefs, puis de pas d'hommes. Le vacarme approche ; on ouvre un à un tous mes verrous ; deux gardiens, armés de barres de fer, munis d'une lanterne, sont là. Ils visitent ma cellule, ouvrent ma fenêtre et en frappent les barreaux pour reconnaître au son si je ne les ai pas sciés !... C'est la ronde nocturne et réglementaire. Elle annonce deux heures de la nuit. Décidément, je ne suis pas un prisonnier pour rire. On me prend au sérieux ; je pense aux évasions fameuses, à celle du cardinal de Retz, du marquis de Lavalette, de Casanova, de Monte Cristo. Comment auraient-ils fait, avec le système des inspections nocturnes, pour préparer leur fuite ?

Vers le matin, je ne sais comment, je m'endors. La fatigue a chassé les rêves. Au brusque réveil, j'éprouve cette sensation de stupeur indécise, qui saisit à la suite d'un lourd sommeil dans un lieu inconnu. Pendant quelques secondes, je me demande où je suis : je me crois en France, à la campagne, dans une chambre d'auberge. Non ; on me parle italien. Un gardien, debout au pied de mon lit, m'apporte le café commandé la veille; Diana s'informe de ma santé. Il me promet un lit plus propre.

Bientôt on m'annonce que Guillaume attend mes ordres à la porte de la prison. On ne le laisse pas venir à moi; on ne me permet pas d'aller à lui. Je dois écrire sous l'œil du garde et en italien, mes commissions de chaque jour.

Je demande des draps, un oreiller et un bouquet de fleurs. Je demande aussi de la poudre insecticide; mais le gardien m'avertit que la demande est inutile, sinon séditieuse. Les punaises du gouvernement ont succédé aux poulets sacrés dans l'inviolabilité que les Romains de tous les temps ont garantie à certaines bêtes. Je m'informe de l'origine de ce culte pour des animaux malfaisants. On me répond que la poudre insecticide peut devenir homicide; on veille sur mes jours, afin sans doute que je veille pendant les nuits. On craint que le désespoir ne me pousse au suicide, comme on frappe mes barreaux de peur que je ne m'évade. Décidément, cette prison n'est pas une plaisanterie!

On m'apporte enfin quelques-uns de mes livres, revêtus du timbre de la prison. On m'a rendu mon *Imitation*, et deux volumes sur quatre de l'Apologie d'Alexandre VI, par le P. Leonetti.

L'heure de la promenade a sonné; les cellules sont ouvertes. De neuf heures à onze heures chaque jour et de deux à cinq, j'ai la liberté de converser dans un couloir avec mes compagnons. J'en compte une quinzaine.

Le premier visage qui me frappe est orné d'un grand nez, encadré d'une barbe assez longue, surmonté d'une calotte noire d'où sortent des boucles de cheveux gris; d'épais sourcils bruns surmontent de petits yeux verdâtres, alertes, inquisiteurs, des yeux de furet. La tête très expressive se penche comme sous le poids de la pensée; l'allure cauteleuse est celle d'un homme du monde, bien que la longue redingote marron ne semble pas faite pour son propriétaire. Avant toute autre, cette figure attire et captive mon attention, d'autant plus qu'elle se dissimule à mon regard; ses yeux curieux se dérobent aux miens. J'ai la sensation d'avoir déjà vu cet homme sous un autre habit. Où? Quand? Je ne saurais dire.

Que ma plume se brise, que mon encre se sèche, si ces lignes doivent apporter à des malheureux un supplément de peine, révéler des misères secrètes, raviver des blessures saignantes, renouveler, aggraver des hontes déjà expiées et dont la lie même a été bue. Si j'allais appliquer le fer rouge de la publicité sur le front de mes compagnons de captivité, je deviendrais à mes propres yeux pire que le bourreau; car le bourreau accomplit un triste mais grand devoir social, et c'est son métier de l'accomplir.

Non, je ne deviendrai pas le gêneur involontaire de ces pauvres âmes blessées; non, pour complaire à la curiosité du public, je ne découvrirai pas des cicatrices même honteuses. Puis, tous ces malheureux dont j'ai partagé la récréation, avec qui j'ai trompé l'insupportable ennui de l'oisiveté, tous ces malheureux ont été bons pour moi : leurs lèvres m'ont souri, leurs mains ont loyalement pressé la mienne. J'ose le dire, ils ont tous été, ils sont encore mes amis. Je n'étais pas leur juge; ce n'est pas moi qu'ils ont lésé; j'ai compati soit à leurs maux, soit à leurs fautes; ils ont compati à mes ennuis. J'ai rendu à chacun d'eux les services qui étaient en mon pouvoir; ils m'en ont récompensé comme ils ont pu. J'ai partagé avec eux la vie innocente de la prison; oui, je dis innocente, car, en aucun temps de mon existence, je n'ai connu séjour plus pur que le nôtre. Dans l'extrême misère supportée en commun, les rivalités s'effacent, les pensées s'épurent, les convoitises s'émoussent. La fraternité et la charité règnent, dans ce dernier asile du crime reconnu, estampillé, flétri.

Pour apporter à ces infortunés un accroissement de chagrin, abuserais-je de ce privilège que j'avais, d'être le seul qui pût avouer cette prison, et se glorifier de son crime? Alors je serais un traître envers leur bienveillance, oserais-je le dire, envers cette sorte de respect qu'ils n'ont cessé de me témoigner, et que je leur rendais en profonde tendresse, au point que le jour où l'on m'a séparé de leur contact, comme impur, je les ai regrettés. Leur passé ne me souillait pas, et, au milieu de ces coupables, à qui j'avais un peu de bien à faire, je sentais que je devenais meilleur.

Donc, je ne révèlerai pas vos noms, camarades de mon malheur, et je ne deviendrai pas indigne de votre confiance. Devant le public, je ne veux voir en vous que des types, non des personnes; je dirai ce que vous étiez, non qui vous étiez.

Dois-je cependant cet égard à celui d'entre eux qui, après la faute expiée, n'a pas enseveli son nom dans le silence, sa vie dans la retraite; qui a bravé la publicité par une séparation bruyante non avec les fautes de son passé, mais avec les dignités dont il avait été revêtu, les croyances qu'il avait professées? Autant la honte qui se cache mérite d'être laissée à l'ombre où elle cherche un refuge; autant celle qui risque l'éclat, mérite de le trouver.

Où donc avais-je vu le singulier personnage dont l'aspect me saisit tout d'abord, et quel costume portait-il, quand je l'avais rencontré?

Je dois avouer qu'il m'apparut comme un homme chargé de quelque grand crime. Parmi tous ces criminels, lui seul se distinguait du commun des hommes par une physionomie spéciale, lui seul portait sur son visage une raison d'être là. On ne tarda pas à me révéler son état et sa faute. Ce premier jour, je le remarquai, je ne le connus pas; il m'évita et rentra bientôt en sa cellule; plus tard, il n'eut plus peur de moi, et il me fit les récits les plus curieux.

En d'autres temps, à Rome, il n'eût pas habité cette

prison. Mais il ne dissimulait pas le rôle qu'il avait cru jouer dans l'œuvre de l'unité italienne; il pensait avoir contribué à l'entrée des Piémontais dans la ville sainte; il avait reçu la récompense de ses services par une charge de cour. A cette heure, la récompense devenait peut-être plus conforme à la nature de ses offices! C'est aux Piémontais qu'il devait la promiscuité de cette infâme prison, l'humiliation de s'y rencontrer en face de moi.

Cet étrange prisonnier se nommait Mgr R... Employé, disait-il, par le cardinal Antonelli, chargé de missions confidentielles auprès de Cavour et Ratazzi, il avait reçu, sous Pie IX, la charge lucrative de commendataire de l'hospice de San Spirito. Puis, le roi Humbert l'avait nommé *custode* du tombeau de Victor-Emmanuel, au Panthéon. Il n'en continuait pas moins à figurer dans la prélature domestique du Vatican.

On le voyait à travers les rues de Rome, vêtu de l'ancien costume des prébendés, suivi d'un domestique de bonne mine, toujours affairé, toujours à la recherche de quelque combinaison. Une de ces combinaisons l'avait amené dans ce cachot. Les journaux ont relaté cette affaire qui eut du retentissement, malgré les précautions prises pour l'étouffer.

Depuis, Mgr R..., après deux ans de retraite, s'est séparé de l'Eglise; il s'est affilié à la secte de Mgr Savarese (1), dite l'Église catholique italienne. Nous retrouverons ce personnage au cours de ce récit.

Un des prisonniers qui m'accueillit avec le plus de

1. Mgr Savarese vient de faire une rétractation publique de son apostasie.

grâce fut un jeune... appelons-le baron Giacomo, amené là par plusieurs difficultés d'argent, qualifiées d'escroqueries par les tribunaux. Homme du monde, instruit, le seul de mes compagnons qui parlât une langue voisine du français, il me fit les honneurs de la prison comme d'un salon. Il me raconta tout de suite, non les fautes, mais les gloires de son passé. Il avait fait partie, comme tant de nobles italiens, des bandes de Garibaldi, contribué à affranchir je ne sais combien de provinces, accompli maintes prouesses de guerre civile dont je ne me souviens plus; lutté aussi avec la plume comme rédacteur, fondateur et correspondant d'un nombre incalculable de journaux italiens et même français. Il avait eu, dit-il, son heure de célébrité pendant la Révolution. Il attendait chaque jour sa grâce, inondait Sa Majesté le roi Humbert de suppliques et de récriminations contre l'iniquité des juges et la barbarie des geôliers. Entre temps, sur des chiffons de papier, avec une écritoire clandestine, il charmait ses loisirs en écrivant ses *pensées*, tout comme Pascal ou M. de la Rochefoucauld, pensées tantôt humoristiques, tantôt philosophiques, souvent délicates. J'ai rarement rencontré dans le monde gentilhomme plus accompli. Il n'était guère possible, en sa compagnie, de se souvenir des causes qui l'avaient conduit en ce lieu. Entre deux parties d'échecs (les pièces étaient construites avec des bouts de bois grossièrement taillés, l'échiquier dessiné sur une table), il me fit la confidence de ses *pensées*. Il en a publié, depuis, quelques-unes, et m'en a fait gracieusement hommage avec une dédicace que je copie telle quelle : « A M. H. des Houx, *Souvenir d'amitié!* » Je ne crois pas être indiscret en traduisant à titre de curiosité, certaines de ses maximes. L'ouvrage n'est pas tellement connu que j'en dénonce l'auteur, en rapportant le résultat de ses loisirs de prison. Aux *Carceri nuove*, le baron Giacomo philosophait sur les femmes et l'amour. Le pauvre garçon!

Comparez l'homme moderne à celui du temps d'Abraham et de Jacob, vous le trouverez amélioré ou empiré, selon le point de vue d'où vous l'observerez. Au contraire, comparez la femme moderne avec Ève, avec Sarah, avec Suzanne, et vous la trouverez toujours la même, avec le même cœur, la même âme, la même complaisance à la vue du diable sous la forme d'un serpent.

Un journaliste de la Catalogne a donné de la femme la définition musicale suivante : à 15 ans, c'est un *arpége*, à 20 ans un *allegro vivace*; à 30, un accord *forte*, à 40, un *andante*; à 50, un *rondo* final et à 60, un *tremolo* en sourdine.

Et cette autre :

A 15 ans, la femme sent, à 20 elle aime, à 25, elle veut, à 30 ans elle cherche, à 35, elle trouve, à 40, elle demande, à 45, elle prie, à 50 elle paie.

Sont-ce les femmes de sa patrie que l'auteur a voulu peindre? Et il est marié, peut-être père de famille!

La femme par l'amour lie souvent l'homme à son destin, comme la chaine lie l'homme au bagne.

Je n'ai pas eu l'indiscrétion de demander au baron si ses pensées pessimistes sur les femmes n'étaient telles que parce qu'elles le reportaient à l'origine de ses propres malheurs.

Qui pourra dire où vont les rêves du prisonnier? De ces étroites cellules, combien de pensées, à toute heure du jour, s'envolent vers le ciel ou roulent dans la fange? Les prisonniers ne sont distraits ni par le soin des affaires, ni par les joies ou les tristesses du monde extérieur. Le corps seul est privé de liberté; mais rien ne retient leur âme à cette vie monotone et mécanique, à ces murailles nues. Pas d'horizon à leur regard; mais pour voir l'infini, ne faut-il pas fermer les yeux?

Toutes les conditions sociales sont rassemblées en ce triste lieu. J'ai souvenir encore d'un officier comptable de la garde municipale. Sa position indique sa faute; mais comment en avait-on fait un comptable? Comment n'avait-on pas aperçu que la faiblesse de son intelligence était plus criminelle que la faiblesse de sa volonté. Je crois qu'il a été par la suite acquitté, faute de discernement, ou soumis à un plus sérieux examen mental, et c'était justice.

Je vois encore un vieux notaire, condamné à cette cellule pour six ans. Il y doit être encore. Un notaire, oui; et quelle maison centrale de France n'a pas aussi son notaire? Ce vieillard porte assez gaiement son malheur : il y est accoutumé; il a méthodiquement réglé sa vie d'après ce régime, comme sans doute il faisait en son village, confiné dans sa petite étude. C'est un type de vieux Romain : il a l'allure cléricale, la conversation cléricale, la tournure d'esprit cléricale. Il possède la théologie mieux que le droit civil; il connaît toutes les petites pratiques comme toutes les personnes du monde ecclésiastique. Toute cette population romaine est d'église. Au fond, elle a horreur du nouveau régime laïc comme un bedeau aurait horreur d'une domesticité séculière.

Je passe sur un faux monnayeur que j'ai à peine connu.

Je ne puis me rappeler sans un serrement de cœur un pauvre petit vieillard, bien rabougri, bien humble, bien sordide. C'est l'assesseur d'un syndic, accusé comme lui d'irrégularité dans la gestion communale. Ce n'est plus tout à fait un paysan, ce n'est pas encore un bourgeois. Le malheureux subit la prison préventive depuis une année; sa famille est nombreuse; elle meurt de faim là-bas. Tout son espoir repose sur un acquittement probable. Arrive le jour du jugement; il nous dit adieu, sûr qu'il est de ne plus revenir. Mais, à l'audience, il perd la tête; le syndic se décharge sur son subordonné; les deux accusés s'accusent réciproquement. Le pauvre petit vieux est condamné à vingt ans de réclusion! A-t-il vingt semaines à vivre? — On le ramène mourant. — Et les enfants, et la femme, là-bas, au village? Lui vivant, la femme est déjà veuve, les enfants orphelins; et il pleure leur malheur. N'est-ce pas affreux? Là-bas, on ne reverra plus le père; son nom même, seul héritage, sera flétri. On ne les plaindra peut-être pas et on les montrera au doigt. Les prisonniers font une collecte. Encore une consolation! Je regrette de moins en moins la sévérité de mes juges. C'est en prison qu'il faut aller pour apprendre ce que c'est que le malheur. Ailleurs on voit bien des misères; là, on voit la misère complète, totale, celle qui unit au dénuement le déshonneur. Le plus à plaindre était sans doute encore mon ami, le baron Giacomo, qui, pendant ce temps, alignait ses froides satires sur les femmes.

Je ne vous ai pas oublié non plus, mon vieux client, mon vieil ami, D. D., si propre, si râpé, si humble et si triste, sur votre banc, où vous cherchiez la solitude. Vous n'étiez pas né pour échouer là. Votre mine honteuse et désolée le prouve. Vous n'y êtes pas chez vous; vous n'y prenez pas vos aises, comme les habitués, comme les sceptiques. Des larmes brûlantes roulent dans vos gros yeux naïfs; c'est que vous pensez à vos deux grandes filles, qui, là-bas, au pauvre logis, préparent la maigre écuelle de soupe qu'elles vous apporteront tout à l'heure. Ont-elles seulement gardé pour elles le pain nécessaire? Vous êtes avec nous pour quinze jours. Votre crime n'est pas bien grand : gardien d'une saisie (je ne vous demande pas qui était le saisi; hélas! on le devine sans peine), un objet a manqué au jour terrible du recolement. C'était peut-être un châle ou une couverture pour les chères enfants! Et vous voilà ruiné et emprisonné! Au temps des Papes, vous étiez riche et considéré, propriétaire d'un des grands magasins de Rome. Avec les Piémontais, sont venus les spéculateurs; le crédit du commerce romain s'est envolé. Les spéculateurs vous ont pris votre argent. Vos filles habituées au bien-être ont connu la misère à l'âge où elle devient intolérable, et les malheurs se sont acharnés sur vous jusqu'à vous mener où nous sommes.

Je regarde par-dessus votre épaule le petit livret de vos dépenses. Même à la maigre nourriture d'un vieillard, une soupe ne suffit pas. Il vous reste 3 fr.50 pour achever vos quinze jours de prison... Je n'ose vous offrir de partager mon crédit; vous n'avez pas encore osé me parler; l'entremise du bon *scopino* Diana vous détermine à accepter. Merci, Diana, merci, mon brave D. D. Je vous dois encore un bonheur.

Le docteur « Alfio » est Sicilien; il est prévenu de substitution de conscrits. On n'a pas osé le juger dans son pays; il eût été acquitté avec acclamation, et ses compatriotes lui eussent tressé des couronnes. C'est œuvre bénie que d'arracher un Sicilien à la servitude militaire. Mais cette servitude, si intolérable aux Siciliens, qui l'a voulue? Elle date de l'affranchissement de 1860. C'est un cadeau apporté à la grande île par Garibaldi et ses Mille, par la flotte anglaise embossée à Marsala, pour favoriser le débarquement des libérateurs. Ah! vous avez voulu être libres, soyez soldats! Vos frères du Piémont ne connaissent pas les égards qu'avaient pour vous les tyrans bourboniens. Et si vous n'êtes pas contents, si vous tentez de vous soustraire par fraude à l'enrôlement piémontais, vous irez en prison avec le docteur Alfio. Vive la liberté! *Viva il risorgimento!*

Depuis dix-huit mois, le docteur a erré de prison en prison, de Catane à Naples, de Naples à Rome. Il a laissé là-bas une vieille mère et une petite fille. Déjà les voyages judiciaires, les avocats ont dévoré son patrimoine, assez considérable. C'est un bon homme, une âme faible et simple. Il ne peut prononcer le nom de sa fille sans s'interrompre par des sanglots convulsifs. Je le console comme je puis; il m'aime, parce que je le plains.

Un autre Sicilien partage notre prison; il est accusé d'un double assassinat. Le comte G. occupait en son pays, près de Messine, une haute situation publique. Avec son frère, il régnait sur son pays. Riches, intelligents, aimés, ils occupaient un rang de seigneurs. Leur sœur s'éprit d'un brigadier des douanes. Un client de la famille découvrit le mystère. Le brigadier des douanes disparut; on retrouva son cadavre dans la mer. Depuis ce jour, les comtes G. tombèrent sous la domination absolue du vengeur de leur honneur. Le chantage est insatiable. Après bien des mois, les frères G. se lassèrent du joug. Pendant toute une nuit, le village entendit dans la maison seigneuriale un bruit de cris et de coups de bâton. A l'aube les cris cessèrent et les bâtons se reposèrent. Oncques plus on n'entendit parler de l'assassin présumé du brigadier des douanes... Ces événements remontent à une douzaine d'années. Les questeurs, les préteurs, les délégués passèrent dans le pays, sans que les frères G. fussent inquiétés. Des magistrats zélés de Messine commençaient parfois une enquête. A peine osaient-ils se présenter dans le village. Les frères G. étaient inviolables et sacrés. Lorsque le procès vint aux assises de Viterbe, un témoin déclara que « si les frères G. avaient fait ce qu'on dit, il fallait qu'ils fussent d'accord avec le roi, parce que les frères G. et le roi ne pouvaient vouloir deux choses différentes. » Un temps vint, cependant, après dix ans, où le parti des G. ne régna plus dans la politique. Un magistrat eut la hardiesse de poursuivre le procès; les comtes furent arrêtés, séparés, transportés, l'un à Viterbe, l'autre à

Rome, aux *Carceri nuove* où je le connus. Tous leurs biens furent saisis pour subvenir aux frais d'une instruction gigantesque. Au moment du procès, qui dura plus de deux mois, on manda de Sicile près de cinq cents témoins. On transporta un village.

J'ai appris la condamnation de mon camarade.

Vincenzo G. jouissait d'une autorité incontestée sur les autres prisonniers. Depuis trois ans, il habitait sa cellule. Il traitait de haut les gardiens, empressés à lui ménager toutes les faveurs compatibles avec le règlement. J'ose dire qu'il se montra, dès le début, fort bienveillant pour moi, et qu'il m'honora d'une estime particulière. J'avoue que j'ai trouvé un grand plaisir en son commerce. Était-il innocent ou coupable ? La justice a prononcé. Mais *chi lo sa ?* Il parlait avec un dédain non affecté de la terrible accusation qui pesait sur lui : c'était un dédain d'homme du monde. Je n'ai jamais entendu sortir de sa bouche que des propos d'homme d'honneur, de galant homme.

Je dois dire que rien ne ressemble tant à un honnête homme qu'un criminel même avéré. En cette prison, je n'ai rencontré en somme que des gens courtois, d'une irréprochable correction morale de langage. Je sais certains cercles d'honnêtes gens où se tiennent couramment des conversations de bandits. Aux *Carceri nuove*, je ne crois pas avoir entendu une parole grossière ou cynique. C'est un des endroits du monde où la vertu, l'honneur et la morale reçoivent le plus d'hommages.

Lorsque je quittai la prison, le comte Vincenzo G. me pria d'accepter un souvenir de lui, et il me promit sa première visite après son acquittement. Hélas ! je conserve le souvenir, qui est une modeste pipe où il a fumé, souvenir de prisonnier. Mais la visite je ne l'ai pas reçue.

J'ai déjà parlé de mes deux jeunes voisins, deux étourdis, l'un ancien officier, secrétaire d'un sénateur, et accusé d'indélicatesse, l'autre employé de commerce. Ils m'ont comblé de prévenances.

Mais la protection la plus efficace que je rencontrai aux *Carceri*, fut celle d'un jeune meurtrier appartenant à une famille très distinguée et fort avancée dans la politique piémontaise. Bien plus encore que le comte G., bien plus surtout que le directeur, le jeune M. gouvernait les hommes et les choses aux *Carceri nuove*.

C'était presque un enfant. Dans un café du Corso, il s'était pris de querelle avec un garçon, et sans savoir pourquoi, pour s'amuser, pour *poser*, il l'avait tué raide d'un coup de revolver.

Son père, fort influent, a obtenu une commutation de peine : le bagne changé en prison ; le prisonnier transformé en employé, en secrétaire de la direction. Il va et vient à toute heure du jour, arpente librement les corridors, escalade les escaliers, tient la comptabilité des prisonniers. C'est une puissance reconnue même des gardiens.

Tels sont ceux avec qui j'ai vécu pendant les vingt jours de la prison commune, ceux du moins qui m'ont laissé les souvenirs les plus vivaces.

Je me reporte, non sans quelque douce mélancolie, à ces tristes lieux, aux heures où je parcourais la galerie couverte qui nous était assignée pour la promenade, où j'entendais raconter à satiété des histoires lamentables et maudire le gouvernement. Je me vois encore assis dans ma cellule, regardant avec tendresse les petites fleurs que chaque matin renouvelle l'amitié du bon Guillaume, méditant sur l'*Imitation* ou sur de graves lectures, comptant les jours, songeant à la famille, aux amis, ignorant toute chose du dehors, devenant étranger à toute passion, à tout autre désir que celui de la liberté, sentant les habitudes de la prison m'envahir et ce monde où je suis si étrangement mêlé devenir peu à peu le mien !

Je commence à bien parler l'italien : je me prends à penser dans cette langue, mais mes pensées insensiblement deviennent celles d'un détenu ; mes craintes, mes convoitises, mes sentiments, ceux d'un condamné. J'en viens à avoir des préférences pour telle ou telle figure de gardien, à compter les jours qui ramènent la faction de ceux que je préfère.

Et pourtant, qu'est-ce que cela me fait ? Quel rapport ont toutes ces choses avec moi ? Que peuvent pour moi la sympathie ou l'antipathie de ces hommes qui sont mes maîtres d'un mois, que je ne reverrai plus, dont je n'entendrai plus parler ?

Avec quelle facilité nous subissons l'influence des milieux ! M. Taine a-t-il donc raison ? Le fait est qu'après huit jours, entre mes camarades et moi, il n'y avait plus de différence apparente. J'étais comme eux, ils étaient comme moi. Nous parlions de même et je me prenais à penser leurs pensées, à concentrer toute ma volonté sur l'unique objet de leurs rêves : la liberté !

Privé d'air, sans une échappée de vue sur le monde extérieur, n'entendant parler que de souffrances et de misères, accoutumé peu à peu au monotone train-train de la prison, à l'alternative des gardiens, à la bruyante visite des barreaux, à l'inspection diurne et nocturne des cellules, après deux ou trois jours, la vie libre me paraît une chimère, la liberté un rêve. Je vis dans la caverne de Platon : les seules réalités vivantes pour moi m'apparaissent dans ces tristes fantômes qui m'entourent, qui me parlent, dans ce monde des criminels pour lequel je ne suis point fait, et qui me regarde comme un phénomène. Toutes les réalités de ma vie, mes affaires, mes amis, ma famille, ces choses bonnes et douces que j'aime, auxquelles je m'intéresse, qui faisaient palpiter mon cœur, viennent à s'estomper dans ma mémoire ; un abîme m'en sépare. Il y a une solution de continuité absolue dans la trame de mes jours. Mon passé n'est plus qu'un souvenir, un songe, une ombre sur la muraille nue de ma cellule, une fantasmagorie dans le rayon de soleil qui passe par mon soupirail. Le retour à ce monde que j'ai quitté m'apparaît dans un lointain vague, au bout d'une durée infinie, celle de ces trente journées. Trente journées et trente nuits, alors qu'une heure dure un siècle ; une nuit, une éternité ! Cela ne finira jamais.

CHAPITRE DEUXIÈME

LE PARLOIR

SOMMAIRE

Signor francese, al colloquio! — Triste équipage d'un *commendatore.* — Une double cage. — Mes amis indignés. — Feintes marques d'intérêt. — L'article de l'*Italie.* — Illustres visiteurs. — Protestations de la presse. — Lectures clandestines. — Les *irrédentistes* en prison. — Liberté de l'orgie. — Récriminations du monde catholique.

Deux jours sont écoulés ; j'ai cessé d'être un nouveau parmi mes compagnons ; j'ai conquis mon droit de cité dans la prison. Vers onze heures du matin, la grille qui ferme notre section grince sur ses gonds : j'entends crier : « *Signor francese ! signor francese ! al colloquio !* » Je comprends confusément qu'il s'agit de moi. Le nom de « des Houx » n'a jamais pu franchir d'une manière intelligible une lèvre italienne. Au temps de ma liberté, lorsque dans un magasin, je dictais mon adresse à quelque commis, il traduisait le son qu'il entendait par cet assemblage de lettres : *Deù.* Je ne saurais reproduire en écriture la cacophonie produite par la diphtongue *Houx* dans un gosier romain : *hhoousse*, en donne une faible idée. Ceux qui se piquent de belle prononciation française, sachant que notre son *u* est l'écueil des Italiens, l'emploient précisément où il ne faut pas et m'interpellent du nom de *hüe*, comme fait un cocher français à son cheval. Les gardiens ont renoncé dès le premier jour à toute tentative de prononciation, et je réponds indifféremment aux vocables de : *signor francese* ou de : *commendatore*. Car les Italiens prennent un égal plaisir à s'entendre donner et à donner à autrui leur grade dans les ordres équestres. On est là-bas aussi fier de parler à un *cavaliere* ou à un *commendatore* que de l'être soi-même. Il est vrai que là-bas les rubans ne se portent pas à la boutonnière : ils se portent à la bouche. La vanité n'y perd rien ; je crois bien qu'elle y gagne quelque chose. On se blase plus vite sur le ruban que sur le titre.

Le pauvre *commendatore* se rend au *colloquio*, c'est-à-dire à l'entrevue, dans un triste équipage ; deux gardiens l'escortent, mais ce n'est pas une garde d'honneur. Le commandeur ne commande pas ; il est commandé. Je descends quatre à quatre les innombrables degrés de pierre : en bas, j'aperçois un petit préau réservé aux prisonniers des chambrées, et dont les hôtes payants des *Carceri* n'ont même pas la jouissance. Ils paient leur cellule ; mais, en revanche, on leur retire l'air du ciel, qui devrait être gratuit pour tous.

Un brigadier des gardes, posté devant une petite porte, me fait signe d'entrer ; derrière cette poterne retentit un abominable vacarme. C'est le parloir.

Sept ou huit gens hâves, dépenaillés, hideux à voir, hurlent contre un mur; c'est à qui hurlera le plus fort. De l'autre côté du mur, des cris plus violents répondent. Après un instant de stupéfaction, je m'aperçois que le mur est troué de quelques ouvertures carrées, garnies de barreaux fort serrés, et comme si les barreaux ne suffisaient pas, on y a superposé un épais grillage. Dans les ménageries, au Jardin des Plantes, les fauves n'ont que des barreaux, les oiseaux n'ont que des grillages. La cage des prisonniers aux *Carceri nuove* réunit tous les systèmes usités pour la garde des bêtes féroces et celle des oiseaux. Je m'approche d'une de ces fenêtres; en face de moi, à une distance d'au moins deux mètres, j'entrevois vaguement un mur semblable, percé d'ouvertures analogues et que l'éloignement rend toutes petites. De ce brouillard lointain, part un tumulte de voix françaises; ma vue s'accoutume, et je distingue enfin quatre têtes connues qui se pressent derrière l'ignoble guichet, avides de me voir, et qui sourient en m'apercevant · au-dessus des têtes, des mains s'agitent et m'envoient de tendres saluts.

Je reconnais mes chers amis le comte de K. et le baron d'A., tout deux camériers de cape et d'épée de Sa Sainteté. A mon dernier jour de liberté, ils m'avaient offert un cordial déjeuner d'adieux; ils vont retourner dans la patrie; ils reverront leurs familles, ils fouleront la bonne terre de France, hospitalière, bienveillante, généreuse. Est-ce que vraiment la France existe? Est-ce qu'il y a quelque chose par delà des murs noirs? Est-ce que je reverrai jamais tout cela?

A ces amis s'est joint M. Gabriel Boyaval, qui remplit mon *intérim* à la direction du *Journal de Rome*, excellent collaborateur, dont le loyal visage, au spectacle de ces ignominies, exprime à la fois la sympathie et l'indignation. Puis, modestement derrière eux tous, je souris à la bonne figure alsacienne du brave Guillaume. Il s'est faufilé à la suite de mes visiteurs. La permission péniblement obtenue, à la suite de longues démarches, n'autorisait que trois amis à me venir voir ; mais Guillaume, après deux jours, c'est-à-dire après dix visites faites pour savoir mes nouvelles, prendre mes ordres et m'apporter mon unique repas, s'est déjà insinué dans les bonnes grâces des gardes. Il fait partie du personnel extérieur de la prison ; tout le monde l'aime ; il a pu, sans peine, forcer la consigne. Il est des accommodements, même avec l'enfer d'une prison.

On ne peut s'entendre. Mes amis sont mélangés avec les familles des autres prisonniers, quelles familles ! Tout le monde parle à la fois, et le plus haut possible, afin d'être entendu à cette distance de deux mètres à travers ces *impedimenta* de grillages et de barreaux. Les mères en haillons gourmandent, dans le dialecte *romanesco* et sur le mode aigu, leurs vauriens d'enfants : les femmes geignent en ton majeur, les enfants piaillent en mineur devant le mari ou le père criminel. C'est une symphonie infernale, au milieu de laquelle mes visiteurs essaient en vain de jeter quelques notes françaises. Auprès d'eux comme auprès de moi, sont appostés des gardiens à l'ouïe fine que notre langue semble déconcerter. Mais ils devinent bien que mes amis ne chantent pas les louanges du gouvernement. A ce spectacle lugubre donné par un journaliste coupable d'avoir écrit dans Rome ce que pensent deux cent millions d'âmes sur toute la surface de la terre, ceux qui étaient venus pour me donner du courage perdent toute contenance. Il paraît qu'entre mes gardiens, derrière ces barreaux, je fais piteuse mine. Le comte de K. sent son cœur se soulever de dégoût, au contact des guenilles avec lesquelles il se trouve confondu, à l'odeur de cette populace romaine plus sordide que le lazzarone de Naples, parce qu'elle est plus vêtue. Puis, en me regardant, ses yeux se remplissent de grosses larmes, et l'indignation surpasse le dégoût.

— Je n'oublierai pas ce que je vois à présent, parvient-il à me crier d'une voix étranglée. Je le redirai en France.

— Quant à moi, s'écrie le baron d'A., aujourd'hui même je visiterai vos enfants, mais je ne leur redirai pas ce que je vois...

C'est à peine si je puis échanger quelques paroles avec M. Boyaval. Les journaux me sont interdits ; je puis seulement lui faire savoir que je subis ma peine, confondu avec les prisonniers de droit commun. A Guillaume, j'adresse un remerciement ; c'est lui qui me soigne, qui me porte ma nourriture ; le pauvre enfant ne quitte presque pas le vestibule de la prison. Séparé de moi, il s'ingénie à découvrir ce qui me manque, à suppléer aux interdictions du règlement. Depuis longtemps Guillaume n'est plus pour moi un serviteur : sa fidélité en avait fait un ami, son intelligence et son bon jugement presque un collaborateur. Au temps de ma prison, il a pris rang dans ma famille, juste après ceux qui sont moins les miens que moi-même.

L'émotion me gagne, et à voir pleurer les autres je viendrais presque à m'apitoyer à mon tour. J'abrège le colloque ; et je sais qu'en l'abrégeant, je vais au-devant du désir de mes amis ; car un coup d'œil leur a suffi pour juger le traitement qui m'est réservé.

Telle fut cette première entrevue. A la joie que j'avais ressentie à répondre aux sourires de personnes chères, à rapprendre pour quelques minutes l'usage des mots français, à réhabituer mon oreille aux sons de la langue maternelle, s'est mêlé un sentiment plus vif de l'indignité du traitement que je subis, une idée plus nette de l'infamie imméritée, une sorte de honte d'être mélangé, assimilé à cette tourbe humaine.

J'ai su depuis que le *Journal de Rome* avait contenu, le soir même, un article indigné sur l'outrage fait en ma personne à la presse catholique et française, et une description véridique de l'état où j'étais réduit.

Aussi le lendemain, le directeur s'empressa-t-il de m'envoyer le chef des gardes pour s'informer de mes besoins. Je demandai quelques faveurs : celle de recevoir les visites chaque jour et au parloir dit des avocats, où les prévenus peuvent communiquer directement, face à face, sans grilles, avec leurs conseils : la faculté de retenir dans ma cellule du papier et de l'encre et d'écrire librement : celle de lire des journaux, enfin et surtout l'autorisation de tuer à l'aide d'un insecticide la vermine qui continue à tourmenter mes nuits.

Ces témoignages d'intérêt, qui ne me furent jamais ménagés, avaient pour objet, suivant la diplomatie italienne, de m'entretenir dans l'espérance d'un sort meilleur, d'adoucir de trop justes plaintes, de me faire vanter auprès de mes visiteurs la bonne volonté de mes geôliers.

Mais dès le lendemain je fus informé que mes demandes ne pouvaient recevoir d'accueil, étant donné le règlement de la prison. Le directeur protestait d'ailleurs de son regret : ils avait transmis mes réclamations au ministère : on les avait rejetées.

J'ai tout lieu de croire que le directeur disait vrai. On m'a appris qu'un ennemi inconnu de moi, un chef de bureau au ministère, s'opposait par système à tout adoucissement proposé à mon sort. Il apportait à cette affaire une passion de sectaire moins encore contre le Français que contre le « clérical. »

Ignorant alors des choses du dehors, j'éprouvais cependant, au regard des gardiens, à l'allure embarrassée des brigadiers, la sensation que ma prison devenait une question de presse, un événement.

Quelques jours après, le directeur de l'*Italie*, M. Harduin, vint me voir et juger par lui-même. On eût bien voulu sans doute, pour cette fois-là, changer l'ignoble étiquette de ces entrevues. On m'offrit même de chasser du parloir mes pauvres compagnons de captivité et leurs familles, afin que notre conversation fût plus libre. Pour cela, il fallait abréger de quelques minutes les visites de ces misérables, aussi précieuses, plus précieuses pour eux que pour moi. Je refusai : je ne voulais apporter à personne en ce lieu aucune gêne, et puisqu'on me réservait le sort commun, je préférais le subir jusqu'au bout.

Par situation, M. Harduin entretient les plus cordiales relations avec les chefs du gouvernement italien. Mais, comme je l'ai dit ailleurs, il sait concilier l'intérêt de sa fonction avec une indépendance toute française. Seul, un de nos compatriotes est peut-être capable d'observer ce tact, cette mesure qui concilie tout ensemble le patriotisme de sa nation avec le service d'un gouvernement étranger. N'est-ce pas Vauvenargues qui a dit que « parfois l'esprit est une dignité »? L'esprit reste une qualité essentiellement française; et cette dignité que garde M. Harduin dans ses relations avec l'*Italie*, je ne crois pas que beaucoup, parmi les journalistes étrangers résidant à Paris, aient réussi à la surpasser.

M. Harduin s'entremit donc, après notre entrevue, pour persuader au ministère de l'intérieur italien que sa conduite envers un journaliste prisonnier, envers un Français, connu dans la presse parisienne, ayant conservé mille relations sympathiques avec ses confrères de tous les partis, donnerait à l'étranger une piètre idée des mœurs gouvernementales de l'Italie. Il se heurta contre un mauvais vouloir aveugle, et enfin, il se décida à écrire dans l'*Italie* un article fort spirituel, qui alluma le feu aux poudres françaises. Les malices qui ne m'y étaient pas ménagées ajoutaient plus de force à la réclamation dirigée, au nom de la dignité de la presse, des égards dus à toute opinion respectable, contre l'impardonnable bévue d'un gouvernement qui passe cependant pour habile et spirituel.

Voici l'article de l'*Italie*.

Il se passe actuellement à Rome un fait sur lequel nous ne pouvons nous dispenser d'appeler l'attention de nos confrères, parce que c'est la presse qui est directement en cause.

La cour d'assises a condamné dernièrement à un mois de prison un journaliste catholique, coupable d'un délit de presse. Nous croyons qu'il s'agit d'outrage aux institutions. La chose importe peu, du reste, de même qu'il importe peu de s'occuper de la personne du journaliste en question.

Nous le soupçonnons de n'être pas ennemi d'une douce réclame, et il paraît évident qu'il a cherché le martyre, sinon pour s'en faire des rentes, du moins pour en faire à son journal.

Si le fisc avait été malin, il aurait deviné ce *truc* et ne s'y serait pas laissé prendre, mais le fisc n'est jamais malin.

Quoi qu'il en soit, le journaliste en question a été conduit aux *Carceri nuove* qui sont les plus affreuses prisons que l'imagination puisse rêver, de vraies prisons moyen âge, d'une hideuse saleté, où des malheureux pourrissent dans des chambrées infectes, sans pouvoir respirer l'air extérieur.

Ce journaliste, coupable d'un délit de presse, a donc été enfermé avec des assassins et des voleurs.

Il a obtenu, il est vrai, une cellule séparée, mais ce n'est pas là une faveur, attendu que tout détenu a droit à cette cellule, aux termes des règlements.

Il suffit de payer, pour être logé à part, une somme de neuf francs par mois. Ce n'est certes pas cher, d'autant moins cher que, par-dessus le marché, le gouvernement fournit les punaises.

Et elles sont abondantes.

A ce propos même, notons que le malheureux, jeté vif aux insectes, ayant demandé à ce qu'un de ses amis fût autorisé à lui apporter une boite de poudre insecticide, la direction de la prison s'y est énergiquement refusée.

Le code pénal n'a, pourtant, jamais condamné personne à nourrir les punaises du gouvernement. Nous passerons sous silence les autres sévices qu'entraine cette réclusion avec des malfaiteurs. Disons, cependant, que notre confrère n'est autorisé à se faire apporter son diner qu'une fois par jour (*carcere duro inasprito con digiuno*), c'est un héritage de l'Autriche); la nuit, on vient frapper aux barreaux de sa cellule pour voir s'il ne les a pas sciés ; défense lui est faite d'avoir du papier et de l'encre, de recevoir des journaux, etc., etc.

Bref, il aurait volé et assassiné le directeur général des prisons qu'il ne serait pas traité autrement.

Ce traitement est d'autant plus odieux que l'article 34 de la loi sur la presse dit formellement :

« Art. 34. La prison dans laquelle seront purgées les condamnations portées par cet Édit, sera toujours distinguée de celle établie pour les individus inculpés de délits communs. »

Or, il existe à Rome un local spécial pour les journalistes dans la prison de *Regina Cœli* : du moins, nous nous souvenons qu'il y a plusieurs années, lorsque nous avons visité cette prison alors en construction, le directeur nous le montra.

Et, lors même qu'il n'y aurait pas de prison spéciale, il faudrait en installer une puisque la loi le veut.

Nous demandons donc pourquoi la loi a été violée en cette occasion et qui est responsable de cette violation.

Nous sommes persuadé, du reste, que les autres journaux se joindront à nous pour réclamer des explications.

Il ne s'agit pas de savoir à quel parti appartient le journaliste victime de l'arbitraire, ni de s'occuper des motifs qui l'ont fait aller au-devant d'une condamnation facile à éviter, il suffit de constater que la presse tout entière est atteinte et outragée en sa personne.

J'ai reçu dans cet ignoble parloir les visiteurs les plus considérables; mais au bout de quelque jours, la fréquence de ces entretiens fut notablement réduite par le directeur, qui, m'a-t-il dit, ne voulait pas que la prison devînt un centre de manifestations politiques.

Aucun péril de ce genre n'était à craindre. Fort peu d'Italiens, même catholiques, s'intéressaient à mon infortune; moins encore s'aventuraient en ce vilain lieu et affrontaient le dégoût attaché à ce parloir. Mes compatriotes, résidant à Rome ou y passant, composaient ma triste clientèle, et lorsqu'ils venaient me saluer de la main, ils ne songeaient guère à une manifestation publique.

J'ai appris aussi que le ministre d'une nation étrangère, mais d'origine française, M. Collin de Paradis, représentant de la République dominicaine auprès du Saint-Siège, avait pris la peine de franchir le seuil de cette prison, de demander à me voir, et sur le refus du directeur, m'avait laissé une carte de visite qui s'égara avant de venir à son adresse. Cet acte de courage et de bienveillance n'est arrivé que bien plus tard à ma connaissance, si tard qu'une visite de remerciement, après tant de mois écoulés, eût semblé presque ridicule. Que M. Collin de Paradis, ministre de la catholique république où les souvenirs français ont laissé des traces si vivaces dans les cœurs, daigne agréer, comme une excuse, l'ignorance où j'ai été tenu de sa démarche, et comme une réparation l'hommage public de ma profonde gratitude.

En revanche, on a laissé venir à moi la carte du cardinal Chigi et celle du cardinal Pitra. Ces deux princes de l'Église, dont l'un n'est plus, ont tenu à honneur de remettre leurs noms entre les mains des geôliers de l'Italie, et de marquer, pour la honte de ces geôliers, une sorte de complicité auguste avec le crime qui m'amenait en ce lieu d'infamie.

Je recevais, d'ailleurs, presque chaque jour de France, de Belgique, de Suisse, d'Allemagne même, de nombreuses lettres que la direction ouvrait et maculait de son timbre. Plusieurs contenaient des paroles sévères contre le gouvernement usurpateur, et ces paroles étaient *passées au caviar*, mais non pas si bien que je ne les devinasse. Si le ministère, comme il est probable, avait connaissance de ces missives, il ne pouvait garder aucune illusion sur les sentiments de la catholicité universelle à l'égard de la question romaine.

Aussi bien, la presse du monde entier, sur l'article l'*Italie*, avait commencé à s'émouvoir; les journaux français de toute nuance étaient remplis d'objurgations contre le gouvernement italien. La bienveillance personnelle qu'avait d'abord manifestée le directeur pour son prisonnier se changeait en amertume; on sentait que mes geôliers avaient leurs nerfs, et les petites vexations se multipliaient, toujours voilées par cette bonhomie perfide, cette amabilité excessive et doucereusement cruelle, où se complaisent nombre d'Italiens.

Mes compagnons recevaient parfois des échos du monde extérieur; moi-même, malgré la consigne, j'apprenais bien des choses; j'en lisais même quelques-uns, en dépit des précautions puériles dont on ne s'est jamais départi.

Chaque jour, en effet, le pain que m'apportait Guillaume était percé à coups de poinçon, ma soupe retournée en tout sens et les maigres aliments qu'on me faisait parvenir, visités avec une minutie grotesque, afin que pas un journal, que pas une lettre n'échappât à la surveillance administrative.

Et pourtant... mais les prisons ont leurs secrets dont il ne sied pas de soulever le voile, aux *Carceri nuove*, plusieurs prisonniers lisaient les journaux, discutaient la politique.

Les moindres détails de la polémique relative à mon emprisonnement recevaient dans notre étroit corridor des commentaires passionnés. Mais ces lectures clandestines se faisaient comme au collège, un œil dirigé vers le journal, l'autre vers le guichet. Avec quelle volupté j'ai parfois savouré cette prose quotidienne, si souvent insipide aux hommes libres, si précieuse au prisonnier, comme un fruit défendu, comme un écho de la vie vivante, comme un témoignage d'une réalité extérieure. Je ris à présent de mes terreurs et de celles de mes compagnons. Que peut-on faire à un prisonnier? Quelle punition lui infliger pour ces peccadilles? Ces terreurs n'étaient cependant pas sans objet; il fallait se garder de compromettre les agents charitables qui nous procuraient, en dépit des règlements, ces innocentes distractions.

Mes compagnons ne tardèrent pas à m'apprendre que l'on me traitait avec une rigueur toute spéciale. Bien d'autres fois, notre section payante avait donné asile à des prisonniers politiques. On avait gardé le souvenir des libertés sans nombre accordées aux *irrédentistes* compromis à la place Sciarra quelques mois auparavant, dans une manifestation en l'honneur du régicide Oberdank. Ils jouissaient pour leurs visites de ce fameux parloir des avocats dont on me refusait l'accès. Ils ne connaissaient pas l'internement de dix-neuf heures dans la cellule. Ils vivaient entre eux à peu près libres dans cette vaste prison, et on me racontait les orgies sans fin auxquelles ils se livraient. Je ne réclamais certes ni la liberté de l'orgie, ni celle de l'ivrognerie, mais celle de la lecture, du travail, et d'une communication décente avec mes amis. Tout m'était refusé. Il est vrai que je n'avais pas crié : « Vive Oberdank, » ni « A bas le colonel autrichien ! » sobriquet sous lequel les irrédentistes désignent le roi Humbert. Mon crime était plus impardonnable ; j'avais crié : « Vive le Pape roi ! »

Ces Italiens avaient raison ; mon cri était plus puissant que celui de ces révolutionnaires, plus redoutable, et plus cruel pour leur conscience. Le cri de « Vive Oberdank » n'a pas d'écho en dehors des frontières de l'Italie, encore n'y éveille-t-il que les passions sauvages et malsaines des adeptes de quelques cercles séditieux. Le cri de : Vive le pape roi ! se répercute à tous les coins de la terre civilisée, il réveille toutes les consciences engourdies, il pénètre les consciences coupables des renégats et des usurpateurs.

Partout où l'on prie, on répond à ce cri par une ardente supplication au Dieu vengeur ; partout où l'on pense, on y répond par une protestation indignée contre ce grand désordre, contre cette iniquité permanente, contre cet élément de trouble que l'usurpation italienne a jeté dans le droit des gens, dans la société civile aussi bien que religieuse.

Au travers des barreaux et des grillages de l'ignoble parloir des *Carceri nuove*, ce cri, retenu par nos lèvres, éclatait dans nos regards, il insultait à mes geôliers. Ma prison était tout assiégée de la protestation muette du droit révolté. La sourde clameur des consciences montait jusqu'à ma cellule ; elle assiégeait les barreaux de ma prison. Ce minime incident d'un journaliste emprisonné à Rome pour la cause du Pape remplissait toute la terre d'une récrimination.

La première fois qu'après cette prison, j'eus l'honneur de me jeter aux pieds du Saint-Père, Léon XIII daigna me féliciter d'avoir réveillé la question romaine. Un tel honneur n'était dû ni à mes articles, ni à mon talent, mais à ce peu de souffrances que j'avais enduré dans la Ville éternelle, à cette goutte d'iniquité ajoutée, par mon procès, à l'océan fangeux que les Piémontais ont répandu sur la Ville sainte !

CHAPITRE TROISIÈME

LE RÉGIME DES PRISONS ITALIENNES

SOMMAIRE

Le gérant du *Journal de Rome* me rejoint dans la prison. — Il sort des chambrées communes. — L'enfer et le paradis. — Promiscuité dégoûtante. — La nostalgie de la prison. — Une Académie de vol. — La prison des enfants. — L'école primaire du vice. — Le tribunal de la police corruptrice. — L'aumônier des *Carceri nuove*. — La messe invisible. — Blasphèmes et dévotion. — Un cachot dans la prison. — La pénalité dégradante. — On m'offre une translation. — Carabiniers et menottes. — Je refuse.

Cinq ou six jours après mon entrée dans la cellule N° 19, à la promenade du matin, commence un remue-ménage analogue à celui qui avait accompagné mon arrivée. C'est un nouveau. Ce nouveau me saute au cou et m'embrasse fiévreusement. Je reconnais mon gérant Auguste Miozzi.

Ses yeux brillent d'un étrange éclat ; son visage est empourpré, ses vêtements en désordre.

Depuis deux jours, à mon insu, le malheureux, condamné à la même peine que moi, s'était constitué prisonnier et, malgré ses instances, on lui avait fait attendre quarante-huit heures le bénéfice d'une cellule dans la section payante. Il sortait donc des chambrées communes.

J'ai dit ailleurs qu'Auguste Miozzi avait comparu devant les assises sous la conduite d'un gardien du *manicomio* ou hôpital d'aliénés. Il souffre d'une maladie nerveuse qui, sans aller jusqu'à la folie, dépasse l'épilepsie. Après plusieurs mois de traitement, ses accès avaient semblé disparaître. On l'avait rendu à la liberté. C'est alors que le fisc le somma d'entrer en prison.

En vain Miozzi a demandé que son temps de *manicomio* lui fût compté comme temps de captivité. Je ne sais pas un seul pays du monde civilisé où une telle demande n'eût été accueillie. Partout, devant toutes les juridictions, le témoignage d'un médecin laissant planer le moindre doute sur l'intégrité des facultés mentales chez un accusé, interrompt l'action de la justice, émousse le glaive de la loi. Le doute, le soupçon suffisent : l'aliénation mentale inspire parmi les hommes une sorte de respect, de terreur religieuse. L'aliéné devient un être sacré; on n'y touche qu'avec compassion, pour le guérir, non pour le châtier. On raconte des horreurs au sujet des traitements infligés aux malades dans les maisons de fou. Encore ces horreurs sont-elles couvertes du prétexte de la cure, de l'autorité du médecin. Mais le gouvernement qui laisse traîner en cours d'assises un pensionnaire de la maison de santé, qui le juge, alors que son gardien devrait le dispenser d'avocat, et qui, après l'avoir jugé, l'enferme dans une prison, au sortir de l'hôpital, mérite-t-il d'être appelé un gouvernement civilisé?

Et ce n'est pas à l'infirmerie de la prison qu'on a conduit Miozzi ; ce n'est même pas dans une cellule isolée ; c'est tout d'abord au milieu de la chambre commune, exposé non seulement à la misère odieuse qui est le lot des criminels pauvres, mais encore à la vexation, à la dérision de cette lie de l'humanité.

Auguste Miozzi est catholique ; il a confessé sa foi, à côté de moi, devant les juges. Je ne dis pas la loi commune, car la loi commune n'atteint pas les malades de l'esprit, mais la loi supérieure de l'humanité, a été méconnue à son détriment.

Ah ! si un socialiste, si un républicain avait subi un sort semblable, toutes les loges maçonniques de la terre fussent entrées en action. Tous les enfants de la veuve se fussent armés pour la cause de l'orphelin, pour la réprobation du gouvernement indigne. On a bouleversé des empires pour moins ; de moindres attentats à l'humanité ont fait couler des torrents de sang.

Les loges maçonniques eussent bien fait. Nous autres chrétiens, qui supportons les outrages infligés à l'humanité dans l'un des nôtres, nous méritons le ciel... peut-être. — J'en doute car, dans cette patience, je vois moins l'héroïsme de la sainteté que l'abstention de l'indifférence, de l'égoïsme, j'allais dire de la lâcheté.

Les traitements subis par Miozzi ont été dénoncés par le *Journal de Rome*, puis par moi, après ma sortie de prison, dans le *Gaulois*. La presse maçonnique a fait silence. La presse catholique a mollement relevé cette infamie. Est-ce parce qu'il s'agissait d'un humble, d'un petit ? Le gouvernement italien subsiste par la protection des sectes : il peut donc violer avec impunité toutes les lois divines et humaines. Plus il les viole, plus il devient digne de ce patronage.

A peine Miozzi fut-il transporté dans cette cinquième section des *Carceri nuove*, qui semble si odieuse à moi et à mes compagnons, il s'écria : « Il me paraît que je sors de l'enfer pour entrer au paradis! »

Quel paradis! mais alors qu'était donc cet enfer?

Je regrette de n'y être pas descendu, ne fût-ce que pour vingt-quatre heures.

D'après les récits qu'on m'en a faits, j'avoue que j'ai eu la tentation de cette épouvante. Je dirai plus loin pourquoi, à la fin du mois de mars, j'écrivis au directeur que je refusais de payer plus longtemps la pension de ma cellule, et lui demandais de subir le reste de ma peine dans les chambres communes. J'étais conduit à cette extrémité, non seulement par de nouvelles infamies, mais surtout par la curiosité de voir l'enfer!... On se garda bien de m'en permettre l'entrée.

Voici du moins ce qu'on m'en a raconté :

Les *Carceri nuove*, au temps du gouvernement pontifical, ne contenaient guère que deux ou trois cents prisonniers. Les chambres sont construites pour abriter chacune huit ou dix malheureux. L'invasion piémontaise a amené avec elle dans la Ville sainte une tourbe d'hommes sans aveu; de plus, elle a naturellement relâché dans le peuple la discipline religieuse et favorisé le développement des vices qui encombrent les prisons. La population de Rome enfin a presque doublé, depuis 1870, et les nouveaux Romains fournissent assurément le plus fort contingent à la criminalité.

Aussi les *Carceri nuove* sont-elles devenues le réceptacle d'un peuple criminel de huit ou neuf cents hommes, de tout âge et de toute condition. Elles n'ont pas été agrandies; il a donc fallu empiler, serrer, comme on a pu, cette foule envahissante de prisonniers.

Aucune distinction d'ailleurs entre les prévenus et les condamnés. Tout cela grouille pêle-mêle, l'innocent et l'assassin, l'auteur d'une peccadille et le parricide !

Les chambres faites pour recevoir huit ou dix hôtes en reçoivent actuellement trente ou quarante.

Les prisonniers vivent, mangent, boivent, fument, dorment, vaquent à tous les besoins de l'existence dans ces *capharnaüms*. Quelques paillasses et quelques couvertures, en nombre toujours insuffisant, sont jetées dans un coin pendant la journée. Le soir, à l'heure du coucher, c'est un assaut où le plus malin et le plus fort l'emportent toujours. — Les faibles, les malades couchent par terre, sur la dalle souillée par les chiques, les crachats, les détritus de la soupe ou des repas dégoûtants, par toutes les ordures que produit une réunion d'hommes : et ces hommes sont les plus vils des hommes.

Aucune surveillance, si ce n'est celle qui s'exerce sur les barreaux dont on éprouve, à heures fixes du jour et de la nuit, la solidité. Les chambres, fermées par de triples verrous, donnent sur un couloir terminé par une grille : les gardiens veillent sur la grille, mais non sur l'intérieur des chambrées.

Ces criminels sont donc libres, absolument libres dans cet entassement.

Quels propos tiennent-ils? quels sont leurs actes?

Une âme d'honnête homme pourrait en vain forcer son esprit à imaginer des abominations : elle ne parviendrait certes pas à atteindre à la réalité.

Les enfants, jusqu'à l'âge de puberté, sont enfermés dans une section spéciale. Mais dès l'âge de treize, quatorze ou quinze ans, suivant leur précocité, on les mêle dans la chambrée commune aux hommes faits, aux vieillards.

Je tiens ces détails et ceux que j'omets, de mes compagnons d'abord, qui presque tous avaient passé par cette prison; ensuite d'un prêteur que j'eus occasion de rencontrer par la suite.

Il m'a dit que l'homme, une fois entré dans ces prisons, en sortait nécessairement corrompu jusqu'à la moelle de l'âme pour le reste de ses jours. Tel y fut amené comme prévenu, et en sortit absous, qui y rentra quelques jours après comme criminel, grâce aux leçons qu'il avait reçues de son premier séjour.

La plupart des prisonniers des *Carceri nuove* prennent un singulier goût à cette existence ignoble et infâme. Le temps de la peine expiré, lorsque le malheureux est vomi par la prison sur le pavé de la ville, il n'a plus d'autre abri que le portail des palais ou les marches des églises; plus d'autre ressource honnête que la mendicité. La prison lui offrait un abri préférable encore à la fange des rues, une nourriture, répugnante mais assurée, et surtout une compagnie, une promiscuité dégradante, mais qui lui est devenue chère. Il se hâte de commettre un vol, une aggression : et il retourne aux bien-aimées *Carceri*. Son retour est salué par les acclamations de ses anciens camarades, qui le regrettaient, avec admiration par les nouveaux venus, conscrits dans l'armée du crime et de la débauche, qui vénèrent en lui un vétéran, orné d'un nouveau chevron.

Le plus innocent parmi les exercices auxquels se livrent ces prisonniers, consiste à l'étude constante de la science du vol, sous toutes ses formes, avec tous ses raffinements.

A Rome, le nom d'empereur est resté populaire. Chaque année, par une touchante coutume, l'enfant qui, entre toutes les paroisses, a obtenu le premier rang dans la science du catéchisme, est proclamé solennellement et consacré par un cardinal « empereur du catéchisme ».

Aux *Carceri nuove*, chaque chambrée a « son empereur du vol ». Celui-là est le doyen de la section; il a autorité sur les autres; il remplit ses fonctions de prince, de premier, avec une suprématie incontestée. Il est devant ses camarades ce qu'était à l'École normale supérieure, de mon temps, ce qu'est encore sans doute le premier élève de la section, le *cacique*.

Ces mœurs fleurissent dans toutes les prisons de l'Italie. J'ai entendu évaluer à plus de 250,000 la population prisonnière de la péninsule, toute une grande province ! — Imaginez quel peut être le niveau moral d'un peuple qui entretient de tels foyers d'infection. Les prisons d'Italie ne constituent pas des sortes de logis moraux où les coupables se corrigent et se guérissent, mais au contraire des lazarets où la contagion s'accumule, se concentre, s'universalise pour se mieux répandre au dehors. Que dis-je ? chaque prison est une vaste école, une université à rebours, où se distribue l'enseignement mutuel de tous les vices, de tous les crimes, une académie de perversité.

Là bas, grâce au régime des prisons, la police correctionnelle est mal nommée : il faut dire la police corruptrice, la police avilissante. Car il n'y a certes pas au monde de gymnase plus parfait pour le mal qu'une prison italienne.

Après vingt jours de captivité dans la cinquième section, quand on me transporta dans une chambre claire, avec des fenêtres, j'avais vue sur une cour intérieure de la prison. Les murailles en étaient percées de soupiraux semblables à celui qui me donnait la lumière dans la cellule n° 19. Parfois à ceux du rez-de-chaussée je voyais de petites mains s'accrocher, puis une petite tête bien hâve, bien noire, apparaître et précéder un corps chétif. C'était un prisonnier de la section des enfants que ses camarades avaient hissé jusqu'à l'ouverture du soupirail pour qu'il prît l'air, pendant quelques minutes.

Tout ce qui passe dans les sections ordinaires se passe aussi dans la section des petits enfants. — Là aussi ces petits êtres s'exercent à dérober le mouchoir, s'entretiennent des exploits des grands voleurs, tâchent à les imiter, à les contrefaire, et s'initient aux vices des hommes faits !

Un jour, en descendant au parloir, je rencontrai un de ces petits, escorté d'un garde. Il pouvait avoir huit ans. — Son visage intelligent ne portait pas la marque d'une dégradation irrémédiable. Il gardait même une fraîcheur d'innocence relative, un air de candide naïveté. Je m'intéressais déjà au malheureux enfant. Ma pitié espérait découvrir en lui l'innocente victime d'une indigne famille, ou bien encore un de ces pauvres abandonnés dont la charité chrétienne faisait des chrétiens, dont la justice civile, sous cette inculpation abominable et arbitraire de vagabondage, fait des prisonniers, c'est-à-dire des apprentis criminels. J'interroge le pauvre petit, je lui demande pourquoi il est là : alors il se redresse, me regarde fièrement, le poing sur la hanche et d'un ton tranquille, sans vaine fanfaronnade : « *Ho rubato* », dit-il : « J'ai volé ! » Devant les juges païens, les jeunes martyrs d'autrefois répondaient sans doute, sur le même ton, avec la même simplicité : « Je suis chrétien ! » — Cet enfant avait la candeur du vol, la parfaite sérénité du crime. Certainement, il était fier d'être là, si jeune ; orgueilleux d'égaler l'audace des grands coupables. Il s'en allait répétant son : *Ho rubato*, comme un enfant de nos collèges porteur d'un prix, s'écrie content de lui-même : « J'ai bien travaillé. »

Que restait-il de son moral, à ce frais et bel enfant, le jour où il mit le pied dans ce repaire ? Peut-être une lueur vacillante, une trace vague de l'eau lustrale du baptême, non encore effacée en son âme prématurément souillée. A présent le voilà dans la prison comme dans un prytanée, heureux et fier de vivre avec ses égaux, ses maîtres, aspirant à l'âge où des petits larcins il aura la force et l'adresse de passer aux crimes.

Les états modernes ouvrent partout des écoles primaires sans Dieu ; ils mettent l'athéisme pratique à la portée de tous les âges. La plus parfaite de ces écoles, l'école modèle, c'est la section enfantine des *Carceri*

nuove. En Italie une école de petits enfants s'appelle
« un jardin ». Dans ce *jardin* de la prison croît, vivace
et bien arrosée, l'ivraie du démon.

Elle y pousse en toute liberté. En d'autres pays, les
prisonniers, au moins les condamnés, sont contraints au
travail : c'est un commencement de moralisation, de
réhabilitation. En Italie, seuls les réclusionnaires ont
droit au travail. Les *Carceri nuove* sont le contraire
d'un bagne; c'est un lieu d'oisiveté forcée, même pour
les enfants.

On m'a dit qu'il y avait là un aumônier; je ne l'ai
aperçu que le dimanche, vers la fin de ma captivité,
lorsqu'il me fut permis d'assister à la messe. Cet aumônier respecte la liberté de conscience, à la manière
dont l'entendent les gouvernements modernes. Pas une
fois, je n'ai entendu dire qu'il avait offert à un prisonnier une consolation ou un bon conseil. Il ne m'a pas
honoré d'une visite; il dit la messe, et gagne ainsi le
pain que lui donne l'État.

On m'a parlé aussi d'une congrégation charitable
instituée pour aider au bien matériel et moral des
prisonniers. Une fois ou deux par an, cette congrégation, dit-on, distribue aux *Carceri nuove* du vin et un
bon repas. Je ne crois pas qu'on lui permette d'exercer
sa charité sur des âmes.

Dans notre cinquième section, le règlement pour les
dimanches offrait une curieuse singularité. Le promenoir sur lequel ouvraient nos cellules, servait aussi
de chapelle. Un autel s'improvisait là le dimanche
matin, et les prisonniers de quelques autres sections
y étaient conduits, ceux du moins qui le voulaient,

pour entendre la messe. Mais, afin qu'aucune communication ne pût s'établir entre les prisonniers payants et les gratuits, un quart d'heure avant l'office, notre gardien fermait hermétiquement et à clef le guichet de nos portes. De cette façon, il nous était impossible d'assister au Saint-Sacrifice.

A sept heures du matin, nous entendions une sonnette, puis un grand bruit de pas. Nous savions qu'on allait prier Dieu ; mais il nous était interdit d'assister à la prière. Il fallait nous unir d'intention, au hasard, aux prières du prêtre, et deviner, d'après la sonnette, les phases du divin sacrifice.

J'ai parlé de cet étrange compagnon d'infortune qui cachait soigneusement son état, et à qui ma présence aux premiers jours, semblait avoir apporté un redoublement de tristesse. Mgr R... était privé de la messe, la grande consolatrice des affligés. Ah ! certes, il devait la suivre avec une fébrile ardeur, avec une muette exaltation, cette messe qu'il ne pouvait pas même entendre, et ses mains, au moment de l'élévation, devaient s'élever suppliantes vers cette hostie qu'elles ne tenaient pas... Alors, il était malheureux, pas encore renégat.

L'aumônier invisible passait devant la cellule de son frère, sans s'y arrêter. Jamais il ne lui rendit visite, du moins pendant le temps de mon séjour dans la cinquième section. Peut-être ses conseils eussent-ils relevé cette âme malade et prévenu la chute qui devait survenir trois ans plus tard.

Tels sont les soins religieux que le gouvernement italien donne aux prisonniers.

Pourtant, si Dieu ne fait pas peur à ces misérables, il ne leur fait pas non plus horreur : ils ne craignent pas de l'offenser, mais ils ne craignent pas de le voir. Presque tous assistent à la messe le dimanche, malgré la liberté absolue qui leur est laissée de n'y pas venir. Ils s'y tiennent assez bien, beaucoup mieux assurément que mes anciens camarades de l'École normale, à l'époque où un surveillant déclarait que la messe était pour les Normaliens « un mouvement obligatoire ». On y apportait en guise de livre de messe la *Lanterne* de M. Rochefort!

Les Italiens sont accoutumés à la présence de Dieu, ce qui fait qu'ils ne se gênent peut-être pas assez avec lui. Leurs blasphèmes mêmes, et ils en ont d'horribles, ne reçoivent pas en leur bouche l'expression de haine et de défi qu'on leur trouve en certains gosiers faubouriens de Paris. Pour l'Italien, ce sont plutôt de simples plaisanteries, des familiarités grossières qu'ils se permettent avec un bon maître. Je suis sûr qu'en sortant de la messe où ils s'étaient dévotement agenouillés sur la dalle, où ils avaient récité force *Ave Maria,* les hôtes des *Carceri* ne faisaient aucune difficulté de prononcer ces jurons infâmes où le nom de Madone est accolé à des saletés, jurons qui feraient rougir les clients de nos assommoirs, qui feraient honte à nos fusilleurs d'otages!

Je n'ai jamais bien compris pourquoi l'aumônier des *Carceri nuove* s'abstenait d'adresser quelques paroles aux prisonniers, à la fin de la messe ou après l'évangile. Est-ce que le gouvernement le lui défendait? Aumônier d'une prison! quel vaste champ ouvert à une activité apostolique! Quelle splendide mission pour un prêtre! Je crois que les âmes des prisonniers, si abjectes qu'elles soient, peut-être même en raison de la totalité de leur abjection, seraient plus faciles à pêcher dans le filet du Seigneur que bien des âmes libres, orgueilleuses ou indifférentes. Encore faudrait-il lancer résolument le filet, et ne pas craindre le contact avec ces âmes dégradées. Mais, sans doute, le gouvernement retient le zèle des aumôniers de prison, de peur qu'ils ne recrutent des papistes parmi les malfaiteurs...

Un gardien m'avait pris sous sa protection spéciale. Alors que je fus séparé des autres prisonniers, vers la fin de la captivité, il me conduisit aux « cachots ». Car il y a une prison dans la prison. Ce régime, que j'ai décrit, n'est pas le plus abominable qu'on puisse infliger à un être humain. Les insultes aux gardiens ou les révoltes ouvertes contre le règlement sont punies du cachot; on réserve aussi les cachots aux condamnés à mort attendant la grâce du roi, grâce qui est de règle pour tous les condamnés civils, et que suit le transport au bagne.

J'ai visité à Venise *les puits*, sortes de bouges humides et absolument noirs, construits dans le palais ducal, au-dessous du niveau du canal. Les cachots des *Carceri nuove* sont également obscurs, mais placés dans les combles de la prison; l'été, cette chaleur noire doit surpasser en horreur la dégoûtante humidité des puits. A la lueur d'une chandelle, j'ai aperçu des condamnés à mort dans cette tanière. Le pain noir et l'eau constituent leur seule nourriture;

jamais de promenade. Les hôtes de ces trous puants ne se dérangeaient même pas à notre venue. Ils ne souffrent peut-être plus, car l'abrutissement doit promptement devenir complet à ce régime. Ils erraient comme des fauves en leur cage. Mais jamais fauve n'a été traité ainsi : heureuses bêtes, on les tue ou on leur donne des cages aérées et commodes !

Je n'ai jamais partagé la sensiblerie des humanitaires à l'égard des criminels. Je me demande cependant s'il est permis d'augmenter la dégradation humaine, de favoriser l'avilissement total de l'être créé à l'image de Dieu. En Italie, on a supprimé de fait la peine de mort pour les civils ; et le droit de grâce réservé au souverain est devenu par l'usage le droit à la grâce accordé au criminel. Eh bien ! ne serait-il pas plus humain de tuer le corps, de rendre l'âme à son créateur, que de la livrer à la pourriture, à l'anéantissement de telles prisons ? J'ignore quel est le régime des bagnes italiens : j'ai rencontré dans les champs, dans les ports, beaucoup de forçats, la chaîne au pied, le bonnet rouge sur la tête ; je n'ai pu les interroger. Mais la simple prison passe pour être un moindre châtiment. C'est horrible !

Dieu seul a le droit de créer un enfer : l'homme n'est pas un juge assez infaillible pour vouer son semblable à l'enfer ; il n'est pas non plus un démon né pour tourmenter les âmes. Les peines humaines ne se justifient que par une fin d'expiation ou de correction, non par une fin de torture. Les démons de l'enfer n'achèvent pas de corrompre l'âme des condamnés. Ainsi font pourtant les geôliers italiens.

Diana, le *scoppino*, m'a raconté, avec sa naïveté, un fait que m'ont confirmé unanimement tous ceux de mes compagnons dont le séjour remontait à quelques mois. Un prisonnier bizarre avait séjourné aux *Carceri nuove*, dans notre section payante. Il y était resté cinq ou six semaines, prévenu de je ne sais quelle escroquerie, et il en sortit absous. Les allures du personnage paraissaient étranges. D'une sensibilité nerveuse, il marquait pour ses compagnons des sympathies ou des antipathies presque violentes. Enfin, il s'était pris d'affection jalouse pour un de ses co-détenus dont il avait obtenu de partager la cellule. On apprit depuis que le prétendu prisonnier était une *prisonnière*. Ni le questeur qui avait procédé à l'accusation, ni le juge chargé de l'instruction, ni les gardiens de la prison n'avaient entrevu le mystère. Le secret demeura bien gardé par les initiés et ne fut découvert que par la suite..... On m'a garanti l'authenticité de l'histoire. Ainsi s'exerce la surveillance morale du fisc italien.

L'un de mes avocats me fait appeler un matin dans l'ignoble parloir. Il a obtenu pour moi une faveur ; le procureur général consent à ma translation dans la prison de Frascati. Sans doute, il n'y a pas là-bas de section payante; mais on pourra m'y accorder certaines libertés impossibles dans une prison aussi peuplée que celle des *Carceri nuove*. J'y jouirai d'un peu plus d'air et de lumière ; j'y verrai une plus vaste étendue de ciel; enfin, à Frascati, je serai dans le voisinage d'amis bien chers, sous la juridiction du cardinal Pitra, et recommandé au préteur, qui est bon homme, par l'aimable vicaire général de Son Eminence. Enfin, c'est un changement et tout changement allége la captivité.

Je remercie et j'accepte d'abord avec enthousiasme. Cependant, un point demeure obscur. Comment ferai-je le voyage? Se fiera-t-on à ma parole? Quitterai-je libre les *Carceri nuove*, irai-je libre me remettre aux mains du directeur de Frascati? L'avocat dut m'avouer que non. La main de la justice étendue sur moi ne consentira pas à me lâcher. Ma translation sera une translation ordinaire, entre deux carabiniers, *avec les menottes*. Il me faudra traverser dans cet équipage la ville de Rome, en voiture, si je veux payer, ou dans le fourgon des prisonniers, ou à pied; mais rien ne me dispensera des gendarmes et des menottes. Je voyagerai ensuite en troisième classe, dans les wagons du public, toujours avec cet appareil, et il me faudra parcourir ensuite, comme un criminel, les rues de Frascati où je compte tant d'amis.

Ah! si je recherchais les émotions violentes, si j'avais du goût pour les postures théâtrales et pour les manifestations de la rue, il ne tenait qu'à moi de me satisfaire. Sur un mot de moi, on organisait sur mon passage, à la gare, une ovation bruyante. A Frascati même, une foule sympathique m'eût accueilli et suivi. Mais j'ai une horreur invincible de la publicité foraine, de la popularité des rues. Puis, la seule pensée du contact des gendarmes, de la sensation des menottes me fait frissonner des pieds à la tête. Quel que soit le nombre des amis qui me feront escorte et m'encourageront dans ce calvaire, ceux qui ne me connaissent pas me prendront pour un coupable... Il n'y a pas nécessité ; ce nouveau calice ne m'est pas imposé par mon devoir ; je ne m'exposerais à ces avanies ou à ce triomphe qu'en vue d'un simple bien-être matériel. Je refuse.

J'ai senti à Paris, au moment de l'exécution des décrets, dans la maison des Pères Maristes de la rue de Vaugirard, l'attouchement d'un commissaire de police. Des sergents de ville m'ont empoigné ; ils m'ont traîné dans la rue. J'en garde un frémissement. L'appareil de la police me fait peur. Cachons-nous dans cette prison où nous sommes. Qu'importe d'y être mal à l'aise ? Ma vie est interrompue pour un mois ; savourons jusqu'au bout cette fastidieuse monotonie et restons purs du contact des carabiniers : que mes poignets ne sentent jamais la flétrissure des menottes !

Cette horreur constitue une faiblesse, je le sais. Saint Pierre n'eut pas peur des liens ; saint Paul a parcouru, au milieu d'une troupe armée, une route voisine de cette route de Tusculum, où je ne veux pas aller, et, au bout de la promenade, il trouvait, non pas une prison plus douce, mais l'épée du bourreau, sur la troisième borne milliaire de la *Via Ostiensis*, là où coulent encore les fontaines miraculeuses. Mais je ne suis pas un saint, ni un héros, hélas !.....

Je ne suis qu'un simple témoin, captif lui-même, de la captivité du successeur de saint Pierre. Mes souffrances sont ce qu'elles sont. Acceptons-les bravement et modestement.

Puis, cette translation aurait l'air d'une faveur, d'une grâce déguisée. Je n'ai rien demandé ; je n'accepte rien.

CHAPITRE QUATRIÈME

LE TEMPS S'ÉCOULE

SOMMAIRE

Festins de Lucullus. — Le menu du *Popolo romano*. — La cuisine d'Auguste. — Mes lectures. — L'*Imitation*. — L'*Ebreo errante*. — L'apologie d'Alexandre VI. — L'histoire de Rome de M. J.-J. Ampère. — Les anecdotes de l'officier. — Les révélations du prélat. — Une conciliation impossible. — Impuissance des hérésiarques contemporains.

N'était l'incurable insomnie et la persécution constante des insectes immondes, qui allongent et aggravent démesurément ma peine, si lentes que passent les heures, elles passent, et toutes ne sont pas sans m'apporter quelque douceur.

Sur vingt-quatre heures du jour, dix-neuf appartiennent à la solitude absolue. Le sommeil m'en dérobe trois ou quatre, au plus; mes repas m'en prennent une demie; quatorze sont données à la lecture et à la méditation,

Je parle de mes repas; ils n'ont tenu ni une grande ni une agréable place dans mon temps de prison. Cependant ils ont fourni à mes ennemis de toutes sortes un prétexte inattendu pour tourner en dérision ma souffrance. Une calomnie acharnée, qui dure encore, je crois, a présenté ma cellule comme un *triclinium* de Vitellius, comme une salle de festin de Sardanapale. Peu s'en faut qu'on n'ait lu sur les murailles nues de ma chambrette le *Mane, Thecel, Phares*. Le *Simmaco* de la *Rassegna*, dont j'ai parlé ailleurs, dans plusieurs articles qu'il m'a consacrés cette année même, affirme que j'ai fait là-bas des repas de Lucullus, que je faisais gras, en carême, même le vendredi ! Je crois bien que la *Germania* et le *Tijd*, sans parler des autres journaux italiens et français qui m'étaient hostiles, ont consacré plus d'un volume à ma gloutonnerie. Je retrouve dans mes papiers une caricature de journal illustré, qui a la forme d'un diptyque. Le premier tableau me représente enchaîné sur la paille, tout pantelant, tandis que des puces gigantesques et des punaises monstrueuses me percent les mains et déchirent mes membres. Le second tableau, plus gai, figure toute une théorie de cuisiniers et de marmitons, chargés de victuailles et de paniers de vins, se dirigeant vers la cellule n° 19.

J'ignore si l'histoire gardera le souvenir de notre campagne de Rome, si quelque érudit de l'avenir fera allusion à ces menus incidents du règne de Léon XIII et d'Humbert Ier. S'il consulte le témoignage de la presse, il pourra rendre définitive la légende de mes orgies gastronomiques et affirmer que j'ai passé ma retraite forcée du Carême de 1884 à me gaver. Car, jusqu'ici j'ai dédaigné de répondre à ce genre d'accusation. C'est du reste le souci de la vérité plus que celui de mon honneur qui m'oblige à rétablir ces faits de minime importance. Je n'eusse pas été sans doute un grand criminel, si, dans cette solitude, j'avais cherché quelque consolation dans la bonne chère. Eussé-je même enfreint la loi du jeûne, j'incline à croire que les prisonniers, même les prisonniers pour le Pape, partagent les immunités octroyées aux soldats du Pape. Mais, hélas ! je n'ai même pas à plaider les circonstances atténuantes d'un péché fort véniel, qui n'a existé que dans l'imagination de mes adversaires politiques ou religieux.

Je demande pardon à mes lecteurs de les arrêter un instant à ces questions de cuisine. Ce n'est pas moi qui y ai donné de l'importance. Cette cuisine de prison a occupé presque toute la presse, et cette mesquine accusation défraie encore de ci de là les plus graves journaux.

Voici l'origine de la légende :

Le *Popolo romano*, organe de M. Depretis, journal réputé sérieux, entreprit un jour d'amuser ses lecteurs aux dépens du prisonnier des *Carceri nuove*. J'ai dit que ce tapage de presse fait autour de ma détention agaçait le gouvernement. On chercha et on trouva un dérivatif ridicule, mais qui réussit.

Un reporter du *Popolo romano* raconta qu'il était allé interroger le gardien en chef des *Carceri nuove* sur le traitement que je subissais, et que ce fonctionnaire important lui avait communiqué le menu de mon dernier repas. Il transcrivait, disait-il, ce menu. Il se composait d'abord de cinq ou six plats de risotto et de macaroni accommodés à des sauces diverses; venaient ensuite des *umidi* variés de veau et de bœuf; les rôtis comprenaient du chevreuil, des poulardes, des bécasses, du marcassin; comme légumes, des pommes de terre en purée, des cardons, des épinards, de l'oseille, des haricots au beurre et à l'huile : comme entremets ou *dolci*, de la *zuppa inglese*, de la crème à la Chantilly, des compotes de tous les fruits, etc., etc., le tout arrosé de bordeaux et de champagne! Assurément le pauvre diable de rédacteur s'était égaré, pour compiler ces lignes gastronomiques, dans un restaurant inaccoutumé pour lui, et il avait fidèlement copié la carte du jour. Car l'imagination seule d'un journaliste italien ne saurait concevoir un tel menu. Au régime qu'il m'imputait, l'estomac le plus solide n'eût pas résisté quarante-huit heures; l'indigestion m'eût conduit sans délai à l'infirmerie et de là au tombeau. Mais le peuple italien, ne connaissant guère l'intempérance, est incapable d'en mesurer les bornes. Les faméliques imaginent volontiers que MM. de Rotchshild vivent comme des gargantuas. Les talents du cuisinier Trompette faisaient rêver les électeurs de Belleville ou de Charonne. Les estomacs habitués au vide s'exagèrent volontiers la capacité des estomacs pleins.

Il paraît que, si absurde qu'elle fût, l'invention du *Popolo romano* rencontra quelque créance, puisque nombre de journaux graves la rééditèrent et la rééditent encore.

La vérité est que le règlement de la prison, interdisant après trois heures de l'après-midi toute communication avec le dehors, je ne pouvais recevoir qu'un seul repas dans la journée. Ce repas unique, conforme aux prescriptions édictées pour le carême, me suffisait d'ailleurs amplement, car je ne prenais jamais l'air, et mes promenades avaient pour limites l'enceinte d'un corridor d'une quinzaine de mètres. A la cantine de la prison, je prenais, chaque jour, en supplément à cet unique repas, un verre de café noir le matin, et pour le souper du soir, deux œufs durs. Si les registres de la cantine contiennent la trace d'autres demandes signées de moi, elles étaient destinées au pauvre vieillard M. D. D. dont j'ai parlé ci-dessus, et qui me fit le charité d'accepter cette trop légère part de mon superflu. Sa reconnaissance dépassait le service : c'est donc moi qui lui suis redevable.

J'ai conservé, comme une relique des temps douloureux, la gamelle de fer battu peint en bleu, pieusement apportée par Guillaume entre midi et une heure, et remplie à la maison où je logeais alors. Il la remportait vide chaque matin. C'est un ingénieux assemblage de trois petits gamelons qui s'emboîtent les uns dans les autres; l'un contenait la soupe, l'autre un plat de ce que les Italiens appellent un *umido*, le troisième les légumes. Il eût fallu une charrette pour contenir le menu du *Popolo romano*... Trois fois par semaine, le mercredi, le vendredi et le samedi, jours d'abstinence, l'*umido* était invariablement remplacé par un morceau de thon verdâtre mariné dans l'huile rance. Alors, la même huile, également rance, assaisonnait ma soupe et mes légumes, afin que le maigre fût strict. O Lucullus! O Sardanapale! O Gargantua! héros de la gloutonnerie, je ne pensais guère à vous, en savourant ces repas, fournis par mon *padrone di casa*, pour la somme modique, mais encore exorbitante, de 3 fr 25 par jour, à forfait, vin compris.

Mon *padrone di casa* avait exercé jadis les hautes fonctions de cantinier des zouaves pontificaux. Je m'adresse au souvenir des héroïques compagnons de M. de Charette ; si alors ils faisaient grande chère à la cantine d'Auguste, c'est que le brave homme, de vingt ans plus jeune, possédait des recettes culinaires que, depuis, il a oubliées.

J'étais d'ailleurs un client commode. Je ne pouvais me plaindre, ni renvoyer les mets trop hardiment gâchés.

Tels étaient mes repas. Il est vrai que le vin, abominable piquette romaine, m'était apporté tout frais transvasé d'une vulgaire *fiascone* bouchée à l'huile dans d'élégantes bouteilles de vin de bordeaux : mais jamais étiquette ne mentit plus cruellement. Qu'ils étaient loin de la Gironde, les coteaux qui avaient mûri ce verjus tempéré de glucose, qu'eussent renié avec indignation les pampres de Marino, de Grottaferratta ou même de Velletri, à plus forte raison ceux de Chianti!

Il est vrai qu'une fois, un jour de fête, je demandai à Guillaume du vrai vin de Bordeaux, ma propriété personnelle, que je réservais à mes camarades, curieux de connaître la saveur des vins français. Cette commande exceptionnelle, unique, émerveilla sans doute le chef des gardiens, au point qu'il en fit part au reporter du *Popolo romano*. Mais les deux sveltes flacons de bordeaux, partagés entre dix ou douze hôtes de la section, ne purent les griser. Je dois même avouer qu'ils goûtèrent médiocrement l'essence du Château-Laffite, trop délicate pour des gosiers accoutumés à la crudité des vins italiens chargés d'alcool et de tannin. Jamais légende ne fut plus menteuse que celle de mes festins de Gamache. O Auguste, on vous a trop flatté en me calomniant!...

Les joies de la matière, quoi qu'on ait dit, ne troublaient donc en rien l'austérité de ma retraite, et ne me distrayaient pas des pensées sérieuses. Je surpris plus d'une fois Diana lui-même, enfant peu gâté, en train de faire la grimace, en absorbant les restes toujours abondants de mes gamelons. Il eût sans doute désiré que le *Popolo romano* mentît avec moins d'impudence. Je ne sais quel goût avaient les sauterelles du désert, et je n'ai jamais cueilli dans les champs les racines chères aux anachorètes : je crois cependant que si les saints ermites eussent savouré mes repas de la prison, ils fussent retournés, en bénissant la Providence, aux sauterelles et à l'herbe des champs et ils eussent entonné, en léchant leurs lèvres, un hymne aux dons gratuits du Créateur!

Je fais pénitence encore, en ruminant ces dîners.

En revanche, j'en vins à consommer une effroyable quantité de livres. Quatorze heures de lectures, dans une cellule éclairée d'un soupirail, absorberaient promptement la plus riche bibliothèque.

Sur ces quatorze heures, j'en réservais deux à la lecture de l'*Imitation*, dont m'avait fait présent le Père P. J'ai appris presque par cœur ce livre sublime, destiné à ceux qui mènent la vie chrétienne dans la perfection du cloître, mais infiniment abondant en consolations pour tous les états de la vie, surtout pour celui de prisonnier. Quand je touchais ces pages, je n'étais plus seul : un hôte divin descendait du Ciel à travers mes barreaux : je sentais la douceur de son regard ; j'entendais la voix tendrement impérieuse du Maître ; je devenais avec béatitude le disciple bien-aimé. Tantôt j'ouvrais au hasard le livre mystérieux, qui n'a jamais trompé l'attente des malheureux qui lui demandent conseil ; tantôt je suivais l'ordre admirable des chapitres, la route sublime qui conduit par degrés d'une céleste douceur à la perfection dans le Christ. Car le calvaire, le chemin de la croix, tracé dans l'*Imitation*, est proportionné à la faiblesse de l'homme. Pour arriver au Golgotha, sans défaillir sous le fardeau de la croix, sous la couronne d'épines, il faut être un Dieu. Le sacrifice du Christ, sa divine rédemption a répandu sur notre monde misérable des sources de grâce qui nous rafraîchissent, nous, créatures débiles, chair faible et mortelle, qui adoucissent les douloureuses étapes de notre passion divine, et tempèrent l'amertume du calice. Je ne sais pas de livre plus propre que l'*Imitation* à entretenir en nous la vertu d'espérance ; en chacun de ses versets, il distille la grâce. Qu'il se nomme Gerson, Gersen ou Thomas A Kempis, c'est sous la dictée du Sauveur lui-même que l'auteur écrivait. Après l'Évangile, je ne connais pas de preuve plus forte, plus palpable de la divinité de l'Église que l'*Imitation*. Une religion qui inspire de telles pages est la vraie. Là, Christ parle, Christ se voit, donc Christ existe. Il vit toujours, éternellement, et n'a pas quitté la terre ; il nous apparaît encore directement, comme aux disciples d'Emmaüs, dans son humanité glorifiée.

Oh! que j'ai de fois regretté les heures de cette prison, cette solitude où Christ me visitait dans l'*Imitation*, cette cellule où je me croyais au cloître. Non, ce n'est pas un châtiment que j'ai subi : c'est une grâce que j'ai reçue. Plus tard, le monde nous reprend avec ses distractions et ses passions, la grâce est fugitive ; mais elle laisse au cœur une trace sensible. Les âmes gardent de la vision du Christ une empreinte ineffaçable, comme cette pierre du *Domine quo vadis*, sur la *Via Apia*, qui a gardé l'empreinte des pieds du Sauveur.

La lecture de l'*Imitation* imprégnait chacune de mes journées d'une sorte d'enthousiasme doux, tempéré, rafraîchissant, qui s'étendait à mes autres lectures, à mes conversations, à tous mes actes, et charmait la monotonie d'une existence machinale.

Le besoin d'activité intellectuelle m'obligeait d'ailleurs à dévorer tous les livres bons ou mauvais qui tombaient sous ma main. J'achève la lecture instructive, mais pénible de la savante compilation consacrée par le P. Leonetti à la réhabilitation du pape Alexandre VI. Avec lui, j'admire le génie de ce grand politique, l'impeccable orthodoxie de ce grand théologien. Avec lui, je flétris la mauvaise foi des pamphlétaires qui ont répandu la fange la plus vile sur la vie entière de ce pape ; j'avoue cependant que tous les arguments de l'apologiste pour une réhabilitation totale des mœurs d'Alexandre VI ne m'ont pas également convaincu, et, malgré de si louables efforts, je ne comprends rien encore à la généalogie de tous ces Borgia.

J'achève aussi l'abominable trame de l'*Ebreo errante* d'Eugène Suë. J'admire avec quelle impudente adresse le pamphlétaire a calqué sur la réalité de la franc-maçonnerie le roman du jésuite.

Le directeur de l'École française archéologique du palais Farnèse, le savant et chrétien M. Le Blanc, me fait tenir l'*Histoire romaine étudiée à Rome* de J.-J. Ampère. Je me plonge dans ces volumes d'une érudition aimable, jusqu'à mon trentième jour de captivité. Avec J.-J. Ampère, je reconstitue toute la vie du peuple romain en ces lieux que je connais si bien, dans les limites de cet horizon qui m'est devenu familier. Ses dissertations éclairent tous les classiques, dont je ne connaissais jusqu'alors que la lettre morte. Mais le bon Ampère se trompe quelquefois, et ses erreurs sont plus fréquentes que les somnolences d'Homère. De plus, il entremêle à ses thèses archéologiques des thèses philosophiques et politiques d'une valeur plus contestable encore. M. Ampère appartient à cette race de républicains d'autrefois, qu'on décore du sobriquet de « vieilles barbes ». Il ne se contente pas d'être républicain pour la France, il l'est pour Rome, pour le monde entier. Il prend parti dans les factions du forum; il applaudit aux Gracques; il flétrit César, il divinise Brutus, il traîne Auguste aux gémonies.

Cette manière peu sereine d'écrire l'histoire paraît surannée à notre siècle critique. Puis, nous sommes bien rassasiés de démocratie, et nous voyons de trop près, pour l'admirer, la tyrannie de la plèbe. A Rome enfin, mieux que partout ailleurs, en face des grandes ruines de l'empire, on se prend à estimer que les Césars étaient au moins d'habiles administrateurs. La république chère à M. Ampère, n'a rien laissé après elle que des sujets de déclamation. Au moins la Rome des Césars nous apporte le témoignage du néant des empires. Aux vieux rois étrusques survit un somptueux égout et probablement une prison, la Mamertine. Des grands républicains, rien ne reste, pas même une poussière, et si des historiens du temps d'Auguste, de Tibère et de Néron n'avaient célébré leur gloire, nous n'en saurions rien.

En cette prison j'ai lu bien d'autres livres français et italiens, futiles ou sévères; ils ont glissé de ma mémoire, et dans cet amas confus de souvenirs, de vagues acquisitions intellectuelles que chaque journée de notre vie laisse en nous, les moindres ouvrages n'ont pas laissé de trace distincte.

Au contraire les entretiens de mes malheureux camarades résonnent encore à mon oreille, comme je vois toujours leur visage. Le plus gai de tous était ce pauvre officier municipal, qui avait tant de raisons d'être triste. Il nous récréait de vieilles anecdotes piémontaises, qui dans sa bouche prenaient une saveur presque gauloise. Chaque pays possède une ville dont les habitants fournissent matière à la gaieté populaire. Le Parisien se divertit du Marseillais. Le Piémontais rit au seul nom de Cuneo, en français Coni. Les citoyens de Cuneo, à entendre notre officier, seraient les Béotiens du Piémont. Je ne puis rapporter les plus amusantes de ces farces de haute graisse possibles à raconter, fort difficiles à écrire. Le peuple de tout pays se complaît à ces ragoûts ortement épicés. Voici toutefois un exemple innocent de la naïveté des Cunéens. Le roi Charles-Albert était allé rendre visite à ses féaux sujets de la montagne. Le syndic de Cuneo reçut l'insigne honneur de lui donner l'hospitalité en sa maison. Il lui prépara la chambre de gala, et, comme sa lingerie regorgeait de toiles fines et précieuses, le lit royal fut orné de draps d'une rare délicatesse. Dans ce moelleux coucher, le roi Charles-Albert dormait profondément depuis une heure, quand le syndic frappe à la porte. Le roi réveillé en sursaut s'imagine qu'il y a une révolution à Turin : ce n'est que le syndic entrant avec respect, et porteur d'une paire de draps parfumés — « Que votre Majesté daigne se lever, murmure le syndic : j'aurai l'honneur de changer ses draps. » Croyant à quelque oubli maladroitement réparé, le bonhomme de roi passe sa culotte, et le syndic se confondant en compliments, refait le lit royal avec une majestueuse solennité. Charles-Albert se rendort; il rêve une revanche de Novare. Au moment où le premier Autrichien tourne le dos, nouveau bruit à la porte : même cérémonie; autre paire de draps. — « Ah! ça, s'écrie le roi, allez au diable avec vos draps; ceux-ci sont excellents : laissez-moi dormir. — Sire, répond le syndic, qu'il soit fait suivant votre volonté ; mais j'avais entendu dire que les riches changeaient de draps tous les jours ; je croyais que les rois en devaient changer au moins toutes les heures ».

Et cette autre : — Le même roi Charles-Albert avait annoncé une autre visite aux mêmes habitants de Cuneo. La junte décide que la grande salle du municipe sera décorée de fresques représentant les hauts faits de la maison de Savoie. On enferme un jeune peintre dans la grande salle, afin qu'il travaille jour et nuit, sans distractions. L'artiste rêve à son sujet, en fumant d'innombrables pipes; mais l'inspiration ne vient pas. A la veille du grand jour, le syndic ouvre la salle et demeure ébahi devant des murailles d'une blancheur immaculée.

— Quoi? vous ne voyez pas mon chef-d'œuvre? s'écrie le jeune peintre. Ici admirez le grand Victor-Amédée dans son armure : là, voyez Charles-Emmanuel sur son destrier : la bête écume. Le syndic écarquille les yeux. — Auriez-vous par hasard des écrouelles? (mettons écrouelles) interroge le peintre. — Hélas oui ! — Alors, je ne m'étonne plus; ignorez-vous que cette infirmité agit sur les yeux et les rend aveugles aux peintures fraîches? — C'est merveilleux, gémit le syndic.

Le lendemain, entrée solennelle du roi; félicitations, discours du syndic. « Vos ancêtres vous regardent, Majesté : ici Victor-Amédée, dans son armure;... là Charles-Emmanuel sur son coursier écumant. — Vous moquez-vous, interrompt Charles-Albert : je ne vois que des murailles blanches. — Ah! sire, pardon, j'ignorais que Votre Majesté eût aussi des écrouelles... »

A ces récits plus que naïfs, un bon rire, un rire sain, un dilatement de l'âme secouait ces misérables. Les histoires de madame Scarron ne faisaient oublier que le rôti aux convives; les anecdotes de l'officier faisaient oublier à ces pauvres gens la prison, la famille absente, plus encore, le déshonneur et le remords. C'étaient les douces larmes du rire qui inondaient alors les yeux de ce vieillard condamné à une peine infamante et qui ne reverra plus ni sa vieille compagne, ni sa jeune fille : il ne sait plus que là-bas, au pays, on meurt de faim et de honte ; il ne pense plus qu'à cet imbécile de syndic... Un quart d'heure d'oubli, c'est assez pour réparer les forces de l'âme et la rendre capable de nouvelles douleurs...

Après quelques jours de méfiance, le mystérieux Mgr R... m'honore de ses confidences ; elles sont intéressantes et vaudraient un volume, si j'avais la liberté de les redire. Né Romain, Mgr R... a vécu à la cour de Pie IX, et il se dit honoré de la confiance d'Antonelli. Il me rapporte plusieurs missions dont il aurait été chargé auprès de Cavour, de Ratazzi et même de Victor-Emmanuel. Enfin, à l'entendre, il a vécu dans l'intimité du roi Humbert et de la reine Marguerite. Le fait est qu'il occupait une place favorable à l'observation, et son grand nez, ses petits yeux fureteurs dénotent une rare sagacité. Il s'indigne d'être laissé en ce lieu infâme. Il a imploré sa grâce, et depuis plus de deux mois, il l'attend en vain.

— Sachant ce que je sais, me dit-il, cette rigueur envers moi est plus que de la cruauté, c'est de la bêtise. » Il savait trop, et il faisait un usage plus que téméraire de ce qu'il savait : tel est son crime.

A l'entendre, le roi Humbert, qui a le sentiment de l'honneur suivant le monde, serait dépourvu absolument de toute croyance religieuse. Il le présente comme un athée parvenu à l'indifférence. Quant à la reine, sa dévotion ne serait autre chose qu'une sorte d'exaltation superficielle, toute mondaine, assaisonnée de superstition. On ne devrait faire aucun fonds sur sa piété si renommée. Ces propos, je le répète, viennent d'un homme aigri, indigné, et je les indique comme une marque de la tournure de son esprit. Mgr R... me donne force détails curieux sur le ménage royal, sur les raisons graves qui auraient troublé la paix intérieure des souverains, sur l'éducation et la santé du prince de Naples, etc., etc. A vrai dire, je ne m'attendais pas à trouver aux *Carceri nuove* de tels renseignements. L'abbé Faria, au château d'If, entretenait d'autres sujets le futur comte de Monte-Cristo.

Il faut croire que, depuis, la grâce (non pas celle de Dieu, mais celle du souverain) a réconcilié Mgr R... avec la famille royale; car le schisme où il est entré reçoit faveur et protection du gouvernement piémontais.

Mgr R... prétend connaître le monde du Vatican aussi bien, mieux peut-être que celui du Quirinal, surtout les dignitaires du Vatican d'autrefois, ceux de Pie IX. Je dois dire que Mgr R... m'a laissé de lui de moins sympathiques souvenirs que mes autres camarades.

Quelque temps après ma sortie de prison, un matin, vers sept heures, on frappe à ma porte. Je demande, suivant la coutume italienne : « Chi è? — Amico ». C'est le prélat qui se présente à moi dans le costume où je l'avais remarqué jadis. Il est frais et rose; il ne ressemble plus au prisonnier des *Carceri*. La grâce est venue tardive, mais elle est venue. Il me parle d'une affaire importante qu'il prétend me confier, et je deviens froid. A quelques jours de là, il m'écrit au sujet de cette affaire, et sa lettre est datée d'un petit pays où il s'est retiré, en attendant une rentrée en scène qu'il ménage et prépare (ce qu'elle fût, hélas! on le sait). Il s'agit encore de secrets, concernant de hauts personnages, dont plusieurs sont mes amis, et auxquels Mgr R... demande une simple compensation à son infortune. Je ne réponds pas. Un émissaire du prélat vient, quelques jours après, me redemander la lettre où *l'affaire* est exposée. Je la rends, heureux de purger mes archives de cette souillure. *Corruptio optimi pessima.* Que Rome est fertile en corruptions de ce genre! Et toutes n'ont pas passé par les *Carceri nuove*.

Une des grandes préoccupations du savant prélat, « l'affaire de sa vie », me dit-il, c'est la réconciliation entre le Vatican et le Quirinal. Il s'y est maintes fois employé, et il m'explique les jalons jetés par lui ou par d'autres, afin de marquer la place de ce pont futur qui doit unir les deux souverainetés. Croit-il que l'hérésie à laquelle il s'est voué, cette église italienne, anathématisée par le Saint-Siège, séduira jamais les catholiques italiens? Et quand cela serait, quand le peuple privilégié, destiné par la Providence à porter le Siège apostolique et à en recevoir plus immédiatement les bienfaits, renierait tout entier et sa tradition et sa foi, est-ce que l'Église serait détruite? Allons donc! l'Église des apôtres est universelle. La révolution romaine peut chasser le Saint-Esprit de Rome; elle réussira peut-être, ce qu'à Dieu ne plaise, à y organiser des conclaves schismatiques et dérisoires, à y exalter des Pontifes nationaux. Mais l'Eglise universelle ne sera pas dissoute pour cela.

Que Dieu nous épargne le retour des anti-papes!

Puissions-nous ne jamais voir le siège épiscopal de Rome, le patriarcat d'Occident, dévolu au schisme et à l'hérésie, descendu au rang de siège titulaire, comme le patriarcat de Jérusalem et celui de Constantinople ! Mais l'unité de l'Eglise survivrait encore à de tels désastres. Quelque part, en Amérique peut-être, ou en Océanie, caché dans quelque retraite d'Europe ou d'Asie, le véritable évêque de Rome, l'élu de la véritable Église, le missionnaire de l'Esprit-Saint continuerait l'œuvre de saint Pierre. Fût-il livré sur un vaisseau errant au caprice de vents et de flots, c'est avec lui que serait Rome; c'est son esquif qui porterait la fortune de l'Eglise, le dépôt des promesses du Christ ; c'est lui qui serait le pêcheur d'hommes, lui qui serait Pierre, le vicaire du Christ, le Saint-Père de la Chrétienté !... Les Italiens peuvent livrer Rome à l'hérésie et au schisme. La Rome mystique ne dépend pas d'eux. Le Pape fugitif, proscrit, déplacerait avec lui le centre, l'ombilic de la terre. La révolution ne disposera jamais que de la pierre des monuments, du vain titre des dignités ecclésiastiques. Les catholiques du monde entier ne donneront pas leurs hommages à un intrus : il sauront toujours reconnaître et saluer l'élu de Dieu. La révolution par ses triomphes ne servira qu'à hâter l'heure des réparations.

Mais jusqu'ici, l'hérésie de Mgr Savarese et de Mgr R... ne semble pas devoir peser d'un plus grand poids dans les destinées de l'Italie que celle de M. Loyson dans celles de la France catholique. Encore M. Loyson écrase-t-il tous ses imitateurs par la supériorité du talent et même du caractère.

Je ne pressentais pas encore dans Mgr R... le futur schismatique. Rien dans ses paroles ne dépassait la somme d'erreurs ou d'illusions que j'avais rencontrée chez beaucoup d'Italiens, catholiques cependant, prêtres ou non. Mais, rentré dans ma cellule après un de ces entretiens, il m'arrivait souvent de songer à l'impuissance des schismes en notre siècle.

Est-ce une grâce spéciale qui épargne à l'Église de nos jours ces pénibles épreuves qui l'ont assaillie aux quinzième et seizième siècle? N'est-ce pas plutôt que devant la grande hérésie contemporaine, l'hérésie matérialiste, rationaliste, en fin de compte athée, somme de toutes les autres, les schismes et les reniements conditionnels et partiels demeurent condamnés à pâlir, à sembler arriérés et comme rétrogrades? N'est-ce pas enfin que le schisme et l'hérésie mêmes supposent chez les peuples un degré de foi et un ensemble de croyances dont nos peuples modernes sont devenus trop dépourvus, par l'effort de la grande négation universelle et totale?

Si Luther revivait de nos jours, il végéterait dans la solitude. Parmi les hérésiarques de notre siècle, il n'en est pas un qui ne lui soit supérieur en science, en doctrine, et surtout en vertus.

M. Dœllinger en Bavière, M. Loyson en France, ne méritent à aucun titre d'être comparés à ce rustaud de moine ivrogne et débauché. Il n'est pas jusqu'à Mgr Savarese à Rome, et à Mgr R..., malgré les accusations justes ou non dont il a été victime, qui ne rougiraient d'un parallèle entre leur vie privée et celle de Luther. Cependant Luther a créé un schisme, qui a partagé la chrétienté en deux parts presque égales, qui a voué à l'hérésie d'insignes nations fécondes en saints comme l'Allemagne, l'Angleterre et la Suède. M. Dœllinger et M. Loyson n'ont séduit qu'un infime troupeau. Que dire des Savarese et des R..., obligés de s'accrocher à l'Église anglicane, pour obtenir une précaire subsistance et un semblant d'importance?

La lutte est engagée aujourd'hui entre le dogme intégral et la négation intégrale, entre la vérité et le néant, entre la lumière céleste et la nuit infernale N'est-ce pas la lutte suprême et l'annonce de la fin des temps? N'est-ce pas le dernier assaut réservé à l'Église militante, et les précurseurs de l'antéchrist ne sont-ils pas à nos portes?

CHAPITRE CINQUIÈME

LES DERNIERS JOURS D'UN CONDAMNÉ

SOMMAIRE

Visite d'un inspecteur. — Chapitre des chapeaux. — Illégalité reconnue. — Ma nouvelle chambre. — Je retrouve la lumière. — Extase. — Le compagnon de ma solitude. — Saint Pierre évaporé. — Découragement. — Interversion de rôles. — M. Gaston Boissier dans la prison. — L'ami de Cicéron inconnu à Rome. — La dernière nuit. — Fête au *Journal de Rome*. — Le baptême de la juive.

Vers le douzième jour de ma captivité, un inspecteur général du ministère de l'intérieur fit son entrée dans notre section, à l'heure de la promenade. Il visita toutes les cellules; quand il arriva devant le numéro 19, il s'arrêta, comme parvenu au terme ou au point suprême de sa visite. On m'appela; on éloigna les gardes et les autres prisonniers, et le puissant fonctionnaire m'interrogea dans la cellule sur les griefs que faisait valoir en ma faveur la presse de tous pays. Je me découvris et il garda son chapeau sur sa tête, tout naturellement d'ailleurs, et sans affectation. Nous n'étions pas dans un salon ; je le voyais bien. Pour ces fonctionnaires italiens, j'étais un numéro de prison. En entrant là, je devais renoncer aux égards qui, en tous pays, sont attribués au caractère des délits de presse. Le directeur des *Carceri nuove* avait beau me proclamer, comme me le dit M. l'inspecteur, « *il fiore dei gentiluomini* » cette fleur de gentilhommerie ne me valait pas le salut égal d'un employé du ministère. Malgré notre république et nos habitudes démocratiques, les prisonniers de presse sont accoutumés en France à un autre traitement, et je suis sûr qu'en dépit des menottes, MM. Roche et Duc Quercy, bien que prévenus de délits de droit commun, se sont vus courtoisement salués par les gardiens de leur prison. Mais en Italie, les chapeaux ont plus d'adhérence aux têtes que partout ailleurs. On a simplifié la politesse, comme l'orthographe dans ce pays, ou du moins elle ne brille plus que dans les formules parlées ou écrites : elle s'est retirée des gestes.

M. l'inspecteur, malgré la désinvolture de son attitude, me parut assez bienveillant. Il entreprit de me démontrer que ce n'était pas la faute du gouvernement si les prisons de Rome manquaient de confortable.

— Il faut vous en prendre aux Papes, me dit-il non sans ironie, si nous n'avons pas un local de détention convenable pour les journalistes. Le gouvernement rédempteur de l'Italie a trouvé Rome telle que les Papes l'ont faite. Il s'y est installé comme il a pu. Jugez vous-même si le palais royal, si les hôtels de nos ministères répondent aux exigences modernes. Vous êtes venu trop tôt en prison, mon cher monsieur. Si vous aviez attendu encore deux ou trois ans, notre belle prison neuve de la Lungara eût été achevée. Là, nous avons ménagé à la presse un vrai lieu de délices.

— Mille regrets, repartis-je : mais j'espère ne pas connaître ces délices.

— Et puis, en vérité, personne avant vous ne s'était plaint. Vous partagez le sort des prisonniers d'élite : parmi vos compagnons, plusieurs sont des gens très distingués.

— Mais je ne me plains pas ; je ne demande pas d'habiter un palais : je réclame seulement trois ou quatre facultés, qui me paraissent constituer des droits, étant donnée la nature de mon délit, et surtout, l'autorisation de posséder plume, encre, et papier, de recevoir des journaux, et enfin de m'entretenir avec mes amis dans une salle décente. Je place en dernière ligne la liberté de faire la guerre aux insectes malfaisants.

— Impossible ! Impossible ! rien de tout cela n'est compatible avec les règlements. Nous reconnaissons que les prisonniers de presse mériteraient un traitement spécial, et nous nous occupons d'eux dans la prison modèle que nous construisons via Lungara ; mais en attendant, il faut vous résigner au règlement commun.

— Dans les chemins de fer de mon pays, repris-je, lorsqu'un voyageur de seconde classe ne trouve aucune place dans les wagons de sa classe, la compagnie lui ouvre un compartiment de première et ne l'interne pas dans ceux de troisième. Si vous n'avez pas de prison convenable aux prisonniers de presse, ne les mettez pas en prison ; commuez leur peine en celle des *confini*,

Internez-moi à Frascati, à Tivoli ou ailleurs; mais laissez-moi la liberté de travailler, d'écrire, d'occuper mes loisirs forcés à une œuvre intellectuelle.

— Vous plaisantez, je crois ; tâchez de prendre votre mal en patience et ne trouvez pas le temps long. Adieu.

Cinq ou six jours plus tard, je suis mandé au parloir.

Mes amis du *Journal de Rome* ont eu la curiosité de feuilleter la loi piémontaise sur la presse, celle de 1848, qu'on m'avait appliquée. Cette loi contient un paragraphe, ordonnant que les prisonniers de presse seront détenus dans une prison spéciale et ne subiront aucun contact avec les prisonniers de droit commun.

L'*Italie* a relevé ce texte à son tour et a sommé le ministère d'exécuter la loi.

En grande hâte, il a fallu obéir. En dix minutes on a trouvé le moyen, vainement cherché jusqu'alors, de m'accorder un traitement plus convenable.

La nouvelle m'en est apportée par mon vieil et fidèle ami, le commandeur Montferrier, et déjà sa visite ne m'est plus faite dans l'ignoble parloir, mais dans la salle vaste et spacieuse, dite des avocats.

Pour la première fois, je puis serrer la main d'un ami. voir face à face la figure d'un honnête homme, qui ne soit pas un geôlier.

Sans doute nous sommes encore entourés de gardes; mais qu'importe? nous n'avons aucune intention de conspirer.

Le jour même, 30 mars, deux gardiens ont été délogés de la vaste chambre qu'ils occupaient à l'étage de notre section : on y a transporté mon lit et mon petit bagage. On m'a restitué mon papier, mon écritoire, tous mes livres. Mais je ne suis pas seul : mon brave gérant partagera ma meilleure fortune ; son lit est installé dans un cabinet dépendant de ma chambre.

Enfin je vois le jour, je respire : deux vastes fenêtres s'ouvrent sur la partie occidentale de Rome, et comme j'habite au dernier étage de la haute prison, à travers les barreaux je jouis d'un admirable panorama.

Oh ! la lumière, la vue du ciel, des maisons, des êtres vivants ! Je regarde en pitié ces gens que je vois là-bas, là-bas, tout petits, circuler sur le pont suspendu du Tibre, et qui passent sans s'apercevoir qu'ils sont heureux de regarder l'eau, de respirer l'air, de contempler des visages insouciants, d'admirer la verdure, de jouir de la liberté. Ils ne remercient pas Dieu de tant de bonheurs que l'habitude leur rend indifférents et dont la privation constitue le plus cruel des supplices.

Mon âme se dilate avec mes poumons. A respirer l'air qui vient de ces collines lointaines, il me paraît que j'aspire la liberté. Ma prison s'élargit avec mon horizon. Il me semble que moi-même, je deviens grand comme le spectacle que je contemple, que ma personne s'étend avec mon regard sur ces objets lointains que je revois et qui m'apparaissent, après vingt jours de cellule, comme des objets rares, nouveaux, infiniment précieux.

Le crépuscule va tomber, au moment où j'entre dans cette chambre. Le soleil empourpré disparaît entre la masse énorme et majestueuse de Saint-Pierre et les pentes vertes du Janicule couronnées de pins parasols. Mon cœur chante le cantique d'actions de grâce.

Après avoir longuement savouré l'ensemble du tableau, j'en déguste les détails, sans me presser, sachant que j'ai le temps d'admirer, que j'ai une ample provision de petites joies à me réserver pour ces dix jours de captivité, et qu'il convient d'être économe.

Au premier plan, quelques maisons assez sordides : du moins, des yeux blasés les trouveraient telles; pas les miens! Ces maisons sont habitées; elles m'apporteront la contemplation de la vie, de la libre vie. Salut à vous, haillons pendus sur l'escalier de bois vermoulu; salut, petit berceau où grouille la marmaille, vous m'annoncez ma sortie du tombeau, ma résurrection, de l'enfer des condamnés.

Puis derrière ces cabanes que je domine de cent pieds, c'est le vieux Tibre jaune qui trace une courbe, il part à droite du Ghetto et du palais de la Farnesina et à gauche, après avoir coulé sous le pont de la Lungara, il se perd derrière l'église de Saint-Jean des Florentins, dont la coupole me masque la vue du fort Saint-Ange.

Sur l'autre bord du fleuve, c'est l'École militaire. Je vois les cadets qui reviennent de la promenade, au pas. sur le pont; salut, petits soldats. On vous apprend sans doute à détester tout ce que j'aime, mon Pape et mon pays, n'importe! Ce soir, soyez les bienvenus; vous aussi m'apportez le spectacle du mouvement avec la gaie couleur de vos uniformes. Derrière l'École militaire s'étage le Janicule, dont mon œil embrasse presque toute l'étendue verdoyante. Voici les bosquets de la villa Corsini, puis les jardins du *manicomio* et ceux de l'École de botanique; en haut, le couvent de Saint-Onuphre, où est mort le Tasse.

Au bas, les longues bâtisses de l'hôpital du Saint-Esprit, faites de briques et surmontées d'une haute tour carrée, forment un élégant premier plan à Saint-Pierre. La façade de la basilique semble se hausser pour voir par-dessus toutes les maisons de Rome, pour élever au-dessus de tous les êtres vivants les colosses des apôtres; puis par-dessus les colosses, par-dessus la façade aux piliers monstrueux, la tour immense qui porte la coupole, et en haut la croix, la croix, que le génie de Michel-Ange a élevée si près du ciel qu'on ne sait si c'est l'homme et son aspiration vers le Christ triomphant qui ont fait effort pour la dresser, ou si ce ne serait plutôt la nacelle d'un aérostat divin descendu du ciel pour conduire à nous le Sauveur, venant visiter son Vicaire, et veiller sur la tombe de ses martyrs.

Plus à gauche, c'est le Vatican. Je reconnais l'appartement du Pape, et au-dessus celui du cardinal secrétaire d'Etat. La lampe du Souverain Pontife s'allume déjà. Ce Vatican aussi, c'est une prison.

Je ris en moi-même, songeant que ma prison possède un avantage sur celle du Pape. De sa fenêtre, le Pape voit mon cachot, qui n'offre pas un beau spectacle; de ma fenêtre, je vois le sien, incomparablement plus agréable à regarder, sinon à habiter. Le Vatican m'apparaît dans tout son développement, malgré la nuit qui tombe; je distingue encore tout au bout, dans le lointain, l'élégant Belvédère qui enferme les plus pures merveilles de la statuaire antique; musée dans un musée, sélection de chefs-d'œuvre parmi les chefs-d'œuvre. Au-dessus, les jardins du Pape s'étagent en masses noires et tristes. — Jardins de prison.

Les dernières lueurs du jour illuminent encore le sommet du Monte-Mario et la blanche villa Madama brille dans l'obscurité envahissante.

Tout cela est bien beau à contempler d'une prison, après vingt jours de réclusion, vingt jours de lumière tamisée par un soupirail.

Enfin les étoiles s'allument, autre divertissement, autre joie.

Je vous reconnais tous, astres chéris, flambeaux des anges, flammes éloquentes qui « racontez la gloire de Dieu ». Tout à l'heure, Rome, la grande Rome, m'était rendue : à présent, je possède tout le ciel, toute l'illumination de la nuit. Me voilà face à face avec l'harmonie du monde; j'entends vos divines mélodies, notées par Pythagore, ô chantres du Très-Haut; je comprends la vie universelle, et mon regard embrasse toute la création. Suis-je encore prisonnier ? Allons donc ! On m'a rendu la vue, la lumière, la lumière du jour et celle de la nuit. Mon âme, un instant déprimée par la cellule, voyage déjà dans l'infini ; elle suit les cortèges célestes que Platon a décrits, elle se mêle aux rythmes divins. Avec la lumière, elle a retrouvé ses ailes; il n'y a plus d'obstacle; elle s'élance jusqu'aux pieds du Créateur; elle ne souffre plus, elle adore, elle prie, elle chante, avec les corps célestes, l'hymne de la science, l'hymne de l'amour, l'hymne de la gratitude.

L'*Ave Maria* s'envole de toutes les cloches de la Ville sainte. La lune se lève : « Je vous salue, Marie, pleine de grâce » Vous me souriez de là-haut telle qu'on vous représente, le croissant à vos pieds, écrasant le dragon, purgeant le monde de toute turpitude, sublime héroïne de l'innocence et de la pureté, visage radieux...

« Prenez garde à la fièvre! » s'écrie mon compagnon Miozzi qui me ramène à la réalité, c'est-à-dire à la prison, où nous sommes, hélas! Il faut fermer la fenêtre.

Ma contemplation est achevée, finie l'extase.

On m'a séparé des criminels; pendant ces dix derniers jours, je vivrai avec un honnête homme, je respirerai le même air. Mon compagnon Miozzi est le plus honnête, le plus pieux des gérants. Son dévouement à ma personne et à ma cause s'est affirmé hautement devant le jury. Je l'estime et je l'aime de tout mon cœur.

Faut-il avouer la perversité, non de mon cœur, mais de mon intelligence? Eh bien! je préférerais ou bien la solitude, ou bien un compagnon moins innocent, moins brave, moins honnête, moins sublime; un prévenu, si vous voulez, ou même un condamné, l'auteur de quelque peccadille... allons jusqu'au bout de la franchise, un voleur, un assassin, dont les habitudes, dont les mœurs sociales, dont l'éducation intellectuelle eussent plus de conformité aux miennes.

Je crois bien que mon compagnon se livre à des réflexions analogues, ou du moins qu'il les écarte, tant est grand son respect pour son chef! Pardon, mon pauvre ami Miozzi, d'avoir pensé ainsi. Mais, vous souvenez-vous de votre gêne dans ces longues heures de solitude à deux, de la stérilité de nos entretiens, ou plutôt de notre éternel mutisme?

Nous adorons le même Dieu, nous appartenons au même parti, nous servons la même cause, nous sommes dans la même prison pour le même motif. Assurément, vous valez beaucoup mieux que moi. Vos simples et naïves prières montent plus droit au ciel. Bien plus que moi, vous avez mérite à souffrir pour la cause pontificale : vous ignorez le premier mot de la langue française ; vous n'avez rien compris à l'article qui vous a conduit où nous sommes ; vous l'avez contresigné quand même, parce que vous avez su qu'il était écrit pour la défense du Saint-Siège, contre les adversaires de l'indépendance romaine et de la religion ; et vous en avez témoigné, sans le connaître, jusque dans la cour d'assises. Vous, vous avez confessé la foi, simplement, dignement, purement. Moi, j'étais entraîné par la passion, soutenu dans l'épreuve par les regards et les encouragements de nos amis, maintenu dans la fermeté et l'honneur par la pensée de mes compatriotes, de mes coreligionnaires, au nom de qui je portais la parole. Ce que j'ai fait, j'en ai été largement récompensé ici-bas, et par l'approbation pontificale, et par ces milliers de témoignages de sympathie qui me sont arrivés de tous côtés. Pour moi, cette prison même a été un titre de gloire. Mes souffrances, si faibles qu'elles aient été, ont porté mon nom aux quatre coins du monde. Vous, cher ami, votre compte n'a pas de retenue au livre du Souverain juge ; il n'a pas de contre-partie. La page des compensations terrestres et mondaines y est vierge. De notre épreuve commune, vous n'avez eu que l'amertume, comme de mon délit, vous n'aviez que la responsabilité

Je vous envie, Miozzi ; je vous envierai surtout à l'heure dernière, et là encore, je me recommanderai à vos prières, car vous serez plus puissant que moi devant Celui qui pèse les consciences, et qui au plateau des mérites oppose celui de l'orgueil.

Pourtant, malgré tout cela, Miozzi, nous ne pouvons causer ensemble. Nos âmes, nos cœurs se comprennent, mais nos esprits ne parlent pas le même langage. Ils ne s'accordent que sur la somme des choses : ils ne se rencontrent pas dans le détail des pensées. Nous sommes hommes tous deux, et depuis le jour où un commentaire du vers de Térence

Homo sum, humani nihil a me alienum puto.

m'a valu un accessit de narration latine au Concours général, j'ai particulièrement aimé ce vers dont vous ne soupçonnez ni l'existence ni l'auteur, et je l'ai médité. Cependant, vous avez votre façon d'être homme et moi j'ai la mienne; vous vivez comme je ne saurais vivre, et comme il me déplaît de voir que vous vivez du matin au soir et du soir au matin.

Quelle petitesse et quel préjugé, n'est-ce pas? Dans ce dénuement d'une prison, dans cette misère, prendre garde à une différence d'éducation ! Cependant, dans ce contact de toutes les heures, la gêne que j'éprouve en face de Miozzi n'est pas de l'orgueil, c'est plutôt de la timidité. Les soins, encore sommaires, que je prends de ma personne me font presque honte devant ce brave et rustique enfant du peuple. Certaines répugnances, certains dégoûts me paraissent mesquins : mais l'habitude me les a rendus insurmontables. Je ne me crois en rien supérieur à Miozzi et je lui suis inférieur par bien des côtés; cependant cette solitude à deux ne m'apporte aucune consolation, aucun soulagement.

En vérité, j'aimerais mieux vivre avec le baron Giacomo ou avec Mgr R....

Je ne parle pas de la maladie de mon pauvre compagnon. C'est par là que sa présence m'est le plus supportable. Les nombreux instants où je le soigne sont les meilleurs que je passe avec lui.

Dès les premiers jours de son entrée à la cinquième section, Miozzi subit une violente rechute du mal qui l'avait conduit au *Manicomio*. Alors ses yeux, toujours brillants d'un feu vague, semblent sortir de sa tête ; son visage, toujours étrangement coloré, devient violacé ; sa barbe, toujours inculte, se raidit ; sa bouche se contracte : il profère des discours incohérents, il entonne des chansons plus qu'étranges, lui, si réservé dans son langage ; puis, après quelques minutes, il tombe dans une insensibilité presque complète, troublée par des spasmes; enfin il se réveille. Ces violents accès se renouvellent presque chaque jour, à la grande épouvante de nos camarades.

Miozzi, visité par le médecin, adressa aussitôt une demande en grâce au ministre de la justice, et je l'apostillai, afin de porter témoignage de la maladie qui l'avait contraint de résigner ses fonctions de gérant du *Journal de Rome*.

Le ministre répondit que sans doute nous avions choisi un gérant, atteint d'une maladie mentale, exprès pour qu'il échappât à la responsabilité pénale de nos articles. On ne fit grâce à Miozzi ni d'un jour ni d'une minute, et on ne lui accorda même pas le séjour de l'infirmerie. On préféra me constituer son infirmier sous les verroux d'une même cellule !

Mais encore une fois, ces soins ne me furent pas désagréables ; ils me donnaient l'illusion de quelque bien à faire ou à continuer dans ces éternels loisirs. On m'avait séparé de mes autres clients : il fallait bien que je fusse encore bon à quelque chose.

Dans ce nouveau logis, les nuits ne sont pas moins pénibles que dans l'ancien. Les mêmes hôtes les hantent, et ravivés sans doute par l'air d'une chambre plus spacieuse, ils redoublent d'acharnement. De plus, Miozzi me supplie de ne pas fermer la porte qui sépare sa chambrette de la mienne ; il étoufferait dans un espace étroit. Sa respiration haletante et lourde, entrecoupée de visions, m'obsède. A défaut de rêves, je ne puis même songer ; mon insomnie est vide et devient fiévreuse comme le sommeil de Miozzi.

La première nuit passée ainsi m'apporte donc une souffrance encore inconnue. Mais le premier rayon de soleil me ranime et me repose ; dès l'aube, je cours à la fenêtre ; je regarde avec avidité ce décor splendide qui meuble la nudité de mon gîte, mieux que ne ferait une tapisserie des Gobelins. Phénomène étrange : Saint-Pierre que j'admirais hier soir, au coucher du soleil, Saint-Pierre a disparu. Entre le Janicule et le Vatican, l'espace est vide. Le gigantesque monument s'est évaporé. Après un instant de stupeur, j'aperçois tout au haut du ciel une croix isolée qui étincelle, comme le Labarum de Constantin. Enfin la coupole se dessine vaguement. Un brouillard léger, invisible, sorti du Tibre, avait masqué la basilique. Je pense à ces héros d'Homère que les dieux enveloppaient d'un nuage impalpable pour tromper la poursuite de leurs ennemis. Je me souviens qu'enfant, ces récits du divin poète me choquaient plus encore que les mœurs et les blessures des dieux. Si Achille ne voit plus Hector, disais-je, il voit du moins le nuage qui le cache et l'accompagne en sa fuite ; et il n'a qu'à courir au nuage. La disparition soudaine de Saint-Pierre m'explique celle d'Hector, et Homère est absous !

Vers dix heures, on m'appelle au parloir, au nouveau parloir, à celui des avocats. M. Gentili, correspondant du *Temps*, vient au nom du syndicat de la presse parisienne, s'informer de ma situation réelle. J'apprends que le syndicat a fait une démarche auprès de M. le général marquis Menabrea, ambassadeur d'Italie à Paris, pour lui représenter l'indignité du traitement infligé à un journaliste parisien. J'explique à M. Gentili qu'il arrive trop tard, qu'il ne peut concevoir aucune idée de mon état antérieur, qu'à présent, mes demandes ont reçu satisfaction, sauf en ce qui regarde la libre réception des journaux. Je le charge de transmettre aux syndics de Paris l'expression de ma confraternelle gratitude

Du reste, à peine rentré dans ma cellule, le directeur de la prison me fait notifier le nouveau règlement édicté par le ministère pour les détenus de presse. Il est d'une telle sévérité, que malgré les améliorations réelles qu'il consacre, ma satisfaction primitive se change en indignation. Les heures de promenade sont réduites à deux au lieu de cinq, et ce sont des promenades solitaires, dans une antichambre du couloir de la cinquième section. Les visites qu'on autorisait jusqu'alors presque chaque jour sont réduites à deux par semaine. D'autres dispositions achèvent de m'irriter.

Ab irato, j'écris au directeur que je n'accepte pas un changement, qui rend ma situation plus pénible, sous prétexte de l'améliorer, que je refuse de payer le loyer de ma chambre pour les neuf jours qui me restent à passer dans cette prison, et je le prie de me soumettre au régime des chambrées communes.

En même temps, je fais part de ces rigueurs nouvelles à mes rédacteurs du *Journal de Rome* qui rédigent aussitôt un article terrible contre le directeur.

Celui-ci me fait appeler le lendemain, me montre l'article, me demande de déterminer moi-même quel régime me convient, et me supplie d'écrire une lettre rectificative à mon journal, afin de dégager sa responsabilité, en rendant hommage à ses bonnes intentions.

Les démonstrations du directeur me touchent; je rédige la lettre qui lui agrée, et il la fait parvenir.

La presse italienne profite de l'incident pour déclarer que le directeur mérite de changer sa place avec la mienne, puisque c'est moi, prisonnier, qui dicte les règlements, lui, directeur, qui obéit et implore.

Le pauvre fonctionnaire, navré, maudit le jury qui l'embarrasse d'un pensionnaire si incommode.

Mon sort deviendrait tolérable, n'était la solitude partagée avec l'infortuné Miozzi.

Une grande joie m'attend aux premiers jours d'avril.

Un matin, mandé au parloir, j'y trouve Guillaume, dont les yeux brillent d'une lueur singulière. C'est à peine s'il peut balbutier des paroles que j'entends à peine. Puis tout à coup, ma chère femme apparaît.

J'ai dit que j'avais pris soin de l'envoyer en France, à l'approche de mes terribles épreuves, afin de lui en épargner le spectacle et de garder moi-même une pleine liberté d'esprit. Les récits des journaux, tout le tapage suscité par l'incroyable erreur du gouvernement italien, l'ont informée jusque dans la retraite lointaine où elle s'était confinée, en Bretagne. Elle est accourue, sans prendre un instant de repos; le matin même de son arrivée elle fait son entrée dans cette antichambre de prison, au milieu de ces gardes.

Grâce à Dieu! elle n'a pas vu l'horrible parloir commun, la cage des bêtes fauves; nous pouvons nous aborder librement pendant quelques minutes. Les visites durent un quart d'heure. Même en sa faveur, on ne laisse pas fléchir la consigne, et ses visites, suivant le règlement, sont limitées à deux par semaine.

Le lendemain, autre surprise. Mon cher et illustre professeur, M. Gaston Boissier, de passage à Rome, a appris mon séjour aux *Carceri nuove*. Conduit par un abbé de mes amis, il s'est présenté à la porte de la prison. On ne veut pas la lui ouvrir; il se réclame de son titre de membre de l'Académie française, titre glorieux en tout pays. Le directeur croit qu'il s'agit de l'Académie de France à Rome; il consulte l'annuaire romain, et déclare gravement que M. Boissier n'est pas un pensionnaire de la villa Médicis. Oh! la gloire! Gaston Boissier ignoré dans cette Rome à laquelle il a consacré le meilleur de ses doctes et aimables travaux, lui, l'ami de Cicéron, le dévot initiateur des vieilles divinités du Latium! Mais à Paris même, un boutiquier n'a-t-il pas demandé à Victor Hugo, si son nom s'écrivait avec un *t*? Un hôtelier de quelque ville de province n'a-t-il pas interrogé Alexandre Dumas sur sa profession? Enfin, on raconte que M. Thiers, se promenant avec M. de Bismarck dans les rues de Versailles, au moment de la signature de l'armistice, voulut donner au terrible chancelier une marque de sa popularité. Il aborde un homme qui flânait sur sa porte, et lui dit: « Mon ami, connaissez-vous M. Thiers? » L'autre répondit : « Monsieur, je ne connais personne de ce nom, en cette rue; informez-vous au pharmacien du coin. » Quoi d'étonnant, si le directeur des *Carceri nuove* ignorait Gaston Boissier?

Le même jour, pour la première fois, je reçois une visite dans ma cellule, celle de M. Ziegler, correspondant du *Figaro*, et rédacteur de l'*Italie*, accompagné de l'inspecteur du ministère de l'Intérieur, dont j'ai parlé plus haut. M. Ziegler est délégué pour m'*interwiever*. Mais l'*interwiew* demeure naturellement stérile. M. l'inspecteur prend la parole et ne la quitte guère : il se charge des demandes et des réponses. Quand je veux rectifier ses dires, il m'interrompt. M. Ziegler demande à visiter mon ancienne cellule, la cellule n° 19, où j'ai passé les deux tiers de ma captivité. On le lui refuse. Il ne peut donc, même en ma présence, recueillir autre chose que des renseignements officiels. Néanmoins, je suis touché plus que je ne peux dire de cette marque nouvelle d'intérêt et de sympathie, qui me vient de mes confrères de Paris.

Je sais d'ailleurs que le syndicat de la presse parisienne, reçu par M. l'ambassadeur d'Italie, n'a pu obtenir de ce diplomate d'autre réponse que celle qui lui était dictée par le ministère italien, c'est-à-dire une réponse pleine d'inexactitudes et de contre-vérités.

Enfin, enfin, les derniers jours approchent. Nous voici à la veille de la libération. A mesure que les heures m'annoncent l'imminence de la liberté, elles me semblent plus longues. La journée suprême ne finira donc jamais, et la nuit! cette nuit est éternelle. Même alors, on ne me fait pas grâce de la visite des verrous et des barreaux. Pour la dernière fois, vers deux heures du matin, j'entends le bruit sinistre de la ronde nocturne, la mélopée rauque des barreaux frappés au marteau, le grincement des serrures et des clefs. Quand les gardes, porteurs de la lanterne, viennent à mon lit : « Adieu, leur dis-je, et pas au revoir! »

Dès cinq heures, je suis sur pied, bouclant ma valise, rangeant mes papiers.

Pour éviter toute manifestation dans la rue, dont j'ai horreur, j'ai décidé de partir à six heures du matin.

Six heures sonnent; on ouvre la porte de la cellule; j'embrasse mon pauvre et cher compagnon Miozzi, qui va rester seul dans les derniers jours qu'il doit encore au gouvernement. Heureux Miozzi, précieuse solitude!

Je descends dans la sombre salle des gardes; tous sont rassemblés pour le rapport. On me restitue mon argent, ma montre; je donne une part de l'argent au brave et fidèle *scoppino*, Diana, dont l'amitié ne s'est pas démentie une minute; il pleure en me quittant. Le reste est distribué aux « *porta pranzi* » et aux prisonniers les plus pauvres. Je quitte la prison sans un sou.

A la porte, Guillaume se jette dans mes bras; il est accompagné du docteur Alfio, ce Sicilien dont j'ai parlé, qui m'a témoigné une si tendre affection, et dont la liberté provisoire a été obtenue deux jours auparavant.

Je suis comme ébloui en mettant le pied dans la rue; je chancelle sur le pavé. Depuis trente jours, je n'ai pas marché à l'air libre. Je respire la liberté à pleins poumons.

Je trouve ma maison pleine de fleurs; tous mes amis m'ont envoyé un bouquet, et ma femme, radieuse, m'en fait gaiement les honneurs.

Je trouve aussi un véritable ballot de lettres qui m'ont été adressées et qu'on n'a pu me faire parvenir, de journaux français, italiens, anglais, allemands, espagnols, de toutes les parties du monde, qui ont demandé compte au gouvernement italien du sort infligé à un serviteur du Pape.

Dans la journée, après avoir embrassé mes chers enfants, je rentre au bureau du *Journal de Rome*. Mes collaborateurs ont tenu à entourer ce retour d'une certaine solennité. L'escalier, les salons de la rédaction sont ornés de plantes et de bouquets magnifiques; la rédaction de l'*Osservatore romano*, nombre de prélats et de Français présents à Rome, se sont joints aux rédacteurs du *Journal de Rome* pour m'accueillir.

Il faut beaucoup de peines pour acheter un peu de joie.

Le lendemain, jeudi saint, M. le comte Agnelli dei

Malherbi, fondateur et président de la Société des avocats de Saint-Pierre, me fait l'honneur de m'inviter à tenir sa fillette sur les fonts baptismaux, comme suppléant du parrain empêché. Par une faveur singulière, le cardinal-vicaire, protecteur et directeur suprême des avocats de Saint-Pierre, a permis au comte Agnelli de présenter son enfant au baptistère de Saint-Jean-de-Latran, en ce jour de la bénédiction des eaux. Les premières eaux bénites dans le baptistère de la mère de toutes les églises, de la basilique insigne où Constantin abjura le paganisme, sont réservées, chaque année, à une jeune juive du ghetto de Rome. Le cardinal-vicaire a consenti à baptiser lui-même la fille du comte Agnelli, en cette grande solennité, aussitôt après le baptême de la juive.

Je tiens la place du parrain, sous les yeux d'une foule immense, où dominent les Anglais des deux sexes. Dès que le cardinal m'aperçoit, d'un sourire et d'un geste, il daigne me féliciter. J'étais à l'honneur après avoir été à la peine.

A l'issue de cette splendide cérémonie, l'une des plus touchantes de la Semaine sainte, où, bien inopinément j'étais convié à jouer un rôle, une cordiale collation réunit chez l'heureux père les plus illustres membres de la Société. Alors que tous veulent bien me rappeler les souffrances récemment endurées pour la cause pontificale, il me plaît à moi de les oublier. Car ces splendeurs de l'Église, ces fêtes, au sortir de ce cachot, de la compagnie des criminels, me produisent l'effet d'une renaissance.

Cependant, si j'ai mérité le pardon de mes fautes, si

j'ai eu le courage d'en réparer quelques-unes et des plus graves, je le dois sans doute à la grâce de Dieu, qui est venue me trouver et me réconforter aux heures les plus douloureuses de cette prison.

CHAPITRE SIXIÈME

LA TRIPLE ALLIANCE

L'IRRÉDENTISME

SOMMAIRE

L'*Italia fara da se* et le musée de la résurrection italienne. — Les portiers des Alpes. — Le double visage. — Le troisième masque. — L'affaire de Tunis. — La géographie irrédentiste. — Les deux zones. — Le régicide Oberdank. — Manifestation populaire contre l'Autriche. — Le roi Humbert. — La reine Marguerite. — Les courses de veaux. — Wagnérisme et germanisme.

L'*Italia fara da se*... un jour, c'est possible. Dans combien de siècles? Quand l'empire romain sera reconstitué?... En attendant ce futur indéfini, dans le passé, dans le présent, l'Italie n'a jamais rien fait par elle-même. Tout ce qu'elle a tenté sans aide, a misérablement avorté. Exemple : l'échauffourée de Novare. Elle n'a rien gagné qu'un étranger ne lui ait donné. L'Autriche s'est accrue par les mariages : l'Italie par les cadeaux.

On a constitué à Turin pour l'Exposition de 1884, et

on a transporté ensuite à Rome un musée de la résurrection italienne, du *risorgimento italiano*. On y expose les menottes d'Orsini, à côté d'une calotte blanche de Pie IX. La calotte de Pie IX s'explique par la part que prit, avant 1849, le jeune et généreux Pape au grand mouvement de la libération italienne du joug autrichien. Mais il eût été juste que les principales pièces du musée provinssent de la diplomatie étrangère. Ce devait être un musée international. A côté des menottes d'Orsini, il fallait placer, non une relique de Pie IX, mais les lunettes de M. de Beust. On sait que le ministre autrichien poussa littéralement par les épaules Victor-Emmanuel sur la route de Rome, en 1870, voulant venger sur le vieux Pontife l'appui qu'il avait prêté, aux débuts de son Pontificat, aux premiers mouvements de l'Italie contre l'Autriche. S'il est vrai qu'Orsini fut le proto-martyr de l'unité italienne, Napoléon III en fut le Constantin, Napoléon III dont la statue manque toujours à Milan. A côté de la chaussette de Garibaldi, trouée par la balle d'Aspromonte, il convenait de placer la lorgnette de l'amiral anglais dont les navires, embossés devant Marsala, protégèrent le débarquement des Mille. Enfin, M. de Bismarck mérite aussi de figurer par quelque objet dans le musée du *risorgimento*, soit une chope, soit une pipe. N'est-ce pas lui qui signa avec M. de Cavour le traité secret par lequel, dès avant la guerre de 1866, l'annexion de la Vénétie devait récompenser le concours de l'Italie, quel que fût le succès de ses armes? Grâce à ce traité, les Italiens n'eurent pas besoin de se battre à Custozza, et leurs vaisseaux cuirassés purent se laisser couler impunément à Lissa par la flotte en bois des Autrichiens. Un poëte italien a dit de sa patrie :

> Servir sempre, o vincitrice o vinta

il pouvait dire aussi bien, sans troubler le vers :

> *Giovar* sempre, o vincitrice o vinta

Gagner toujours, victorieuse ou vaincue!

Je ne veux pas médire des hommes d'État italiens : mais leur génie a consisté surtout dans le choix des bons protecteurs, dans le flair des alliances productives, dans l'amitié des forts. D'autres appuient leur diplomatie sur une puissante armée nationale; les diplomates italiens s'appuient sur les armées étrangères. Les troupes françaises ont donné la Lombardie au Piémont; les troupes prussiennnes lui ont donné la Vénétie; la flotte anglaise lui a donné la Sicile; la complicité de la France, la Toscane, les duchés de Parme et de Modène, le royaume de Naples. Enfin c'est la Prusse et l'Autriche qui ont conduit par la main le roi d'Italie jusqu'à la porte Pie au 20 septembre, alors que la France vaincue faillit à la garde glorieuse du tombeau des Apôtres.

Il n'est pas un fleuron de la couronne de Savoie qui ne soit un présent de l'étranger.

Les ancêtres de Victor-Emmanuel et de Humbert 1ᵉʳ se glorifiaient du sobriquet de « portiers des Alpes. » Les Alpes ont deux portes : une qui s'ouvre sur la France, l'autre sur l'Allemagne. Les nouveaux rois d'Italie en ont gardé les clefs : ils laissent alternativement ouverte ou fermée l'une de ces deux portes; mais on n'entre pas les mains vides.

Sur la via Nomentana, celle précisément qui mène de Mentana à la porte Pie et que suivirent les Piémontais en 1870, j'ai remarqué une villa pourvue aussi de deux portes ; l'une ouverte, l'autre murée : sur la première on lit l'inscription : *Amicis*, sur l'autre, la close : *Inimicis*. Pour l'Italie, les amis, ce sont les vainqueurs ; les ennemis, ce sont les vaincus. *Beati possidentes*, ceux-là auront les bonnes grâces de l'Italie.

Alors qu'il collaborait sous ma direction au journal la *Défense*, le jeune comte Charles Conestabile avait coutume de me dire : « Ne croyez pas qu'en Italie, on déteste les Français ; tout au contraire ; nous vous aimons beaucoup. Seulement, vous avez été vaincus ; nous le regrettons, parce qu'alors nous sommes obligés de nous allier à la Prusse, et c'est grand dommage, car votre alliance nous plaisait mieux ! »

On pourrait encore comparer l'Italie à la vieille divinité latine, à *Janus bifrons*. L'un de ses visages est français, l'autre allemand. L'Italie montre l'un ou l'autre, suivant les vicissitudes de la politique européenne. De 1858 à 1866, elle présenta la face française, de 1866 à 70, elle alterna, suivant les circonstances. Depuis 1870, visage prussien. Mais déjà un troisième masque commence à percer, à côté des deux autres, le masque de John Bull. On a eu besoin de la protection anglaise pour l'expédition de Massaouah. Mais l'expédition italienne s'est arrêtée, parce que les armes anglaises n'ont pas réussi dans le Soudan. Il aurait fallu *far da se;* on se retint. *Far da se*, cela se met en chansons, mais non en action.

L'alliance de l'Italie avec l'Allemagne demeura

latente et platonique jusqu'aux affaires de Tunis. La servilité italienne se faisait discrète et réservée. Lorsque l'expédition française eût déjoué les machinations timides de M. Maccio, on chercha à la Consulta les moyens de revanche. Un congrès s'était réuni à Berlin ; tout le monde y avait trouvé son compte, la Russie un peu, fort peu ; l'Angleterre assez, l'Autriche beaucoup ; la France même, la France honnie, humiliée, en avait rapporté la proie tunisienne, tandis que l'Italie, l'habile Italie, l'avide Italie, revenait les mains nettes ! C'en était trop. Que dis-je ? les mains nettes ! La Tunisie était enlevée par la France bien moins à la souveraineté de la Turquie qu'aux mains de l'Italie, qui déjà saisissaient la proie. Le grand Turc était moins lésé que le roi Humbert. Nos soldats lui prenaient à la moustache le morceau qu'il croyait déjà tenir.

Car, suivant la géographie italienne, la Tunisie forme une prolongation, un faubourg de la Sicile. J'en tiens l'aveu d'un noble Sicilien, avec qui je voyageais sur le bateau de Palerme à Naples : « Outre, disait-il, que toutes les antiques provinces romaines de l'Afrique peuvent être considérées par nous comme domaine national, comme terres *irredente*, nous regardions la Tunisie, non pas comme une colonie possible, comme une possession détachée, mais comme une part de notre sol, comme une province italienne. Du mont Eryx que j'habite au-dessus de Trapani, on aperçoit l'île Pantellaria, île qui se rattache au continent africain ; de l'île Pantellaria, on distingue clairement la côte d'Afrique. On peut aller en barque de Trapani à Tunis, sans perdre un instant la terre de vue. Tunis est donc terre italienne; c'est à nous que vous l'avez prise. Nous vous pardonnerons peut-être quand nous aurons l'Egypte et Tripoli, et encore... cela nous rendra-t-il la Tunisie qui est notre bien? »

Le moindre défaut du principe des nationalités, invoqué par Napoléon III, à la suggestion et au profit de l'Italie, c'est son étrange élasticité. Il n'est pas une école italienne qui ne contienne quelqu'une de ces cartes signalées par M. Brachet et où se trouve en marge l'indication suivante :

Terres italiennes irredente (1)

à la France	le comté de Nice, la Savoie, la Corse,
à l'Autriche	le Triestin, le Trentin,
à la Suisse	le canton du Tessin,
à l'Angleterre	l'île de Malte.

Ce ne sont pas là des cartes politiques, des cartes-pamphlets : cette géographie *irrédentiste* s'enseigne couramment dans les Universités ; et personne n'y prend garde. Les audacieux, les précurseurs, ceux qui prévoient, englobent parmi les terres *irredente* la Provence et le Languedoc, du côté de la France; l'Illyrie, la Dalmatie, du côté de l'Autriche; puis tout le nord de l'Afrique depuis les colonnes d'Hercule jusqu'à l'isthme de Suez, et enfin la Palestine, puisque les rois

(1) C'est-à-dire non rachetées, non recouvrées.

de Sardaigne portent le titre de rois de Jérusalem. Mais on les taxe d'imprudents. — Car il y a deux zones de terres *irredente* : les habiles ne parlent que de la première. On peut dire que tout Italien est irrédentiste ; seulement tous ne s'entendent pas sur l'ordre des revendications immédiates, même dans la première zone.

Le petit peuple, les partis avancés, un très grand nombre d'officiers, fidèles à la tradition révolutionnaire, estiment qu'avant tout, il faut liquider la question austro-italienne, achever de purger le sol national des derniers oppresseurs allemands, reprendre Trieste et Trente, comme on a repris la Lombardie et la Vénétie. L'Autriche a gagné au traité de Berlin la Bosnie et l'Herzégovine ; par compensation, elle doit rendre à l'Italie Trente et Trieste. Ces irrédentistes sont les plus bruyants, les plus entreprenants ; ils opposent dans les manifestations l'hymne de Garibaldi à l'hymne royal de Savoie. Ils désignent volontiers le roi Humbert par le surnom de « colonel autrichien » en souvenir du titre que le monarque rapporta de sa visite à Vienne. Ils couvrent les murs des derniers villages d'inscription ainsi faites : *W Oberdan!*, c'est-à-dire Vive Oberdank ; on a supprimé le k germanique qui terminait le nom du jeune régicide. La jeunesse des Universités, et en général tout le corps universitaire, ont voué à Oberdank une sorte de culte.

On sait que ce jeune Trentin fit ses études à l'Université romaine, que de là, il s'en fut conspirer à Trieste ; qu'il lança des bombes contre l'empereur d'Autriche, bombes qui n'atteignirent par le souverain mais tuèrent et blessèrent plusieurs victimes ; qu'il fut arrêté, tandis que ses complices s'échappaient, enfin condamné à mort, exécuté, malgré les supplications de l'Italie entière et de Victor Hugo. De là, dans la péninsule, une recrudescence de la haine populaire contre l'Autriche. Les cercles démocratiques n'appellent jamais l'empereur François-Joseph autrement, que « le bourreau », et Oberdank « le martyr ». Les complices d'Oberdank s'étant réfugiés en Italie, une demande d'extradition fut adressée au gouvernement par l'Autriche; on instruisit le procès devant le jury d'Udine en manière de défi à l'Autriche; car Udine est une ville frontière entre le Vénétie italienne et le Triestin autrichien. Le jury acquitta d'acclamation les conjurés. En revanche, presque partout les consulats autrichiens subirent des outrages ou des assauts analogues à ceux qu'on avait multipliés contre les consulats français, lors de l'expédition de Tunis. A Rome, des bombes éclatèrent sous le portail du palais de Venise, résidence du comte Paar, ambassadeur d'Autriche auprès du Vatican, et sous le portail du palais Chigi, au Corso, résidence du comte Ludolff, ambassadeur auprès du Quirinal. Il fallut entourer d'une garde spéciale les deux palais autrichiens. Enfin, en plein jour, malgré cette garde, un individu déchargea son revolver contre l'écusson d'Autriche au palais de Venise, et la voiture du comte Paar fut assaillie d'une grêle de pavés dans le Borgo nuovo, au retour d'une cérémonie au Vatican.

Et les Italiens s'étonnent ou s'indignent que l'empereur d'Autriche ait refusé de rendre à Rome la visite qu'il avait reçue à Vienne du roi Humbert! Mais les passions toujours vivaces de l'irrédentisme révolutionnaire interdiraient à François-Joseph de hasarder sa majesté et sa vie dans la capitale italienne, quand bien même la présence du Pape à Rome ne l'écarterait du Quirinal, en sa qualité de souverain catholique.

L'irrédentisme contre l'Autriche est l'arme de guerre dont se servent les conspirateurs contre la dynastie de Savoie et contre le ministère de M. Déprétis.

On frappe à l'endroit sensible; car le parti gouvernemental, depuis l'affaire de Tunis, n'a épargné aucun effort pour subordonner la politique italienne à la direction germanique, détourner de l'Autriche les antipathies populaires et les diriger contre la France.

A la Cour, dans le monde officiel, on n'est pas moins irrédentiste que dans le peuple ; mais on place en première ligne la revendication de Nice et de la Savoie.

Le roi Humbert ne possède aucune des grandes qualités ni aucun des grands vices de son père; il se concentre en lui-même autant que Victor-Emmanuel se répandait au dehors. Il ne semble conduit ni par de vastes ambitions ni par le souci de la popularité. Il place son honneur dans la stricte observation de ses devoirs de souverain constitutionel, et non dans l'accomplissement d'une destinée. Il conserve la situation conquise par le roi son père; il ne l'eût jamais conquise lui-même. Roi de Piémont, il eût monté sa garde à Turin, comme il la monte à Rome, esclave de la consigne, incapable de déserter le poste, soit pour fuir, soit pour avancer. Regardez ce roi mélancolique, aux yeux dilatés, au front démesurément haut et rétréci ; on dirait que la nature l'a destiné à jouer le rôle d'Hamlet, prince de Danemark. Mais n'ayez trop peur ni de sa moustache féroce, ni de son regard fixe, ni de cette laideur majestueuse et barbare qu'il tient de sa race ; on le dit « bon garçon ». Sa mélancolie n'est pas de la sauvagerie, mais de l'ennui ; c'est le sentiment du néant de la royauté constitutionnelle, un profond dégoût des gens qui gouvernent son royaume et des choses incertaines sur lesquelles repose sa monarchie. C'est la vague terreur d'un homme paisible engagé malgré lui dans une formidable aventure, d'un honnête homme qui se trouve hériter par hasard d'une caverne de brigands dans la montagne.

Humbert Ier demeure Piémontais comme était Victor-Emmanuel. Dans l'intimité, il parle peu ou point, mais s'il lui échappe une parole, c'est dans le dialecte de sa patrie. Les princes de Savoie ont donné à la péninsule leur écusson, leurs lois; ils prétendent lui imposer les mœurs de leur pays. L'unité s'est faite dans la conquête ; les peuples la subissent comme un joug. Pour les Napolitains, le Piémontais est un *forestiere* ; on l'appelle même un *francese*. Le roi sait tout cela ; et lorsqu'il regarde son enfant chétif, son frère, ses neveux, il soupire et médite amèrement sur la fragilité de sa dynastie. On le dit atteint d'une maladie de poitrine, et ses pommettes saillantes, le son de sa voix confirment le diagnostic. Je l'ai entendu en octobre 1882 prononcer le discours de la Couronne, à l'ouverture du Parlement. C'était pitié de voir ce jeune roi, aux cheveux gris, s'interrompant à chaque phrase pour porter le mouchoir à sa bouche. Eh bien ! les poitrinaires sont clairvoyants. Est-ce la vue de l'avenir qui dilate si étrangement la prunelle royale ? Quels épouvantements mystérieux fixe ainsi ce regard fébrile?

Si toute l'Italie vient à se disloquer, si elle se brise en trois morceaux, si les princes de Savoie sont contraints de rentrer au gîte, ils ne retrouveront pas intact leur cher Piémont. Là-bas, les ancêtres dorment en terre étrangère, à l'abbaye d'Hautecombe; un préfet français habite le palais royal de Chambéry; le lac du Bourget, aux eaux sombres et profondes, ne reflète plus les couleurs de Savoie. La brave légion qui gardait fidèlement ses princes est dispersée dans les régiments français. La maison de Savoie a couru les aventures; elle a envahi le patrimoine des princes légitimes; enfin elle a usurpé jusqu'au domaine sacré, jusqu'au territoire des Amphictyons. Ses rois ont couché dans le lit des Papes : mais elle a perdu son berceau, abandonné le foyer paternel, trafiqué du bien patrimonial et aliéné jusqu'aux mânes des ancêtres.

On assure qu'Humbert ne croit à rien; qu'il n'a peur ni de Dieu ni du diable, qu'il n'a même pas cette superstition de Victor-Emmanuel, qui, à défaut d'une piété sincère, le fit reculer jusqu'au dernier moment devant la fatalité du sacrilège, cette superstition prophétique qui lui inspirait l'horreur du Quirinal, où il ne voulut coucher qu'une fois, la nuit de son agonie! L'incrédulité totale du roi Humbert n'est sans doute que l'abri factice, le refuge désespéré d'une âme apeurée. Don Juan niait l'autre monde sous la main de la statue de pierre.

Du moins, Humbert Ier a le culte de sa race et le regret de la Savoie. Il voudrait, si sa dynastie doit renoncer à Rome et aux pays conquis, qu'elle retrouvât le Piémont intact et qu'elle rentrât dans le domaine entier des vieux ducs. Voila pourquoi Humbert est irrédentiste à sa façon, pourquoi il autorise sa diplomatie à nouer les alliances qui promettent la reconstitution du vieux royaume. Il se moque de Trente et de Trieste ; je suis sûr qu'il donnerait Venise pour Nice, et Milan pour Chambéry. Ses inclinations ne sont ni autrichiennes ni prussiennes ; elles sont savoyardes. Mais cela revient au même, car Humbert n'attend certes pas de l'amitié de la France la restitution spontanée du prix payé pour l'unité italienne.

Au contraire, c'est du sang allemand, du sang saxon, qui s'unit dans les veines de la reine Marguerite au sang de Savoie. Sa blonde chevelure, ses yeux bleus accusent l'origine teutonne. Elle ressemble à sa mère, celle que le peuple de Rome appelle « la *tedesca*. » Musicienne passionnée, la reine Marguerite adore le dieu Wagner ; Rossini, Verdi, génies de son pays, la laissent indifférente. Autant le roi méprise la popularité, autant la reine en est friande, au point de la mendier. Elle en porte l'avidité jusqu'à se mêler aux fêtes populacières, au risque d'assister à la « course du veau » !

A certains jours, la municipalité de Rome accorde aux voyous un jeu ignoble : on lâche un veau dans une enceinte de planches, et la canaille armée de couteaux donne la chasse à la bestiole sans défense. Le premier qui l'attrape enfonce le couteau ; l'animal tombe ; on l'écharpe, on le dépèce. La meute humaine fait la curée sanglante ; elle se baigne avec une immonde volupté dans le sang et dans la viande palpitante. Surmontant de justes répugnances, la reine ne dédaigne pas d'applaudir parfois ces lâches toréadors! Qu'importe, pourvu qu'elle-même soit applaudie!

Quand la famille royale réside au Quirinal, le prosyndic de Rome, duc Léopold Torlonia, couvre, au moindre prétexte, les murs de la ville de proclamations tournées en madrigaux en l'honneur de la gracieuse souveraine. Il organise aussi, aux frais de la municipalité, et plusieurs fois par mois, des manifestations sous le balcon du Palais. C'est de là que jadis les Papes distribuaient, aux fêtes de la Vierge, la bénédiction *Urbi et Orbi;* car ce palais du Quirinal est le palais de la Madone; les papes y dataient leurs Brefs de « auprès de Sainte-Marie-Majeure »; c'est le palais pontifical correspondant à la basilique miraculeuse, élevée par le pape Libère à la Mère de Dieu. Une statue de Marie surmonte encore la façade du Quirinal. La reine des Anges était là chez elle, avant qu'une reine d'Italie vînt s'y installer, et mettre le pied sur cette Loggia, jadis interdite aux femmes. La reine Marguerite, malgré sa dévotion à la Madone, ne semble pas prendre le moindre souci des souvenirs sacrés qui hantent le Quirinal. Il lui plaît de se montrer à la foule, sur ce balcon, d'y recevoir les bravos stipendiés de la populace. Tandis que le roi apporte sa moue indifférente et dédaigneuse, la reine multiplie devant cette canaille ses révérences et ses sourires. Elle n'en a jamais assez. Quand les cris cessent, elle en provoque de nouveaux par le redoublement de ses politesses. Elle use des ressources qui servent aux divas d'opéra ou d'opérette pour obtenir de nombreux rappels. Elle veut être rappelée, elle aussi, trois fois, cinq fois, dix fois, et qu'on lui crie sans cesse : *Fuori! Fuori!* Dehors! dehors! c'est ainsi que les parterres italiens rappellent les grands artistes, sur le devant de la scène, quand le rideau est tombé.

Cette popularité, cette populacerie, dont la reine Marguerite ne se lasse pas, elle en a joui longtemps, sans qu'il fût besoin des galants artifices d'un jeune syndic. A présent la lune de miel est finie entre le peuple italien et sa jeune souveraine. — A quelles causes attribuer ce refroidissement? On a dit qu'après l'attentat de Passanante, la reine avait subi l'atteinte d'une longue maladie nerveuse, et c'est à ce motif qu'on a attribué la longue retraite, au retour de laquelle elle aurait trouvé les sentiments du peuple changés comme ceux de son époux. La retraite et la maladie ont été attribuées à d'autres causes plus intimes. Ce ne sont pas nos affaires.

La reine a reparu, et bien qu'on ne la voie aux côtés du roi, qu'aux cérémonies officielles, bien qu'on remarque au Corso, et à la villa Borghese, l'affectation des deux époux à ne jamais partager la même voiture, et même à éviter les rencontres de la promenade, la reine a repris à la Cour sa place souveraine, et aucune raison apparente n'explique la froideur populaire.

La reine a cherché une consolation à ses chagrins dans la politique ; et sa politique ne plaît pas au peuple italien.

D'abord, la reine de dissimule pas ses préférences pour les hommes et surtout pour les dames de la droite parlementaire. Elle est conservatrice, autant du moins qu'il est permis de l'être à une reine qui tient sa couronne d'une révolution sacrilège. On sait du reste que la droite italienne, le « parti conservateur » ne le cède en rien à la gauche, aux progressistes, aux transformistes, dans son mépris des droits de l'Église. Mais le personnel de la droite a perdu toute popularité, et M. Minghetti, si cher à la reine, est cordialement détesté : on n'a jamais su me dire pourquoi.

Ce conservatisme, au profit duquel la reine risque de renoncer à son piédestal d'idole du peuple, est fortement favorisé en Italie par les ambassadeurs germaniques. La Prusse et l'Autriche ne sauraient tolérer à Rome l'arrivée aux affaires du parti avancé, du parti confinant à la République. Une fédération de républiques latines ébranlerait les empires germains ; la monarchie de Savoie s'étaie sur la volonté formelle des empereurs.

La reine entra, sans aucune peine, dans les vœux de ces puissants protecteurs. Sa sympathie allait toute seule à l'Autriche et à la Prusse. Parmi les ambassadeurs, nul n'est plus agréable à la souveraine que l'élégant baron de Keudell, ambassadeur de Prusse, qui joue et qui chante si bien la musique de Wagner. Son bel uniforme de cuirassier blanc fait l'ornement des soirées intimes de la reine ; et quand, dans les revues, seul des diplomates, il galope à la suite du roi, il obtient les plus gracieux sourires.

Au contraire, la reine Marguerite semble bien tiède pour la France, cette République, dont les chefs ne portent pas d'uniformes, dont le personnel ressemble à celui de la gauche italienne, dont les ambassadeurs ne caracolent pas dans les revues, et dont le peuple a sifflé le *Tannhœuser*. Certes, quand M. Depretis a dû se séparer de M. Mancini, le seul de ses ministres que la reine tolérât, et encore... à cause de son talent sur le piano, l'influence de la reine ne fut pas étrangère à la nomination de M. de Robilant, un général, mais surtout un ambassadeur à Vienne, un diplomate qui parle mieux l'allemand que l'italien, un homme du monde qui plaisait au Burg, un politique tout dévoué à la Prusse et à l'Autriche.

Donc, le roi Humbert, par ses aspirations vers sa première patrie, la reine Marguerite, par ses inclinations germaniques, se sont entendus pour rechercher l'alliance des empires, pour recommander à la Cour et au ministère l'irrédentisme contre la France.

L'affaire de Tunis, sans rendre à l'Autriche la sympathie des Italiens, animait le peuple contre la France. Malgré l'exécution d'Oberdank, malgré le refus de François-Joseph de venir à Rome, la Cour entreprit de préparer les esprits à une politique ouvertement tudesque et à la déclaration de la Triple Alliance.

7.

CHAPITRE SEPTIÈME

LE MARIAGE DU DUC DE GÊNES

SOMMAIRE

L'Allemagne fait son entrée solennelle à Rome avec la jeune princesse. — La villa Borghese. — Un portier esclave de la consigne. — Le carroussel. — Exhibition payante du prince de Naples. — Cacophonie officielle. — Un enfant impopulaire. — Un nourrisson de la Prusse. — Wagner à Rome. — Place à la mythologie scandinave ! — Le crépuscule des dieux. — Un peuple récalcitrant au germanisme. — Mauvais présages pour la Triple Alliance.

La reine Marguerite obtint, dans l'hiver de 83, pour son frère Thomas, duc de Gênes, la main d'une princesse de Bavière, sa cousine.

Ce mariage servit de prétexte à de grandes fêtes populaires à la fin d'avril. C'était le prélude à une alliance étroite entre l'Allemagne et l'Italie, une occasion favorable de faire éclater à tous les yeux le rapprochement du peuple italien avec le peuple germain. Un lien étroit de parenté rattachait la nouvelle duchesse de Gênes à l'impératrice d'Autriche, elle aussi princesse de Bavière. Avec cette jeune Allemande il semblait que l'influence tudesque fît son entrée solennelle dans Rome, et on organisa en son honneur une réception d'une magnificence inouïe.

Quand le prince de Naples se mariera (à Dieu ne plaise que le petit-fils de Victor-Emmanuel épouse jamais une petite-fille de saint Louis), on ne saura rien inventer de plus merveilleux. On a épuisé d'un coup tous les raffinements du luxe.

Je ne redirai pas la richesse des équipages de gala, ni les grappes rouges de laquais qui s'y suspendent: non plus que la splendeur des feux d'artifice tirés, suivant l'usage, au fort Saint-Ange. Ce sont des spectacles qu'on peut voir à Rome en d'autres circonstances, et qui n'égalent sans doute pas ceux qu'offrait la munificence Pontificale, au temps où Rome appartenait à ses princes légitimes. Le caractère tout germanique des réjouissances s'affirma surtout au Carrousel donné le 4 mai 1883, dans la villa Borghese et aux représentations wagnériennes de l'*Apollo* en l'honneur des jeunes époux.

La villa Borghese, on le sait, appartient à la grande et illustre famille de ce nom. Ce vaste et beau domaine lui vient des Cenci, dont les biens furent mis à l'encan, après l'exécution de la célèbre Béatrice et de ses frères. La générosité traditionnelle des Borghese a permis de tout temps au peuple et au patriciat romains l'accès de ces délicieux ombrages. Rome ne connaît pas d'autre vaste promenade publique que cette propriété privée. Chaque jour, les oisifs, les collégiens en vacances, les soldats et les bonnes d'enfant y viennent admirer le défilé des équipages aristocratiques.

Le vieux prince Borghese demeure fidèle au Pape.

Cela n'empêche pas le roi, la reine, les princes de Naples de profiter quotidiennement de l'hospitalité accordée à tous par le prince. On raconte même qu'un jour la voiture de la reine Marguerite se présenta aux grilles de la villa, dix minutes avant l'heure fixée pour l'ouverture. Un valet de pied descendit du siège pour demander au gardien de permettre le passage à la reine. Esclave de la consigne, le gardien tira sa montre : « Voyez l'heure, dit-il, et priez Sa Majesté de repasser dans dix minutes ; alors la villa sera publique. » La reine n'insista pas, et se représenta juste à la minute indiquée.

La municipalité romaine, depuis l'invasion piémontais, a tenté maintes fois de revendiquer la villa, comme domaine public. Elle a seulement réussi à faire consacrer par un préteur complaisant, à titre de servitude fondée sur l'antique usage, l'obligation pour le prince d'ouvrir au peuple les portes de sa propriété privée.

Au milieu de la villa Borghese, s'étend un immense hippodrome en forme de stade antique, tel qu'on en voit un semblable à la villa de l'empereur Adrien, auprès de Tivoli. Cet hippodrome appelé « la place de Sienne, » est bordé de gradins de pierre et encadré d'une majestueuse plantation de pins parasols. Aucun décor plus auguste n'encadra jamais les pompes d'une cavalcade ou d'un cortège.

La cour et la municipalité demandèrent au prince l'autorisation d'organiser dans ce lieu, disposé à souhait, le Carrousel en l'honneur des nouveaux mariés. Cette fois, ce n'était plus en particulier, c'était officiellement que le roi et la famille royale imploraient l'hospitalité d'un tenant du gouvernement pontifical. Eussions-nous imaginé M. Grévy demandant au duc de Bordeaux de prêter le parc de Chambord pour la célébration d'un 14 juillet quelconque ?

Encore le Carrousel, donné en présence du roi et de la reine, commandé par le prince de Naples en personne, ne devait-il pas être gratuit. On avait fixé le prix des places à 5, 10 et 20 francs. Le prince Borghese objecta qu'il n'avait jamais établi de tourniquet à la porte de sa villa, qu'il en avait toujours permis le libre accès aux voitures et aux piétons. Il céda cependant, sur la promesse qu'on lui fit de distribuer aux pauvres de Rome l'excédent de la recette sur les frais. Promesse bien platonique, car personne ne fut assez naïf pour prévoir l'hypothèse de cet excédent.

En effet, il ne s'agissait pas d'un carrousel semblable à ceux qu'on a vus, cette année même, à notre Champ de Mars. On entreprit la reproduction d'un tournoi au temps de la Renaissance, donné entre seigneurs allemands et seigneurs italiens. Les cavaliers, recrutés parmi les plus brillants officiers du royaume entier, paraissaient revêtus de costumes magnifiques, montés sur des chevaux richement caparaçonnés dans le goût du temps.

Ainsi les couleurs de l'Allemagne et celles de l'Italie se trouvaient fraternellement unies dans ce royal divertissement. Le spectacle n'avait pas d'autre but.

Le jeune prince de Naples, à la tête de l'escadron d'honneur, monté sur un ravissant petit cheval, ayant à ses côtés le général Colli di Felizano, commandant supérieur de la cavalerie italienne, portait un costume très gracieux, fait de soie jaune et de velours violet.

Le peuple romain, qui ne pouvait payer ni vingt francs ni cinq francs, estima que cette exhibition payante d'un prince royal constituait un outrage aux convenances. Mais, accoutumé à être traité en peuple conquis, il n'éprouve pas pour la famille de Savoie cette tendresse susceptible et jalouse que les sujets ressentent pour leurs souverains légitimes. Peu lui importent les erreurs de la famille piémontaise campée au Quirinal. Il assista sans mot dire au défilé des déguisements sur la *piazza del Popolo* et sur le Corso, et son imagination vive se représenta sans peine l'effet de cette somptueuse mascarade.

D'ailleurs les costumes de la renaissance italienne et allemande diffèrent si peu, que l'effet attendu manqua absolument. On vit des masques différemment habillés, mais sauf les bannières, personne n'eût su dire de quel côté se trouvaient les Milanais, de quel côté les Impériaux. Ce ne fut qu'un spectacle d'opéra bien réglé dans une mise en scène splendide et pour lequel la foule ne se passionna guère.

Dans une tribune prirent place, à deux heures sonnant, le roi, la reine, la princesse de Saxe, mère de la reine, le prince Thomas et sa jeune femme, le prince Amédée, le vieux duc de Carignan, et, mêlé aux gens de la cour, l'ex-Khédive, Ismaïl-pacha. Dès que parut le cortège royal, quatre ou cinq musiques militaires entonnèrent simultanément l'hymne royal et l'hymne bavarois qui n'est autre que l'hymne prussien, qui lui même n'est autre que le : « God save the Queen » anglais. Si on a voulu marquer ainsi un symbole de l'accord des deux peuples, on a mal réussi. Le mélange du grave cantique de Hændel avec les flons flons sautillants de l'hymne de Savoie produit une cacophonie sauvage, une épouvantable dissonance. Mais l'art n'a rien à voir dans ces bagarres officielles, où les assistants ajoutent leurs hurlements de joie aux barbares éclats des musiques. C'est un bruit spécial tout contraire à l'harmonie.

Après ce prélude, des trompettes retentissent au bout du champ ; elles précèdent le hérault, coiffé d'un immense chapeau à plumes blanches, monté sur un cheval blanc, et orné d'une gigantesque barbe blonde. Le hérault, qui n'est autre que le prince Ladislas Odescalchi, arrive tant bien que mal au petit galop, jusqu'au pied de la tribune royale, et il demande au roi la permission de commencer le tournoi. Tout fier de son succès, le prince Ladislas ouvre la lice au quadrille d'honneur, et le prince de Naples fait son apparition. Il monte gentiment à cheval, et son premier galop est fort réussi. Il va tout d'abord saluer le roi et la reine, avec l'aplomb et la gaucherie empruntée d'un enfant qui débute au théâtre. Puis, à la tête de ses cavaliers, toujours escorté du général Colli di Felizano qui se donne l'air d'un professeur d'équitation, il fait le tour de l'hippodrome, pour recevoir l'acclamation de la foule.

Il faut avouer que l'acclamation est médiocre. Le pauvre enfant, malgré son habileté d'écuyer, n'ose pas saluer, de peur sans doute de déplacer l'assiette. Son visage naturellement peu aimable, fait la moue ; la timidité, fort excusable dans une pareille exhibition, la gêne qu'il ressent à paraître devant le peuple sous un déguisement, expliquent suffisamment son air de mauvaise humeur. C'est d'ailleurs une chose curieuse et rare que la faible sympathie marquée par le peuple romain à cet enfant royal. D'ordinaire, une tendre popularité s'attache à ces frêles rejetons des familles souveraines. L'enfance a toujours tant de grâces ! Les nations adoptent avec enthousiasme les petits princes.

Le pauvre prince de Naples ne connaît pas encore les joies de la popularité ; la nation ne l'a pas adopté. Entre lui et le peuple romain, il y a malentendu. Ce n'est pas l'enfant gâté de la foule. On ne parle de lui que pour raconter des traits de son humeur arrogante et hautaine. On ne colporte que des mots faisant peu d'honneur à son bon cœur. Un jour, il aurait, en jouant, annoncé à une de ses petites compagnes qu'il lui ferait couper la tête quand il serait roi ; un autre jour, il aurait infligé lui-même huit jours de salle de police à un garde municipal qui aurait omis de le saluer, dans la via del Tritone. Je ne sais si ce sont là des médisances ou des calomnies. Mais cet enfant ne rit jamais ; il sourit encore moins. Cependant son visage ne manquerait pas d'une certaine beauté, si quelque douceur tempérait la fierté de ses yeux bleus. Il a le front élevé et découvert de son père, et porte déjà comme lui, ses cheveux d'un blond pâle hérissés en brosse. Le nez et la bouche rappelent la physionomie de la reine ; mais la tête paraît bien grosse et bien lourde pour la gracilité de ses membres.

On élève le prince royal avec une sévérité terrible et peu faite pour adoucir son humeur sérieuse et farouche.

A l'ouverture de l'Exposition de Turin, le prince de Naples suivait à quelque distance le roi : en passant devant la section des fromages, l'enfant fit la confidence à son précepteur que l'odeur n'était pas bonne. Cette réflexion juste mais intempestive, parvint à l'oreille du roi, qui infligea séance tenante à son fils une sévère punition. L'éducation est rude dans la maison de Savoie.

Je crois bien aussi que la répétition du Carrousel avait coûté quelques larmes à l'héritier du trône. Néanmoins il exécuta ses exercices équestres à la satisfaction générale.

Après les évolutions du quadrille d'honneur commencent les combats simulés des champions allemands et italiens, les jeux de bagues, le massacre des têtes au sabre et au pistolet, les voltes compliquées, les sauts d'obstacles, enfin tout ce qui de temps immémorial constitue l'attrait de ce genre de divertissements.

Des chevaux superbes, des divertissements bien réglés, bien exécutés par l'élite des officiers de la cavalerie italienne, de riches costumes de velours et de soie, aux couleurs merveilleusement combinées, leur mélange rapide suivant les figures des quadrilles, un beau et bon soleil de printemps, tout concourut à donner à la fête une animation pittoresque et à charmer les yeux.

Le but politique du Carrousel est-il atteint? — Oui, la haute société de Rome, l'antique patriciat et la jeune noblesse ont acclamé le prince de Naples, abrité par l'étendard allemand et l'étendard italien. Lors de la première visite du prince impérial d'Allemagne au Quirinal, « notre Fritz » avait pris l'enfant royal dans ses bras et l'avait présenté au peuple, comme si la vieille et puissante Allemagne adoptait l'Italie naissante, étendait sa protection sur l'avenir du jeune royaume. C'est encore sous les auspices de l'Allemagne que le prince de Naples fait ses débuts dans la carrière du commandement : il est vrai que la carrière est un hippodrome, que le prince commande une mascarade, et qu'en guise de robe prétexte, il n'a revêtu qu'un déguisement de carnaval. N'importe : c'est l'Allemagne, la seconde patrie de sa mère, qui préside aux souvenirs mémorables de sa vie.

Il faut germaniser l'Italie et la germaniser jusque dans ses arts, jusque dans sa musique. La musique d'un peuple artiste, comme est l'Italien, c'est son âme. Toutes les qualités du peuple italien brillent dans ses mélodies, soit celles de la rue, soit celles de l'opéra. Mercadante, Pergolese, Rossini, c'est la gaieté pétillante, l'esprit incisif et prompt, la poésie tour à tour joviale et grandiose, avec cette facilité, cette souplesse, cette prodigalité insouciante des dons divins, qui font du peuple italien le plus gracieux, le plus amusant, le plus improvisateur des peuples. Donizetti, Bellini, c'est le pathétique des races méridionales, le pathétique dans la grâce. Verdi, c'est la passion plus brutale, plus matérielle, plus fougueuse dans une société plus démocratique et moins raffinée.

Mais chacun de ces maîtres a résumé dans ses œuvres un aspect de l'âme italienne. On disait jadis de l'Italie qu'elle n'était qu'une expression géographique. C'était la calomnier : c'était aussi et avant tout une expression artistique. La nation italienne vivait dans ses chants légers ou sublimes : elle était une dans la musique, et cette unité lui valait mieux et lui coûtait moins cher que l'unité politique. Bellini n'appartenait pas à la Sicile, ni Rossini à la Romagne, ni Verdi à la Lombardie; ces maîtres appartenaient à l'Italie tout entière et rien qu'à l'Italie.

Une seule nation de l'Italie s'est toujours montrée rebelle aux beaux-arts, surtout à l'art musical: le Piémont. Le Piémont s'est répandu dans la péninsule; il ne semble pas encore que la péninsule conquise ait, comme la Grèce, conquis à son tour le farouche vainqueur. L'art qu'il traîne à sa suite, c'est un art étranger, un art septentrional, l'art germanique. La reine Marguerite a convié son musicien favori, Richard Wagner, pour travailler à la germanisation de la nouvelle Italie.

Une troupe allemande, des décorateurs allemands, un orchestre allemand ont pris possession du théâtre Apollo, pour y représenter la tétralogie des *Niebelungen*. Ainsi on n'a pas fait à la jeune duchesse de Gênes les honneurs de l'art italien : c'est elle qui a fait à l'Italie les honneurs de l'art tudesque.

Lugete, veneres, cupidinesque,

la mythologie teutonne envahit la scène romaine; l'Olympe fait place au Walhala, Jupiter s'appelle Wotan, Junon Freia, Vulcain n'est plus qu'un Mime, Cybèle une Erda, Minerve une Walkyrie. Le limon du Tibre se change en Rheingold; Sigmund, Siegfried, héros barbares, chassent Enée du Latium.

Quand les Gaulois approchaient, le sénat proclamait le *tumultus gallicus*. Les Germains sont entrés dans

Rome, conduits par la reine : il y a *tumulte*, tumulte wagnérien à l'*Apollo*.

Ce n'est pas d'ailleurs au seul Jupiter Capitolin et à l'Olympe du paganisme que les divinités du Walhala viennent insulter. Wagner annonce la fin de tous les dieux, le crépuscule de toutes les religions, le déclin de tous les cultes, et le règne de l'or, le règne de la matière, la revanche de la terre sur le ciel : c'est Erda, au premier acte du *Rheingold* qui annonce à Wotan que les temps sont proches où elle les supplantera tous.

Ainsi le philosophisme allemand enveloppe dans un même mépris et les faux dieux de Rome et le Christ, libérateur de toute la terre. Tel est le sens du spectacle auquel Rome est conviée au théâtre *Apollo*. Il est vrai que Rome ne le comprend guère, car les artistes chantent en allemand. Encore une victoire du nord sur le midi.

J'assiste aux quatre représentations des *Niebelungen*. Je ne me donne pas comme un héros de bravoure, et j'épargne à mes lecteurs les faciles plaisanteries dont Wagner a fourni le thème à la petite presse française. Je ne crois pas être devenu fou, comme le roi Louis, ni comme plusieurs Wagnériens de ma connaissance, à l'audition de ces mélopées bavaroises. J'avouerai même que j'ai toujours pris grand intérêt aux drames de Wagner. J'ai le malheur de manquer de convictions musicales, et le bonheur de pratiquer un éclectisme artistique, qui me permet de prendre plaisir aux œuvres les plus diverses. Mozart pour moi ne fait pas tort à Beethoven, ni Rossini à Wagner. J'admets M. Gounod et M. Chabrié; et même, je me déclare tout prêt d'avance à admirer M. Boïto, dès que je serai parvenu à comprendre, non pas sa musique, fort claire, mais son génie, demeuré pour moi problématique.

Il s'agit ici de politique et non de musique. Le prélude dont je veux parler, n'est pas celui de *Rheingold*, mais celui de la Triple Alliance.

On n'a rien négligé pour exciter la curiosité publique autour de ces représentations. Ainsi qu'à Bayreuth, une trompette sonne à la porte du théâtre la fin des entr'actes, sur le *leidmotiv* de l'épée de Sigmund. Les premiers artistes de l'Allemagne du Nord et du Midi, pour la plupart créateurs des rôles à Bayreuth même, interprètent l'œuvre des compatriotes de la duchesse de Gênes. L'orchestre, les chœurs, la machination décorative, qui tient une si grande place dans les opéras de Wagner, tout marche à merveille. Enfin, ces Allemands interprètent les drames lyriques avec une conscience et un respect vraiment admirables. Ce sont des pontifes de la nouvelle religion dont M. Renan est le prophète, la religion de l'art. Cette mise en scène est une liturgie.

Malgré tout, le public italien se montre récalcitrant. On ne voit guère dans la salle à demi pleine au premier jour, à demi vide aux jours suivants, que de blonds et frais visages, des barbes rutilantes, des yeux bleus. Ces spectateurs-là n'ont pas été nourris de macaroni ni de risotto; ils ne se sont pas abreuvés aux nectars de Chianti ni de Marino. Ils sentent la bière et la choucroute. Les ambassadeurs d'Allemagne auprès du Vatican et du Quirinal occupent leur poste de combat, leur poste de conquérants. Ils donnent le signal des applaudissements.

A chaque représentation, la reine et la duchesse de Gênes font leur entrée dans la loge d'avant-scène à droite, au milieu du premier acte. Subitement, l'orchestre interrompt la musique de Wagner et joue l'hymne de Savoie suivi du *God save the Queen*; la salle se lève et acclame les princesses. Puis la mélopée reprend de plus belle. Cette intercalation produit un effet peu grandiose, et Wagner en eût pleuré, lui qui ne permettait même pas les applaudissements au cours d'un acte commencé.

Décidément, en dépit des efforts de la reine, l'Italie se montre récalcitrante à la germanisation. Les rares italiens disséminées dans la salle de l'Apollo ouvrent des bouches démesurées; puis leurs yeux se ferment. Est-ce pour mieux savourer les beautés de la musique? La danse des naïades du Rhin, les jets de vapeur, la promenade des dieux sur l'arc-en-ciel dans le *Rheingold* n'obtiennent qu'un succès d'étonnement. On porte l'irrévérence jusqu'à sourire lorsque les oiseaux mécaniques de la forêt chantent leurs romances à Siegfried; et le sourire se dilate en éclats, quand paraît le dragon mélomane, avec sa grande gueule qui mime les contorsions d'un chanteur.

Seule la *Walkyrie* trouve grâce complète devant tous les assistants, allemands et italiens. Aux autres représentations, les Prussiens seuls et moi semblons prendre quelque plaisir à ces fantasmagories transcendantes.

Non, non, la reine Marguerite n'acclimatera pas sans peine le génie tudesque dans les théâtres de l'Italie. Longtemps encore, Rossini, Donizetti, Verdi règneront sur la scène de leur patrie, et s'ils partagent les applaudissements avec quelque maître étranger, c'est avec le français Gounod ou avec Meyerbeer, l'allemand francisé.

Ce n'est pas la musique de Wagner qui triomphera des passions irrédentistes ; et si elle endort quelque chose, ce ne sera pas la convoitise des Garibaldiens sur le val de Trente ou le littoral triestin.

Les chanteurs allemands, après la clôture de ces représentations semi-artistiques, semi-politiques, donnent un grand concert dans la salle de l'exposition des Beaux-Arts, via Nazionale. Le programme est entièrement consacré à Wagner ; on se croirait chez M. Lamoureux, à l'Éden-Théâtre. La reine encore et la duchesse de Gênes se placent au premier rang pour réchauffer l'enthousiasme du public. De gré ou de force, il faut imiter la souveraine, se pâmer d'aise aux bons endroits, et applaudir. Le roi Humbert n'est pas là, non plus qu'à l'*Apollo*. Mais son horreur de toute musique est bien connue.

Ces manifestations répétées des tendances germanophiles de la Cour ne laissent aucun doute sur la politique qui prévaut dans les hautes régions italiennes. L'Allemagne est à la mode ; à défaut de Dieu, qui ne saurait protéger une nation sacrilège, le César germanique protège l'Italie.

A quelques jours de là, on apprend que le directeur de la troupe allemande vient d'être mis en faillite, que les créanciers ont mis l'embargo à Milan sur le matériel des opéras de Wagner.

Mauvais présage pour la Triple Alliance.

CHAPITRE HUITIÈME

LA FRANCE EN PÉRIL

SOMMAIRE

La guerre imminente entre l'Autriche et la Russie. — Arrivée de M. Mancini aux affaires. — Hésitations de M. de Bismarck. — Sa politique à l'égard de la France, du Saint-Siège et de l'Italie. — Déclaration de la triple alliance au Parlement italien. — Le rôle subalterne de l'Italie. — Son utilité dans la ligue. — Plan de campagne. — Toutes les hypothèses sont prévues. — Nécessité d'occuper l'armée et la flotte italiennes. — Un contingent formidable. — Surcroît de précautions. — L'Espagne est engagée dans la coalition contre la France. — Les récompenses promises. — Le démembrement décidé. — Une année néfaste.

Je commence par déclarer que je n'ai reçu aucune confidence de M. de Mancini, ni de M. de Keudell, que je n'ai eu en main aucune pièce, ni dépêche officielle, chiffrée ou non chiffrée. Assurément je laisse beaucoup à glaner aux historiens qui, venant après moi, puiseront dans les archives diplomatiques et y trouveront ce qu'on chercherait en vain dans les livres jaunes, verts ou bleus destinés aux Parlements.

Mais cette histoire que chaque jour la diplomatie

met en réserve dans les archives secrètes pour la plus grande édification de la postérité, on la raconte, on la chuchote aux lieux où elle se fait. Elle transpire dans les conversations, dans les articles des journaux : elle flotte dans l'air, on la respire; il suffit pour la recueillir, la « concrétiser », comme on dit là-bas, d'en savoir démêler et comparer les éléments. Il n'est pas négociation si secrète dont on ne jase dans les bureaux d'ambassade. Enfin, M. Jules Ferry a lui-même constaté que le Vatican est l'endroit du monde où l'on fait le plus de politique.

Au printemps de 83, la guerre paraissait imminente entre l'Autriche et la Russie. A vrai dire, depuis l'automne de 1882, le czar méditait une revanche du traité de Berlin. Il croyait avoir besoin de gagner sur le champ de bataille une couronne de laurier, avant de ceindre la couronne impériale à Moscou. M. de Giers, le chancelier russe, avait multiplié les voyages de santé en Allemagne, en Italie, à Paris. L'infatigable pacificateur avait tenté les derniers efforts pour conjurer la crise ou tout au moins pour la restreindre à un duel entre les deux empire orientaux; mais il s'était heurté à l'indissoluble alliance de l'Allemagne et de l'Autriche, alliance *écrite*, précise, à termes et à obligations définies, renouvelée presque chaque année par les entrevues personnelles des souverains et des chanceliers à Gastien. La Russie devait donc rencontrer devant elle la Prusse et l'Autriche-Hongrie coalisées, mais elle avait le droit de compter que la France interviendrait, qu'elle profiterait de l'occasion pour immobiliser une partie des forces de l'Allemagne. En ces conditions, la

Russie pouvait hasarder la lutte, malgré la répugnance de M. de Giers. Mais alors, on parlait avec insistance de la retraite du chancelier russe : signe de guerre. Alexandre III n'ignorait pas que son auguste père avait porté la peine du traité de Berlin. Il craignait de paraître à Moscou devant son peuple, avant d'avoir pris la revanche.

Alors l'Italie offrit ses services à l'Allemagne. Elle croyait avoir trouvé l'occasion décisive de venger l'humiliation subie à Tunis.

Ce n'est pas la première fois que M. Mancini cherchait à s'immiscer dans l'intimité des grands empereurs du centre. M. Cairoli, accusé d'imprévoyance dans les affaires de Tunisie, avait dû se retirer et laisser la place à un ministre réputé pour n'avoir ni scrupule ni lenteur dans les conceptions. M. Mancini d'ailleurs jouissait encore d'un grand crédit auprès des révolutionnaires italiens, c'est-à-dire des irrédentistes contre l'Autriche. Étant ministre de grâce et justice, il avait donné à la première partie de sa charge le pas sur la seconde; il avait maintes fois ouvert toutes grandes les portes des prisons et donné la clef des champs aux criminels politiques et autres. De là, une extrême popularité dans ces bas-fonds sociaux où se recrutent en Italie les austrophobes. M. Depretis jugea cette popularité de M. Mancini assez solide pour risquer devant l'opinion italienne la déclaration périlleuse de l'alliance germanique. J'ai dit que M. Mancini ne déplaisait pas trop à la reine, grâce à son extraordinaire talent d'accompagnateur au piano.

Pourtant, malgré les sympathies avouées du prince

impérial d'Allemagne, président de loge maçonnique, pour le royaume de la maçonnerie, l'empereur Guillaume et M. de Bismarck avaient toujours hésité à répondre par le plus léger encouragement aux avances serviles de M. Mancini. On acceptait la subordination de l'Italie à la politique prussienne, mais on ne promettait rien en retour. On ne daignait même pas répondre à des offres de services renouvelées avec une insistance frisant l'importunité. On savait bien à Berlin que l'Italie, brouillée avec la France, devenait nécessairement, par la force des choses, une cliente, presque une esclave de l'Allemagne, et on n'avait pas besoin de se gêner avec elle. Car l'Italie ne peut vivre sans une protection étrangère. Elle est née cliente.

Puis, malgré le *Culturkampf*, malgré ses écarts révolutionnaires, M. de Bismarck est resté au fond ce qu'il était dans sa jeunesse : un féodal, un conservateur, un endigueur de révolutions. La république lui plaît en France, parce qu'il espère que la France républicaine ne saura jamais se dégager de ses embarras intérieurs. Dès qu'il craint que notre république ne devienne sage ou ne se donne à elle-même un instant de repos, il détourne l'activité française vers les entreprises lointaines. Toute sa politique à l'égard de la France consiste à la laisser se consumer dans une agitation perpétuelle. Pendant ce temps, l'Allemagne dort tranquille. C'est un traitement psychologique et physiologique que ce philosophe, ce médecin politique, applique à la nation vaincue et toujours redoutée. Redoutée à bon droit, parce qu'elle possède des ressources infinies, et qu'à l'improviste elle se relève par des soubresauts terrifiants. Mais M. de Bismarck prétend isoler en France le mal révolutionnaire : il a une peur horrible de la contagion, c'est pourquoi il a toujours tenu l'Italie en suspicion.

L'Italie a beau n'être pas en république; elle est plus intimement révolutionnaire que la France. Son roi n'est toléré des partis avancés qu'en sa qualité de geôlier du Pape. Si un jour il ne restait à Rome qu'un souverain et que ce souverain fût le roi Humbert, le lendemain, il n'en resterait plus du tout, et le roi d'Italie n'aurait qu'à s'enfuir sur les talons du Pape. Tous les États de l'Europe, même la République française, peuvent à un moment donné éliminer leurs éléments révolutionnaires et reprendre l'orientation conservatrice. Seule, l'Italie ne peut renoncer au système révolutionnaire, sans renoncer à elle-même. Dans les autres peuples, la révolution est un accident, une maladie : pour l'Italie une, c'est sa raison d'être.

Certes, M. de Bismarck n'est guère accessible aux arguments de sentiment. En 1883, la prison du Pape inspirait une médiocre pitié au chancelier de fer, et il ne songeait guère à l'en délivrer. Sa préoccupation unique, à l'égard du Saint-Siège, était de traîner en longueur les négociations suivies par M. de Schloezer, afin de contenir le centre, et de leurrer d'espoir le Pape et M. Windthorst jusqu'à la fin de la législature. Cependant M. de Birmarck gardait le sentiment très juste que le Saint-Siège pouvait lui rendre des services réels dans sa politique intérieure, tandis qu'il n'avait rien à attendre de l'Italie. Le Pape, en effet, possède une influence souveraine sur des millions de sujets allemands : entre la Prusse et le roi d'Italie, il n'y a aucun lien. Il importait donc de ménager l'esprit conciliant de Léon XIII, et de ne pas risquer de se l'aliéner par une intimité trop apparente avec l'Italie révolutionnaire.

Telles sont les raisons qui avaient jusque-là rendu vaine l'obséquiosité de M. Mancini envers la Prusse.

M. Mancini n'avait pas obtenu un meilleur succès du côté de Vienne. Il y avait conduit sans conditions préalables le roi Humbert. Il l'avait compromis par l'acceptation de ce costume de colonel autrichien, tant reproché par la populace au roi d'Italie. L'Autriche, comme la Prusse acceptait ces politesses. Mais quand il s'agit de les rendre, l'empereur François-Joseph se retrancha derrière les scrupules catholiques. Ce n'était d'ailleurs pas un prétexte imaginé. L'empereur offrit au roi Humbert de lui rendre sa visite à Venise, à Milan, dans les villes mêmes où il régnait jadis, mieux encore à Turin ou à Naples : mais il refusa catégoriquement d'accepter l'hospitalité du Quirinal et de faire au Pape l'injure de rendre dans Rome une visite à un autre souverain. J'ai dit enfin que le roi Humbert et M. Mancini n'avaient pu même obtenir, en échange de leur visite non rendue, la grâce d'Oberdank.

Tout à coup, le 14 mars 1883, M. Mancini fit à la tribune de la Chambre une charge à fond contre la politique des nationalités; le 6 avril, il révéla au Sénat que l'Italie venait d'entrer dans l'alliance des empires du centre, qu'elle participait à une triple alliance. Sans doute, rien n'était signé, ni conclu sur le papier : la triple alliance ne portait ni date, ni paraphe, ni échéance; elle existait pourtant, et M. Mancini disait vrai. C'était la rupture avouée du gouvernement italien avec les aspirations irrédentistes au détriment de l'Autriche.

Interpellé sur ce sujet, le chancelier autrichien déclarait que l'alliance avec l'Italie ne ressemblait en rien à l'alliance avec la Prusse, qu'elle n'était pas écrite, qu'elle ne modifiait aucunement les rapports de l'Autriche avec l'Allemagne, en un mot qu'on n'avait pas adjoint un tiers entre les deux empires, mais que cependant une entente formelle sur des points précis avait été conclue et des paroles échangées. Les empereurs acceptaient donc enfin les services tant de fois offerts, mais sans contrat d'association, tout au plus avec un contrat de louage. Pour bien marquer à l'Italie le rang précis qu'on lui assignait dans l'alliance, cette année-là, quand les deux empereurs, et les deux chanceliers se rencontrèrent dans le Tyrol autrichien, à la porte du Trentin, tout près de l'Italie, ni le roi Humbert, ni M. Mancini ne furent convoqués.

Et en effet, la convocation eût été superflue. Le rôle de l'Italie était tracé; on avait défini le concours qu'elle était appelée à rendre, fixé la récompense. On n'avait plus rien à lui dire. On la traitait en mercenaire; on avait nolisé sa flotte, embauché son armée pour une action déterminée, pour une campagne. Mais ses chefs n'avaient acquis nul droit de prendre place dans le conseil des maîtres. Elle avait des ordres à recevoir, des avantages à gagner, mais pas d'avis à présenter; aucune voix délibérative, ni même consultative, au chapitre.

S'il est vrai que l'art suprême de la politique consiste à avaler les couleuvres sans sourciller, et à les digérer sans douleur, les Italiens sont les premiers politiques du monde. Ce sont d'incomparables mangeurs de serpents : ils les consomment avec grâce, le sourire aux lèvres : ils s'en font un régal; c'est leur gibier de prédilection.

Il est vrai que cette fois les couleuvres formaient l'assaisonnement d'un autre mets dont les Italiens se montrent encore plus friands : la vengeance, la délicieuse *vendetta*. M. Mancini se croyait arrivé à ses fins; il pensait tenir sa vengeance, sa revanche de la Tunisie perdue !.

En effet, le rôle assigné à l'Italie dans les conjonctures imminentes semblait lui convenir à merveille. La nécessité scellait l'alliance vainement sollicitée jusqu'alors; pour la première fois, l'Italie promettait un concours utile et sérieux, en échange des avantages prétendus par elle.

Le plan de la future guerre se traçait sans peine, grâce à l'appui de l'armée italienne.

L'Autriche entrait en campagne contre la Russie par la Galicie et les provinces danubiennes, dont la neutralité n'apportait aucune gêne aux opérations militaires, puisque la Serbie était acquise à l'alliance autrichienne et la Roumanie à l'influence allemande. Quant à la Bulgarie, elle comptait alors aux yeux des Russes comme un de leurs avant-postes dans les Balkans; mais elle n'était pas immédiatement comprise dans le rayon des opérations militaires.

Si l'Autriche était victorieuse, dès le début de la

campagne, tout allait bien. Mais l'Autriche a perdu l'habitude des victoires : et l'Allemagne, liée par l'alliance, ne pouvait en cas de défaite, lui marchander son concours. Elle entrait en scène et alors la guerre s'allumait en Pologne. La Russie était menacée au centre et au midi.

Alors, de deux choses l'une, ou la France ne bougeait pas, ou elle profitait de l'engagement de l'Allemagne avec la Russie déjà victorieuse de l'Autriche, pour masser ses troupes vers les Vosges. Dans la première hypothèse, la Russie ne pouvait résister à une double attaque et tout allait bien. Dans la seconde hypothèse, l'Allemagne devait opposer sur sa frontière de l'ouest des forces au moins égales à celles de la France; sans quoi son aide en faveur de l'Autriche devenait inefficace. L'armée allemande aux prises avec le colosse moscovite pouvait-elle se partager? Evidemment, elle ne pouvait diriger sur les Vosges qu'une armée insuffisante. L'Alsace était compromise.

Un autre péril pouvait surgir pour l'Autriche. Qui garantissait que l'Italie ne profiterait pas des embarras de son antique ennemie pour laisser le champ libre à *l'irrédentisme,* pour favoriser au moins des mouvements insurrectionnels dans le Trentin et le Triestin? On savait là-bas quel fonds il convenait de faire sur les assurances de M. Mancini, et en général sur la foi italienne. On se souvenait du respect observé par l'Italie à l'égard de la convention de septembre avec la France et de la facilité avec laquelle sortent du sol italien les condottieri brevetés sans garantie du gouvernement.

Il fallait donc se garder du côté de l'Italie comme du côté de la France. M. de Bismarck n'eut pas besoin d'épuiser l'effort de son génie pour combiner la meilleure sauvegarde diplomatique et militaire. Pour paralyser les visées irrédentistes du peuple italien du côté de l'Autriche, il suffisait de surexciter les visées irrédentistes de la Cour du côté de la France, de flatter à la fois les aspirations savoyardes et niçoises du roi Humbert et les inclinations germaniques de la reine Marguerite. On déchaînait la rancune italienne contre la France. L'Italie occupée sur la frontière des Alpes ne songeait plus ni à Trente ni à Trieste, et elle immobilisait, par son armée et sa flotte, une grande partie de l'armée et de la flotte française. La guerre s'engageait sur les côtes de la Provence; elle se détournait du Rhin. Tout au moins, l'Italie apportait un contingent assez considérable pour suppléer à l'insuffisance des troupes allemandes disponibles.

L'Italie possède une flotte très coûteuse, sinon très forte : ses cuirassés sont les plus gros de l'Europe, et elle s'en montre si orgueilleuse que l'Allemagne pouvait croire à leur puissance, malgré les souvenirs de Lissa. Quant à son armée, trois ou quatre cent mille hommes massés sur les Alpes ne constituaient pas un appoint méprisable. Ils équivalaient bien à cent mille Allemands postés sur les Vosges.

Mais le prince de Bismarck et le maréchal de Molkte, non plus que Turenne, ne veulent rien livrer au hasard de ce qu'ils peuvent lui retirer par prudence et par conseil. Après un premier examen sommaire, ils décidèrent que les forces italiennes ne leur offraient pas encore une garantie suffisante.

Ils s'adressèrent à l'Espagne, afin d'occuper nos troupes à la fois sur les Pyrénées et sur les Alpes.

Le mariage de don Alphonse avec une princesse Autrichienne rapprochait naturellement ce prince de la politique austro-germanique. Le ministère Sagasta se montrait alors très accessible à l'influence allemande. Le gouvernement espagnol accusa le ministre français d'avoir secrètement favorisé, soudoyé peut-être les conspirations de sergents, ourdies par M. Ruiz Zorilla. Est-ce en vue d'étendre à l'Espagne les plans de la triple alliance que le roi Alphonse XII fut mandé à Berlin? Le plan était-il dès lors combiné? Le roi d'Espagne reçut-il, en même temps que le brevet de colonel des uhlans, un commandement dans les armées liguées contre la France? En ce cas, les tristes incidents qui marquèrent l'entrée du jeune roi à Paris à son retour de Berlin, n'auraient été qu'une revanche, inconsidérée mais jusqu'à un certain point légitime, de l'instinct populaire contre des machinations anti-françaises. J'inclinerais plutôt à croire que les mauvais procédés de la République française à l'égard de la monarchie espagnole, au lieu d'être une réponse à une alliance déjà conclue, auraient seulement contribué à la faire conclure, auraient amené l'Allemagne à spéculer sur un trop juste mécontentement, à faire au roi Alphonse des ouvertures ayant chance d'être accueillies.

Je me refuse à admettre que le roi d'Espagne fût allé en personne à Berlin pour régler sa participation à l'alliance des deux empires, et qu'au retour, il eût accepté l'hospitalité de M. Grévy. Une telle conduite eût été indigne d'un Bourbon.

Mais il n'est que trop vrai : il s'en fallut de peu que l'Espagne entrât dans la conjuration contre la France, et quand, au mois de décembre, le prince impérial d'Allemagne rendit visite au roi Alphonse, il venait sans doute apporter et régler les conditions de l'alliance, promettre les récompenses réservées au nouvel allié.

Quant à l'Italie, son pourboire était fixé d'avance, quelle que fût l'issue de la lutte : Nice et la Savoie. Le rêve du roi Humbert allait s'accomplir.

L'Italie aime à ne pas remettre à la fortune des combats le fruit de la victoire. Elle veut connaître, avant d'entrer en campagne, le profit qui lui en reviendra, quoi qu'il arrive. C'est ainsi qu'elle tenait déjà la certitude de gagner la Vénétie, quand elle s'aventura à Custozza. De même, en 1883, elle était assurée de ne pas chauffer ses cuirassés, de ne pas équiper ses hommes en pure perte. Nice et la Savoie constituaient le prix de la victoire ou de la défaite. Avec des répondants comme l'empereur Guillaume et l'empereur François-Joseph, elle pouvait s'engager, sans s'exposer à de gros risques.

On a beaucoup parlé des périls qu'avait courus la France en 1875, périls déjoués par la clairvoyance de notre ministre à Munich, M. le comte Lefebvre de Béhaine, aujourd'hui ambassadeur auprès du Saint-Siège, par l'habileté de M. le duc Decases et les bons offices de l'empereur de Russie, Alexandre II.

Je crois que la France courait en 1883 un danger autrement grave. Elle était menacée d'un total démembrement, et elle se trouvait aux prises non seulement avec sa redoutable ennemie, l'Allemagne, mais avec ses deux sœurs latines, l'Italie et l'Espagne. On dira qu'il dépendait d'elle d'échapper à l'aléa, en assistant impassible à la guerre des trois empires. Était-ce possible? Quel gouvernement eût laissé passer l'occasion si favorable d'une revanche probable? Quel gouvernement eût assisté impassible à une guerre germano-russe, où ceux qui nous avaient sauvés en 1875 eussent été écrasés! Un tel gouvernement sombrait aussitôt sous la révolution du mépris.

Et pourtant, M. de Bismarck avait littéralement garrotté la France, dans les liens de la triple alliance, devenue la quadruple alliance. Elle devait se tenir coi, ou subir le démembrement. L'Allemagne, l'Italie, l'Espagne se partageaient notre cœur et notre sang.

Voilà quels plans s'élaboraient en 1883 entre Rome et Berlin, tandis que les fêtes du mariage du duc de Gênes préparaient l'invasion de l'influence et des arts germaniques dans la péninsule, tandis que la France chassait de l'armée les princes d'Orléans, et que le comte de Chambord entrait en agonie.

Ce fut pour la France une année néfaste: peu s'en fallut que l'année 1884 ne devînt plus terrible que 1870 et 1871!

Comment avons-nous échappé, je vais essayer de le raconter d'après ce que j'ai vu, de mes propres yeux vu.

CHAPITRE NEUVIÈME

LE VOYAGE DU PRINCE IMPÉRIAL D'ALLEMAGNE

SOMMAIRE

L'inspection du maréchal de Molkte sur les Alpes. — Les deux versants. — Le glacis et le fossé. — Arrivée du prince de Prusse. — Ses égards pour le Pape. — Cérémonial adopté pour l'audience du Vatican. — L'Ambassadeur de France. — Les *ammoniti*. — Les joueurs de flûte du prince Fritz. — L'ovation au balcon. — L'Allemagne et la France. — Réception au Capitole. — Incendie du Forum. — La revue de la Farnesina. — Les corps alpins. — Les mulets artilleurs. — Manifestations irrédentistes contre le prince d'Allemagne. — Fin de la triple alliance. — Chute de M. Mancini. — Essai de replâtrage. —

On peut affirmer sans crainte d'être démenti, que l'été de 1883 fut consacré aux préparatifs de la guerre européenne. La diplomatie achevait son œuvre préliminaire par le règlement des alliances et des futurs partages. Les généralissimes des armées italo-germaniques n'avaient plus qu'à passer l'inspection des troupes et des champs de bataille.

Ils ne se fièrent pas, à la veille d'événements si graves, aux rapports de leurs attachés militaires, ou à ceux de leurs espions vulgaires. Ils voulurent voir et juger par eux-mêmes.

On a gardé le souvenir des voyages entrepris par le vieux maréchal de Molkte, le long des Alpes, depuis San Remo jusqu'au Valais. Le grand stratégiste dressait le plan de campagne de l'armée italienne, étudiant les passages, la configuration des montagnes, l'action réciproque des forteresses italiennes et françaises, et supputant, avec les chances de la guerre, le nombre des troupes françaises que l'armée italienne tiendrait éloignées du Rhin.

Il n'y a pas d'exemple dans les annales de la politique ou de la guerre, d'une enquête ainsi personnellement faite, librement, au grand jour, par un général en chef dans un pays désigné pour l'invasion !

Je ne sais si le ministère français ne comprit pas de prime abord la portée du voyage entrepris par M. de Molkte, ou s'il dissimula ses appréhensions. Mais on se garda bien d'agiter l'opinion publique, et la presse signala, sans paraître y attacher d'importance, le passage du maréchal prussien le long de nos frontières. Et pourtant, jamais touriste de cet âge ni de ce renom n'avait suivi un tel itinéraire pour un simple voyage d'agrément.

L'inspection de M. de Molkte ne donna pas les résultats attendus à Berlin et à Rome.

La configuration générale des Alpes ne favorise pas l'Italie, en cas de guerre avec la France. Quiconque a traversé le mont Cenis ou les Alpes Dauphinoises par Briançon et Pignerol, ou les Alpes inférieures, se rendra facilement compte de la disposition différente des deux versants. Pour remonter en chemin de fer les vallées qui conduisent du Rhône jusqu'à Modane, le trajet est de cinq ou six heures par les trains rapides : deux heures suffisent pour descendre de Bardonèche au niveau de Suze. Du côté de l'Italie, les Alpes se dressent comme une muraille presque à pic ; du côté de la France, elles s'étendent et s'allongent indéfiniment en pentes adoucies, se creusent en vallées et contre-vallées. Les Alpes affectent la forme d'une fortification dont le glacis fort étendu se trouverait vers l'occident, et la tranchée vers l'orient. Or, la France occupe le glacis, et l'Italie regarde l'escarpement, au fond de la tranchée.

On comprend que les vallées si nombreuses et si compliquées du côté de la France présentent de faibles difficultés pour la défense. Une troupe, relativement peu nombreuse, appuyée sur une double, triple ou quadruple ceinture de forts, gardera les passages conduisant d'Italie en France ; au contraire, la France maîtresse des crêtes qui surplombent à pic la plaine piémontaise, rencontre des obstacles moins nombreux, moins cohérents pour opérer la descente. Une fois la première ligne enlevée, l'armée française se trouve déjà dans la plaine. Maintes fois nos troupes ont forcé les passages des Alpes pour pénétrer en Italie. L'Italie n'a jamais tenté de nous prendre par la montagne : elle a cherché à nous envahir par la Corniche, en tournant les Alpes, jamais par les cols alpestres. Mais, depuis la cession du Comté de Nice, elle a abandonné la clef de la Corniche, et notre province a cessé d'être vulnérable par terre. L'Italie ne la peut plus attaquer autrement que par un blocus maritime.

Resterait l'hypothèse d'une violation de la neutralité

helvétique et d'une invasion des troupes italiennes par le Valais et la zone neutre de la Savoie. Plusieurs fois, les grandes manœuvres des corps d'armée de Lyon ont supposé l'entrée des troupes ennemies par la route du Rhône ou celle du Grand Saint-Bernard. Par là encore, les passages ne seraient pas fort difficiles à garder ; mais on sait que la Suisse, sur les instances de l'Allemagne, s'est toujours opposée à la fortification des montagnes de la zone neutre du Faucigny et du Chablais. On fait cependant trop de fonds sur la complaisance hypothétique de la Suisse à se laisser violer. L'Italie surtout serait mal venue de risquer ses troupes sur le territoire de la Confédération. Elle est la seule nation de l'Europe qui revendique un canton helvétique et qui ne cesse d'intriguer pour y fomenter des troubles séparatistes. Avant d'arriver en France par la Suisse, une armée italienne risquerait fort de subir de rudes combats, et je parierais pour la victoire des Suisses ! M. de Molkte jugea donc que la menace de l'Italie contre notre frontière alpestre n'immobiliserait qu'une part restreinte de nos forces, que nos passages se trouvaient bien gardés, et que l'armée italienne, voulant envahir la Savoie, le Dauphiné, ou la vallée du Rhône, s'exposerait à de trop faciles désastres.

Certes, Napoléon III n'a pas prévu toutes les conséquences politiques de sa participation à l'unité italienne. Il n'a pas aperçu derrière l'œuvre de Cavour, l'œuvre de Bismarck ; il n'a pas compris qu'en déchirant les traités de Vienne, en favorisant la politique des nationalités, il travaillait de sa propre main à la déchéance de la France. Il a cru faire un coup de maître en créant de l'autre côté des Alpes une grande nation qui reculerait loin de nos frontières la frontière de l'Autriche, notre antique rivale; en armant à nos portes une alliée qui nous prêterait, en cas de besoin, un secours efficace; une cliente puissante toujours prête à appuyer la politique impériale. Pourtant, en exigeant Nice et la Savoie comme prix de ses bienfaits, Napoléon prenait une sage précaution contre l'ingratitude possible de l'Italie. Il donnait à la France une frontière à peu près inexpugnable sur toute la ligne des Alpes; il nous garantissait contre la trahison de l'alliée transformée en rivale et en ennemie.

En 1870, l'Italie a trompé les espérances de Napoléon III; elle nous a expédié à la place des troupes régulières attendues, les hordes de Garibaldi, bonnes seulement au pillage, plus ruineuses pour nos villages que l'invasion prussienne, inutiles d'ailleurs et funestes comme troupes auxiliaires. Du moins l'Italie n'a pas osé renouveler d'accord avec la Prusse une diversion analogue à celle qui, en 1866, avait favorisé l'écrasement de l'Autriche à Sadowa. Nous n'avons guère à redouter, grâce à Dieu, grâce aussi à nos possessions de Savoie et de Nice, les armées de l'Italie : nous devons craindre plutôt l'astuce et la perfidie de sa diplomatie.

Quoi qu'il en soit, le rapport de M. de Molkte déclara de médiocre importance, au point de vue militaire, l'intervention italienne sur les Alpes, à moins que l'armée italienne ne fût une armée de premier ordre, très supérieure à l'armée française. Tant vaut l'artilleur tant vaut la forteresse.

C'est pourquoi le prince Frédéric-Guillaume se décida à passer en revue l'armée italienne à Rome même, après avoir réglé à Madrid les accords hispano-allemands.

Lorsqu'il rendit au roi Alphonse la visite que l'empereur Guillaume avait reçue à Berlin, au mois d'août, le prince impérial se garda de suivre le même itinéraire, et il eut le bon goût de respecter le territoire français. Il fit usage de cette ligne du Gothard, dont la percée avait prélude, pour ainsi dire, à l'intimité de l'Allemagne et de l'Italie, ligne qui affranchissait les deux nations du tribut que leur commerce payait jusque-là aux chemins de fer français, ligne qui, en rapprochant les distances, établit un point de contact direct entre la péninsule et le grand empire du centre. Il traversa, sans s'arrêter, le Tessin, Milan et Gênes, où il s'embarqua pour Barcelone.

On tint secret jusqu'à la veille de son retour en Italie, le projet qu'avait le prince de demander au Quirinal l'hospitalité du roi Humbert. C'est seulement le 14 décembre que la presse romaine publia une note disant que le cabinet de Berlin avait annoncé à celui de Rome la prochaine visite du prince héritier au roi Humbert; et le 16, il débarquait à Gênes.

En même temps que la presse du Quirinal s'enorgueillissait de l'honneur rendu à la famille de Savoie, la presse du Vatican annonçait que le prince Frédéric-Guillaume profitait de son séjour à Rome pour obtenir audience du Pape.

La situation du Pape est telle dans cette Rome, centre de la catholicité, elle surpasse tellement en majesté et en importance devant le monde, même politique, celle du roi du Quirinal, qu'à cette nouvelle la presse italienne rabattit sa jactance. Le but diplomatique et militaire du voyage princier en Italie passa au second plan. L'entrevue du prince avec le roi perdit son importance, et de tous les points de l'univers les regards, se fixaient sur l'entrevue du futur empereur d'Allemagne, **du successeur désigné de Frédéric-Barberousse et d'Henri IV, avec le Souverain Pontife Léon XIII.**

Des difficultés presque insurmontables interdisaient cependant à Frédéric-Guillaume l'accès du Vatican. Le prince ne pouvait faire à son ami et allié, le roi d'Italie, l'injure de décliner l'hospitalité du Quirinal. Or, on sait que le Pape a toujours tenu écartés loin de sa présence les hôtes du palais interdit. C'est par ce motif que l'empereur d'Autriche a pu refuser de rendre au roi Humbert dans Rome la visite qu'il avait reçue de lui en sa capitale de Vienne. Par ce motif, la princesse Clotilde a toujours refusé de mettre le pied à Rome, à l'heure même où son père Victor-Emmanuel agonisait. A la première nouvelle de la maladie grave du roi, la princesse demanda au Pape Pie IX la permission de se rendre au chevet de l'illustre malade, et une dispense pour pénétrer dans le palais profané. Pie IX, en sa générosité, accorda la permission si pieusement implorée, et la princesse Clotilde se mit en route. Elle apprit en chemin la mort de Victor-Emmanuel. Elle s'arrêta, rebroussa chemin et ne fit pas usage de la dispense. Puisqu'elle n'avait pu donner à son père le suprême adieu, elle préféra pleurer loin du cadavre royal, plutôt que de fouler inutilement le sol romain ! Lorsque la reine de Portugal, Maria Pia, vint avec son fils le prince de Bragance, rendre visite à son frère le roi d'Italie, l'ambassadeur du Portugal reçut du Vatican l'avertissement que la reine n'eût pas à demander au Pape une audience qui lui serait refusée. Cette reine d'un pays catholique, ce prince héritier d'un royaume catholique, durent renoncer à s'agenouiller devant le Saint-Père. Même aventure serait arrivée assurément au prince de Bragance et à sa jeune femme, la gracieuse princesse Amélie d'Orléans, s'ils avaient suivi le duc d'Aoste en Italie, et donné suite à leur projet de rendre visite au roi Humbert, leur oncle, dans son néfaste palais. Le roi Alphonse d'Espagne fut sollicité en 1884 de venir à Rome. Encouragé par l'exemple du prince d'Allemagne, il demanda au Vatican s'il pouvait être admis devant le pape, après avoir reçu l'accolade du souverain usurpateur. On lui répondit que la faveur exceptionnelle accordée à un prince protestant, ne pouvait, sous aucun prétexte, s'étendre à un prince catholique. Le roi Alphonse s'abstint.

On délibéra longuement au Vatican pour chercher le moyen de concilier avec une si rigoureuse tradition la nécessité de recevoir un prince aussi puissant que l'héritier de la couronne d'Allemagne. A bon droit, Léon XIII espérait de cette entrevue les plus heureux effets pour la pacification religieuse dans le royaume de Prusse. Sans doute aussi le Pape se réservait d'aborder avec le Prince Frédéric les plus hauts sujets de la politique générale.

J'ai dit ailleurs que les conseils du cardinal Parocchi aujourd'hui vicaire-général de Sa Sainteté, contribuèrent puissamment à résoudre les difficultés du cérémonial, difficultés de forme masquant des difficultés essentielles. Assurément, le prince impérial se prêta avec une entière bonne grâce, à toutes les précautions qui lui furent demandées, afin de ménager, autant que possible, les susceptibilités de la Cour pontificale.

Parti de Gênes, le 16 décembre au soir, dès que le train impérial toucha la gare de Grosseto, ancienne frontière des États de l'Église, le prince expédia un télégramme au Vatican, pour annoncer sa présence et sa prochaine visite.

Au Quirinal, ses appartements furent préparés, non dans le palais même, à côté des appartements royaux, mais dans une annexe, appelée le *Palazetto*, qui, dit-on, et grâce à une de ces subtilités familières au génie italien, demeure en dehors de l'interdit pontifical.

Dès le 17 décembre au soir, le prince fit avertir le cardinal secrétaire d'État par M. le baron de Schlœzer, ministre de Prusse auprès du Saint-Siège, qu'il avait l'intention de demander le lendemain audience au Saint-Père, et le cardinal s'empressa de se rendre auprès du ministre de Prusse pour l'informer que le Pape recevrait volontiers l'illustre prince.

Frédéric-Guillaume, à l'heure fixée, fut conduit dans les voitures de la cour d'Italie, au palais Caffarelli, près du Capitole, résidence de l'ambassadeur d'Allemagne auprès du Quirinal; c'est là que l'attendaient les voitures de la légation auprès du Saint-Siège qui le menèrent au Vatican.

On avait donné la préférence au palais Caffarelli sur le palais Capranica, où loge M. de Schlœzer, d'abord parce que les appartements de M. de Schlœzer ne sont guère

9.

dignes d'un tel hôte, mais surtout parce que le palais Caffarelli, étant propriété de l'Allemagne, constitue un territoire indépendant de la juridiction italienne. Le palais Capranica n'appartient pas à la légation auprès du Saint-Siège. M. de Schlœzer y loge en garni. Ainsi par une ingénieuse fiction, le prince impérial se rendait directement d'un territoire allemand au Vatican. Il dépouillait rapidement, à l'ambassade, son caractère d'hôte du Quirinal, d'ami intime du roi d'Italie. En changeant de voiture, il changeait de qualité. Il arrivait donc d'Allemagne, c'est-à-dire du palais Caffarelli jusqu'au Vatican, sans mettre le pied sur le sol italien, puisqu'il était porté par les équipages de gala du ministre de Prusse. Au retour, pour rentrer en Italie et redevenir l'hôte et l'ami intime du roi Humbert, même cérémonial, même changement de voiture, mêmes détours diplomatiques.

Impossible de mieux sauver les apparences ; impossible de résoudre plus ingénieusement une question jugée insoluble ; et l'invention de cette procédure compliquée mais nécessaire, a fait le plus grand honneur aux ressources d'esprit, dont dispose si abondamment l'Em. cardinal Parocchi.

L'entrevue du Pape avec le prince fut longue ; elle demeura absolument secrète. On dit que le prince en sortit charmé. Je le crois sans peine. Cette entrevue prépara certainement l'accord étroit qui allait bientôt se manifester entre le Saint-Siège et la Prusse, le changement de tactique adopté par le chancelier à l'égard de la Cour romaine, et enfin l'offre de l'arbitrage qui mit le comble à la gloire diplomatique de Joachim Pecci

Aux catholiques, trop empressés d'ailleurs d'exagérer l'importance de l'entrevue, la *Gazette de l'Allemagne du Nord*, organe du chancelier, avait pris soin de donner un avertissement, dès le 16 décembre. Ce journal, dans une note, évidemment officieuse, déclarait que le prince ne voyageait pas comme un diplomate chargé d'une mission spéciale auprès du Souverain Pontife et que ses démarches ne visaient que la haute politique générale. Quelle politique avec le Pape?

Certainement personne n'en a rien su, et je soupçonne le *Moniteur de Rome* d'avoir pris sur son bonnet la grave information suivante :

« Le voyage du prince Frédéric et sa visite au Saint-Père, sont la réalisation du projet conçu par le prince de Bismarck : Une fédération de toutes les forces conservatrices contre la démocratie, vient d'être scellée à Rome. La place d'honneur, dans cette alliance, a été assignée à la Papauté, à raison de l'influence prédominante qu'elle exerce dans le monde. »

Quoi ! le Pape englobé avec le roi d'Italie dans la triple alliance, et du même coup de filet ! Le Pape contresignant les projets du démembrement de la France au profit de l'Italie! Le Pape aidant à découper en morceaux la fille aînée de l'Église, alors que, seul en 1870, Pie IX abandonné avait élevé ses bras suppliants, ses bras garrottés, vers le ciel, afin que le Dieu des armées vînt encore au secours de ses Francs ! Le Pape répondant à l'appel des apôtres du nouvel Évangile : la force prime le droit! Seul, le *Moniteur de Rome* pouvait imaginer cela. Sa note, colportée par la presse internationale révolutionnaire porta le trouble, au fond de toutes les âmes catholiques; mais heureusement, on n'y ajouta aucune foi.

Si le prince Frédéric était vraiment, sincèrement, le commis voyageur de la conservation sociale et religieuse, il n'avait rien à faire au Quirinal; il devait se rendre tout droit au Vatican. Mais quelle singulière idée ! Que d'illusions aux alentours du palais apostolique ! Quelle conception abstraite des hommes et des choses! Quelle crédulité aux conversions soudaines des chanceliers, et aux miracles politiques !

Mais non, militaire avant tout, ayant conquis son bâton de maréchal sur les champs de bataille de France, le prince Fritz laissait la théologie et la politique platonique au second rang de ses préoccupations. Sans doute il songeait en passant à la pacification religieuse; il saluait courtoisement le chef de l'Église catholique ; il lui plaisait de recevoir au Vatican même l'hommage rendu partout à la toute-puissance prussienne, de briser tous les obstacles qui le séparaient du Souverain Pontife, lui, prince hérétique et franc-maçon, et de forcer victorieusement des portes qui ne se seraient pas ouvertes devant d'autres princes plus soumis, mais moins forts. Assurément le but de son voyage n'était pas un pèlerinage; il venait préparer à Rome, non pas une fédération conservatrice, mais une fédération guerrière. Se faire rendre au Vatican de tels honneurs, c'était encore humilier et contrarier la France, la première nation catholique.

Notre ambassadeur auprès du Saint-Siège, M. le comte Lefebvre de Behaine, diplomate d'une remarquable finesse, se rendit à l'appartement du cardinal secrétaire d'État, à l'heure même où le prince Frédéric-Guillaume y était attendu, au sortir de l'audience pontificale. Quand, au Vatican, on rend aux princes les honneurs souverains, la place des ambassadeurs n'est-elle pas aux côtés du premier ministre? Si mes souvenirs sont exacts, ce jour-là M. Lefebvre de Behaine ne fut pas accueilli avec l'empressement habituel par le cardinal Jacobini.

Le passage à Rome du prince d'Allemagne devint une occasion de fêtes italo-allemandes comme l'avait été au printemps de la même année, le mariage du duc de Gênes. Cela ne dura que cinq jours ; mais ce ne furent pas cinq jours de repos pour le fils de l'Empereur.

Le 17 décembre, à une heure de l'après-midi, Frédéric-Guillaume était descendu à la gare de Rome, et la veille il avait débarqué à Gênes! Sur le quai de la gare, il trouva le roi, les ministres, le syndic et, dès qu'il parut, retentit l'hymne prussien. A travers toute la via Nazionale, le docile duc Torlonia avait disposé des groupes criant : « Vive l'Allemagne! Vive la triple alliance! » De plus, on avait organisé une sorte d'escorte de gamins hurleurs qui suivaient la voiture, en proférant à plein poumons des cris sympathiques. Cette bande de jeunes dératés en guenilles ne quitta pas le prince impérial, durant tout son séjour. On a tout lieu de croire, que dans des moments de répit, il songea, non sans amertume, au consul Duillius et à ses joueurs de flûte Il a d'ailleurs trop d'esprit pour s'être mépris sur l'origine et la portée de ces manifestations, et il en rendit, j'en suis sûr, toute sa gratitude, moins au peuple italien qu'à l'adroit syndic de Rome. Le peuple italien manifesta ses vrais sentiments par d'autres procédés que je dirai tout à l'heure. Le jour de l'arrivée, la police arrêta deux gamins qui sifflaient, au lieu d'applaudir. On ne trouva pas un sou dans leur poche, ce qui prouve qu'ils ne volaient pas l'argent de la municipalité.

D'ailleurs, on avait pris soin, suivant l'usage italien d'enfermer, le jour même de l'arrivée du prince, plusieurs centaines d'*ammoniti* qu'on ne relâcha qu'après son départ.

Dans ce pays, *libéré* suivant la formule officielle, par l'invasion piémontaise, subsiste cette étrange loi de l'*ammonizione* qui constitue une peine inconnue des autres pays moins libres. Tout individu arrêté pour un motif quelconque, ou seulement soupçonné d'être capable de quelque méfait peut être traduit devant le préteur ou juge de paix et y recevoir une « admonition ». Rien de plus paternel que cette admonition; seulement elle entraîne de singuliers effets. L'individu qui l'a reçue, l'*ammonito* se trouve par là même placé sous la surveillance de la police; il ne peut se déplacer sans l'autorisation de la questure, et de plus, la police a la faculté de l'arrêter préventivement, sans aucun motif plausible, de l'incarcérer, sans jugement, sans instruction préalable, pour un temps indéfini.

L'Italie a emprunté à l'Angleterre ses institutions parlementaires, mais non pas son *habeas corpus*. Le régime piémontais l'a dotée de toutes les libertés, sauf la liberté individuelle.

M. Depretis fait un usage terrible de l'*ammonizione*.

Tout patriote suspect d'irrédentisme, est plus ou moins *ammonito*. Aussi, dès que le roi entreprend un voyage, dès que des fêtes politiques se présentent, la police a-t-elle l'ordre de faire une rafle d'*ammoniti*. C'est un moyen de gouvernement fort commode.

Quand le roi se rendit à Livourne, pays révolutionnaire, pour le lancement du *Lepanto*, on arrêta jusqu'à trois cents *ammoniti*, qui furent rendus à la liberté aussitôt après le départ du souverain.

Je ne crois pas que les *ammoniti* apprennent avec une grande joie l'arrivée d'Humbert le bien-aimé dans une ville. Pour eux, la fête consiste dans l'hospitalité gratuite des prisons.

Beaucoup de ces braves Italiens goûtèrent, à l'ombre du violon, les premiers bienfaits de la triple alliance.

Je vois encore le prince impérial au balcon du Quirinal, ouvrant sa large bouche pour sourire dédaigneusement à la foule qui l'acclame. Sa haute stature surpasse celle du roi. Le roi montre cet air froid et ennuyé qui est son air de gala. Au contraire, la reine Marguerite triomphe ; elle prend pour elle les *vivats* qui s'adressent au prince ; elle est reconnaissante au peuple de faire bon accueil à « son » Fritz. Elle voit dans la manifestation, l'apothéose de sa politique, et le duc Torlonia, qui a si bien organisé l'enthousiasme populaire, ne pouvait apporter une plus grande joie à la souveraine. Le prince de Naples a grandi depuis le jour où le même Fritz le prenait dans ses bras pour le présenter au peuple romain comme l'enfant d'adoption de la Prusse victorieuse. Mais sa tête dépasse tout juste la balustrade du balcon, et comme la balustrade est couverte d'un tapis de pourpre, le corps de l'enfant disparaît : on ne voit qu'une grosse tête boudeuse et blafarde qui se promène sur ce balcon, semblable à celle des guillotinés parlants qu'on exhibe dans les foires.

Le prince Frédéric, avec sa longue barbe rougeâtre et grisonnante, ses cheveux plats, les grands traits de sa figure à la fois bonasse et farouche, apparaît comme l'incarnation la plus parfaite de la forte race teutonne. Il se meut avec une précision militaire ; son moindre geste est de commandement. Il semble qu'il résume en lui la formidable armée qui a remporté sur nous des victoires mathématiques ; c'est le grand moteur de la machine prussienne, machine à découper les hommes et à pomper des milliards, machine égoïste qui n'a sa fin qu'en elle-même, qui ne se meut que pour s'accroître, qui ne sème autour d'elle que les morts et les ruines dont elle profite, machine de domination qui aura passé sur l'Europe sans laisser derrière elle le germe d'une idée. Les armées de Napoléon du moins promenaient avec elles les principes de 89 et le code civil. Les armées de M. de Bismarck et du prince Fritz ne promènent que la terreur du nom prussien. Le génie de M. de Bismarck n'a rien d'humain : il est tout allemand. Toute son habileté, toute sa diplomatie ne travaillent que pour la grandeur Prussienne. Il élève ceux-ci, il abaisse ceux-là, suivant l'intérêt de la Prusse. La grandeur de l'Allemagne ne suit pas le développement d'une idée : elle est à elle-même sa raison suffisante.

Que vient faire à Rome ce Prussien ? Vient-il prendre

parti entre les deux pouvoirs qui se disputent le monde, l'autorité morale et la force matérielle, entre l'Église et la Révolution, entre les deux souverains qui habitent Rome ? Ce prince qui commande à des armées invincibles vient-il faire pencher la balance du côté du Pape ou du roi d'Italie ? Porte-t-il à ces peuples l'enthousiasme pour un dieu quelconque, fût-ce une idole ? Qu'est-ce que cela lui fait ? Il visite également le roi et le pape; il prétend les dominer l'un et l'autre. Il vient à Rome travailler pour la Prusse; il vient avancer le grand œuvre qui est l'omnipotence prussienne, imposant le joug prussien à tous les pouvoirs indistinctement civils ou religieux, matériels ou moraux.

Suivant un vieux dicton français, un travail qui ne produit rien d'utile, s'appelle un travail pour le roi de Prusse. Ce proverbe n'est point sot : car ce qui va au roi de Prusse y reste, et demeure perdu pour l'humanité. L'épargne française, accumulée pendant un demi-siècle de prospérité, est allée au roi de Prusse en 1871 sous la forme de cinq milliards. A quoi ont servi ces cinq milliards et quel bien en est revenu au reste du monde ? Ils ont aidé à perfectionner la mécanique allemande, et la mécanique ne se mettra en jeu que pour le plus grand avantage du roi de Prusse.

Ce prince que voilà, à côté de la famille royale d'Italie, tient en ses mains le sort de l'Europe. Il déchaînera la paix ou la guerre; l'or et le sang vont couler à flots, ou s'épargner pour une occasion plus favorable, suivant une parole qu'il dira à son père. La destinée des royaumes et des républiques dépend de sa volonté. Quoi qu'il arrive, l'humanité ne gagnera rien à la décision de cet homme ; car la paix ou la guerre en Europe ne sont que des moyens employés, suivant les circonstances, pour accroître la grandeur et la puissance de la Prusse.

Pauvres Français que nous sommes, peuple de passion, peuple d'imagination, que nous semblons faibles et petits devant ce géant prussien ! Que pouvons-nous, nous artistes, nous poètes, nous, épris du gai savoir, en comparaison de ce soldat, de ce formidable automate de fer ? Et pourtant, quelque chose au fond de nos cœurs nous dit que nous valons mieux, et que notre débilité est plus noble que cette force. En face du prince de Prusse, j'applique à mes frères de France le mot de Pascal sur le roseau faible, qui est aussi un roseau pensant. Victorieuse ou vaincue, notre France a toujours combattu pour une idée, pour une cause supérieure à l'intérêt même de la patrie. D'autres hommes se sont réjouis de nos victoires ou ont pleuré nos défaites, et cette joie ou ces larmes nous font grands. A notre patrie sont attachés les sentiments généreux d'une part de l'humanité et nos erreurs même portent un caractère universel. Si faibles que nous soyons devenus, nous gardons la noblesse de notre race. Le prince Frédéric-Guillaume a la force d'un athlète et l'allure d'un conquérant ; il n'a pas l'air noble.

A côté de moi, j'ai peine à contenir Guillaume, l'alsacien, Guillaume tout en larmes, au milieu des acclamations de la populace. Guillaume a déjà vu ce prince. Il était tout enfant alors, mais sa mémoire a gardé profondément gravés les traits du vainqueur de son pays. Il l'a vu dans Strasbourg désolée, passant au milieu du silence et de la tristesse publique, traversant la désolation qu'il a faite. Ces cris italiens l'offensent. J'arrête sa protestation prête à déborder de son cœur à ses lèvres. Il est plus ému, plus indigné qu'à Strasbourg; l'aplatissement de ces Romains, devant l'oppresseur de son Alsace, fait contraste avec la digne réserve et la morne tristesse de ses compatriotes. L'abattement d'un peuple vaincu offre un spectacle moins humiliant que la servilité volontaire d'un peuple courtisant la force.

Le lendemain soir, après l'audience pontificale, le prince Fritz se rendit à une fête donnée en son honneur par la municipalité, au Capitole.

Je n'ai pas connu la Rome non profanée, la Rome des Papes-rois. Je ne sais ce qu'étaient alors les réceptions officielles. Mais j'ai assisté à quelques grandes réunions chez les ambassadeurs et chez les nobles romains. Assurément, le prince héritier d'Allemagne n'a pu concevoir, par le spectacle qui lui fut offert, aucune idée de la haute société romaine.

Le S. P. Q. R. a conservé du passé les traditions et les costumes. Ses estafiers portent encore avec crânerie l'étrange costume bariolé de jaune et de rouge, de pourpre et d'or, avec le grand manteau et la toque emplumée; ses palefreniers ont grand air, et les antichambres du Capitole peuvent donner l'illusion de la majesté d'autrefois. Mais, à en juger par le défilé des équipages, que dis-je? des fiacres, défilé auquel j'assiste mêlé à la foule du dehors, à en juger par les toilettes bizarres qui remplissent ces véhicules de tout genre, mieux que les invités, les laquais du Capitole représentent la majesté romaine.

Je reconnais au passage la plupart des boutiquiers du Corso. Les ambassadeurs, les sénateurs, les députés, la petite fraction de l'aristocratie romaine qui fréquente le Quirinal, les généraux, les officiers sont submergés par cet élément mercantile, qui a fait invasion au palais municipal. C'est qu'en effet, ces boutiquiers constituent la seule force sur laquelle repose, à Rome, le nouveau régime. Le parti de la Cour, le voilà : ceux qui applaudissent à la triple alliance, les voilà. Ils saluent le futur roi de la nation qui leur exporte ses plus mauvais produits, ses contrefaçons du goût français fabriquées à vil prix, toute sa camelote. Les clients italiens de l'Allemagne, les voilà !

O Dante ! ô Pétrarque ! ô Tasse ! vous qui dans ce lieu auguste et vénéré, avez reçu le laurier sacré des poètes, que dites-vous du héros nouveau que l'on conduit sur vos traces ? Chantres de la divine Italie, prêtres de la muse chrétienne, de quels vers eût sonné votre lyre à la face de ce Germain, de ce soldat de la force contre le droit ? Et vous, généraux de la Rome superbe, de la Rome maîtresse du monde, triomphateurs, dont le char parcourait ces rampes majestueuses, Camille, Scipion, Paul-Émile, qui traîniez à votre suite les prisonniers des nations vaincues, et les dépouilles du monde barbare, que dites-vous de cet étranger, qui monte en vainqueur au Capitole, pour dicter ses lois aux maîtres de Rome ? Et vous, Pierre, qui avez souffert, qui avez prié dans cette prison Mamertine, creusée par les Tarquins à la base du mont

Capitolin, vous, le vrai fondateur de la Ville éternelle, n'enverrez-vous pas l'ange, qui amollit la résistance des murailles à l'approche de votre face bénie, qui brisa vos liens dans ce cachot, pour faire reculer, bien loin de votre Capitole, bien loin de cet Ara Cœli que vos successeurs ont élevée sur les ruines du temple de Jupiter, ce nouvel Attila, ce nouvel Alaric ?

On lui offrit du moins un spectacle digne de lui.

Le principal attrait de la fête était l'illumination aux feux de bengale des ruines du Forum et du Colysée. Le prince y assista d'une fenêtre du Capitole, et l'on dit qu'alors son impassible visage s'éclaira d'une joie singulière. Fils des barbares, il ne pouvait assister indifférent à cette vision des destructions d'autrefois.

Je n'ai rien vu de plus affreux ni de plus grandiose que cet incendie de ruines. Baignées dans les flammes vertes et rouges, les tronçons de colonne, les pierres éparses et gisantes, tout ce chaos désolé, semble s'animer pour subir un nouveau sac. Les flammes se tortillent autour de la tribune aux harangues ; la basilique de César semble s'effondrer dans l'enfer ; le monument de Phocas apparaît dans la fumée lumineuse comme un dernier vestige chancelant de la Rome somptueuse et pourrie. Sur les murs pantelants du Palatin, éclairés de reflets vagues et percés de brèches noires, on dirait que les Césars se rassemblent pour revoir la catastrophe finale, et là-haut, sur sa tour, Néron doit chanter encore la ruine de Troie. Au loin le Colysée ouvre ses baies sombres sur le Forum désolé ; les martyrs vengés sortent sans doute de leur poussière pour célébrer le Christ vainqueur, le Christ empereur. Mais non, l'empereur que l'on fête aujourd'hui n'est pas le Christ, c'est l'empereur du *Culturkampf*.

Et le prince Fritz sourit toujours ; il sourit au Forum en feu, au Colysée embrasé, au Palatin désolé. Il sourit à cette vivante image de la ruine de Rome. Alaric et Guiscard ont bien commencé les choses, et Victor-Emmanuel les a dignement achevées. La Rome abhorée, la capitale du monde latin, le siège du roi des âmes, du prince de la paix, se trouve assez humiliée. Les souvenirs augustes, la cendre des héros, la poudre des martyrs, les ruines inéluctables sont devenues un sujet d'amusement, un décor d'opéra, une apothéose de féerie, pour le plus grand divertissement du Barbare, du roi de la matière, du prince de la guerre. Le triomphe du Germain est complet ; on joue en son honneur avec les ruines de Rome. Il s'amuse, et son père était moins superbe, quand il couchait avec ses bottes dans le lit de Louis XIV à Versailles : car qu'est-ce que la majesté de Louis XIV auprès de celle du peuple-roi ?

Satisfait de sa journée, Frédéric-Guillaume salua au retour le vieux Neptune de la fontaine de Trévi, excitant les chevaux de marbre, au milieu des flammes de Bengale. Epouvantées par cette lueur insolite, les blanches colombes tournoient en gémissant autour du foyer. On dirait des âmes en peine ; leur peine est justifiée.

Le lendemain, c'est le grand jour, la revue de l'armée italienne. Le prince est parvenu au terme de son voyage. Il inspecte les troupes de la coalition.

Depuis huit jours, toutes les casernes de la péninsule sont mises sens dessus dessous. Il ne s'agit pas en effet de passer dans la cour du Macao la revue banale de la garnison romaine ; il faut réunir à Rome l'élite de l'armée italienne, et donner au prince un spécimen de mobilisation et de rapide concentration de troupes en cas de guerre. On parvient, en dégarnissant les places, en fusionnant en un seul jusqu'à deux et trois régiments à présenter au jour dit une trentaine de mille hommes. La cavalerie campe dès la veille dans le Colysée et les voûtes du Cirque Flavien servent d'écurie aux chevaux.

Le champ de manœuvres est la plaine dite de la Farnesina, au delà du ponte Molle, l'antique pont Milvius, au pied du Monte Mario. C'est là que jadis le Labarum apparut à Constantin, là que les soldats de Maxence furent précipités dans le Tibre. C'est là enfin que se passe la scène grandiose peinte aux stances de Raphaël, sur les murs du Vatican, lorsque le Pape saint Léon arrête le sauvage Attila, dont le cheval se cabre devant l'apparition des saints Pierre et Paul, protecteurs de Rome.

A présent, c'est Maxence qui fait à Attila les honneurs de la plaine fameuse. Là-bas, Léon est enfermé, et la croix victorieuse est figée sur l'obélisque de la place Saint-Pierre. Les apôtres Pierre et Paul sont gardés à vue dans leurs superbes tombeaux, et rien ne vient importuner les conquérants.

Il a plu toute la nuit ; les chemins présentent l'aspect de fondrières, et la plaine de la Farnesina est un lac de boue, que creusent les pieds des soldats et des chevaux.

L'armée est formée en carré. A l'heure dite, l'état-major débouche du ponte Molle. Les canons grondent, les musiques entonnent l'hymne prussien et l'hymne italien. C'est la cacophonie renouvelée du carrousel de la villa Borghese.

Mais ce n'est plus un gai tournoi, aimable prélude de la triple alliance, aux fêtes du mariage du duc de Gênes. La triple alliance a fait des progrès depuis sept mois. Le temps des amusements, des symboles, est passé. Les cavaliers ne portent plus de déguisement, et le prince de Naples a abdiqué son puéril commandement. Le prince de Prusse lui succède ; il n'est plus question que de guerre ; et le généralissime teuton passe la revue des alliés.

D'où je suis placé, l'état-major apparaît encore comme une masse confuse et brillante. Mais qu'est-ce que ces points rouges qui suivent l'escorte royale ? Ils se rapprochent. Ce sont les livrées de la reine Marguerite. Les voitures s'avancent au milieu des soldats ; les laquais descendent et paradent à côté des généraux. La reine aussi passe la revue ; elle a raison. Si ces préparatifs de guerre aboutissent, ce sera la guerre de la reine, comme cette alliance est son alliance. Tout à l'heure les troupes en défilant pourront dire à la gracieuse Marguerite : *Ave, regina, morituri te salutant.*

Sans perdre de temps, les princes et leur escorte parcourent au petit trot le front de bannière. En tête, sur deux superbes alezans anglais, se détachent le roi Humbert et le prince Frédéric-Guillaume, vêtu d'un uniforme blanc. Immédiatement après, vient M. de Keudell, l'ambassadeur d'Allemagne, également vêtu de blanc, et ensuite la masse bariolée des généraux et des attachés militaires de toutes les nations. Voilà notre pantalon rouge et notre képi français ; le commandant Louis, notre attaché militaire, est à son poste. Lui aussi, il passe la revue et son attention égale celle du prince Frédéric. Lui aussi, il fera son rapport : *de le res agitur*. Brave et cher commandant Louis, nous avons revu son uniforme dix-huit mois plus tard, mais sur son cercueil. On l'a enterré le jour même où nous enterrions, par ordre, notre *Journal de Rome*, le 30 juin 1885 !

Le prince de Prusse examine avec lenteur l'ensemble et les détails. Ce n'est plus le prince à qui l'on fait honneur d'une parade militaire : c'est le général qui inspecte. Les cris sont interdits aux troupes : l'affaire est sérieuse. L'examen dure fort longtemps.

Puis commence le défilé : les troupes passent tour à tour au fond de la plaine, font la volte complète, et s'avancent en large ligne de bataille au-devant des princes. L'infanterie manœuvre assez régulièrement, quoique mollement. Seuls, les *bersaglieri* paraissent justifier leur antique réputation. Encore, leur allure précipitée, qui n'est pas la marche légère de nos chasseurs, mais un pas de course haletant, ne pourrait-elle se soutenir en campagne. La cavalerie défile au grand trot, mais aussi en grand désordre. Quant à l'artillerie, elle ne supporte pas la comparaison avec l'artillerie française. C'est une inénarrable confusion de pièces et de chariots.

On a fait venir les corps alpins. Nos bons voisins

d'Italie ont créé des troupes spéciales pour la guerre contre nos frontières. Les mulets portent sur leur dos les pièces de campagne ; d'autres les affuts et les roues, d'autres enfin les caissons de munition. C'est fort ingénieux et très brillant dans la plaine de la Farnesina. J'imagine que ces ravissants joujoux ne seraient pas d'un emploi facile dans une vraie guerre de montagnes. Napoléon n'était pas harcelé par l'ennemi, quand il transporta à dos de mulet son artillerie à travers les défilés du Saint-Bernard, et arrivé au bas de la route, il eut tout le loisir de reconstituer ses pièces démontées. Comment se figurer l'usage de l'artillerie de montagnes à dos de mulets? Si la bête qui porte l'affût tombe dans un ravin, est frappée d'un éclat d'obus, ou s'enfuit, prise de peur, que fera-t-on de la pièce? Que deviendrait cette belle ordonnance dans une retraite? Je ne suis pas militaire et je ne raisonne qu'avec mon bon sens. Je ne sais ce que le prince Fritz a pensé des corps alpins et de leurs mulets artilleurs : on a tenu à les bien faire voir, pour l'encourager à les employer.

On a dit que le prince Fritz n'avait pas été très satisfait de cette revue. Son coup d'œil a discerné les vices d'organisation de cette armée d'apparence si brillante, mieux faite pour les parades de la paix que pour les travaux de la guerre.

Est-ce là une des raisons principales qui ont paralysé l'action immédiate de la triple alliance? Je le crois. M. de Molkte avait étudié le terrain de la guerre. Le prince Frédéric-Guillaume inspecte l'armée d'opération. Les deux rapports concordaient à démontrer l'infériorité trop manifeste d'un allié ambitieux. Le prix demandé ne valait pas les services possibles. La triple alliance clochait. Le plan de guerre européenne manquait par un côté.

J'aime à penser aussi, que le Pape, loin de se prêter aux combinaisons machiavéliques de MM. de Bismarck et Mancini avait fait entendre sa voix puissante en faveur de la plus chrétienne des nations...

Enfin nos ambassadeurs à Rome tenaient M. Jules Ferry au courant des périls qui menacaient alors la France. On ne peut refuser à cet homme d'État, si incomplet à d'autres égards, une clairvoyance patriotique. Il comprit la gravité des conjonctures. — Quelles furent ses négociations avec l'Allemagne, où s'arrêta le rapprochement, à quel point fut limité l'accord, on ne l'a jamais exactement connu. Il est certain cependant que M. Jules Ferry contribua puissamment à pacifier les relations de la France avec l'Allemagne et à prévenir de grandes calamités nationales. A quel prix? Au prix de sa popularité, et, en fin de compte, au prix de son portefeuille, quand tout péril extérieur sembla conjuré. Comme gage de notre neutralité, on nous envoya peut-être combattre et vaincre la Chine. Dure épreuve, soit, mais digne de la France. Ah! si nous avions eu la moindre chance de battre l'Allemagne, l'Italie et l'Espagne coalisées, il fallait risquer tout! L'histoire jugera peut-être que l'apparente témérité de M. Jules Ferry fut le comble de la prudence, et que l'aventure du Tonkin, de Formose, et de Fou-Tcheou sauvegarda mieux l'intégrité de notre territoire et l'intérêt de notre trésor que la plus stricte économie d'hommes et d'argent. M. Ferry ne pouvait dire cela à la tribune.

Il dut taire les points forts de son apologie. Il n'eut même pas la consolation de Cicéron accusé jurant qu'il a sauvé la patrie !

Certaines circonstances, bien mesquines en elles-mêmes, bien significatives pourtant, éclairèrent le prince d'Allemagne sur les vrais sentiments du peuple d'Italie.

Le lendemain de la revue, le 20 décembre, le prince assista à la séance de la Chambre, au Montecitorio. Le ministre des travaux publics avait la parole. Tout à coup un individu se leva dans une tribune publique et s'écria : « Vive l'Italie ! Vive Oberdank ! » En même temps, il lança à travers la salle une multitude de papiers, qui voltigèrent sur la tête des députés, jusqu'au banc des ministres. C'étaient des copies du testament laissé par le régicide.

Pendant tout le séjour du prince, il fallut quadrupler le nombre des agents qui gardaient les palais d'Autriche, et surveiller les abords mêmes de l'ambassade prussienne.

Enfin, dans la soirée du 20 décembre, trois grandes assemblées irrédentistes furent tenues en l'honneur du « martyr » Oberdank. L'une de ces réunions, la plus tumultueuse celle où la politique allemande du ministère et de la cour subit les plus violents anathèmes, reçut l'hospitalité du palais Sciarra, au Corso.

Ainsi, au-dessus des *vivat* proférés par des petites hordes stipendiées pour escorter le prince d'Allemagne, s'élevait la clameur du peuple italien. Cette clameur repoussait avec indignation la hautaine protection des empires tudesques, exaltait les fastes anciens et modernes de la Révolution italienne, les martyrs du passé et ceux d'aujourd'hui, tous victimes de l'Autriche, confondait enfin en une même réprobation tous les empereurs et tous les rois.

Comment conduire au combat contre une république, contre une démocratie, une nation où bouillonne le levain de l'extrême révolution ? Comment enrôler sous les bannières gothiques les élèves de Mazzini? Le prince impérial ne dut emporter de Rome aucune illusion ni sur la force de l'armée, ni sur les sympathies du peuple italien. Il comprit sans doute que la mise à exécution des projets de M. Mancini compromettrait la dynastie de Savoie. Or, rien ne tient tant au cœur de nos maîtres prussiens que la conservation des monarchies italienne et espagnole, si ce n'est la perpétuité de la République française.

Les agitations intérieures que la forme républicaine favorise en France, plaisent à l'Allemagne, comme une garantie prise contre la revanche; la République ne peut s'allier solidement avec les royautés; son existence en France rend impossible l'alliance des peuples latins. Si, au contraire, la République franchissait les Alpes ou les Pyrénées, si elle envahissait toutes les nations latines, toute garantie disparaîtrait pour l'hégémonie allemande. Car d'une part, les trois Républiques latines, en s'alliant, disposeraient d'une force assez grande pour tenir en échec l'Europe centrale; d'autre part, ce formidable foyer de contagion républicaine menacerait tous les empires en leur sécurité intérieure.

L'Allemagne se constitue donc la gardienne d'office des monarchies d'Italie et d'Espagne, non par fidélité aux principes conservateurs, mais par intérêt de conser-

10.

vation personnelle. C'est pourquoi, il est chimérique de compter sur M. de Bismarck pour une restauration de la souveraineté des Papes. La moindre dislocation de l'unité italienne entraînerait la déchéance de la maison de Savoie et la république confédérée dans la péninsule. M. de Bismarck le sait.

Aussi, après le voyage du prince d'Allemagne à Rome, la triple alliance redevint-elle languissante, et l'amitié des empereurs pour le roi d'Italie plus platonique que jamais.

Alors, pour satisfaire l'appétit d'expansion qui travaille la race italienne, pour se consoler d'un échec trop évident, M. Mancini regarda au delà de la Méditerranée ; il entreprit, avec le concours de l'Angleterre l'expédition de Massaouah, rendue stérile par les victoires du Mahdi.

M. Mancini n'avait pas de chance. M. Depretis se débarrassa de cet auxiliaire compromettant. Il appela M. de Robilant, son ambassadeur à Vienne, afin d'essayer un replâtrage avec les empires. L'occasion est chauve par derrière. Elle avait fui, à la suite des bagages du prince Frédéric.

Que du moins les dangers auxquels la France à échappé en 1883 éclairent la République sur ses véritables intérêts. Elle n'a guère à craindre l'aggression directe et brutale de l'Allemagne. Mais qu'elle se méfie de ses bonnes voisines, les monarchies latines ! Ce sont les instruments humbles et passifs dont ses ennemis germains auront toujours la tentation de se servir pour la frapper.

CHAPITRE DIXIÈME

A GORITZ — M. LE COMTE DE CHAMBORD

SOMMAIRE

Le comte de Chambord approuve mon séjour à Rome. — Mon départ. — Le carnaval de Venise. — Trieste. — Entrevue avec le statthalter. — Les finances italiennes. — L'irrédentisme à Trieste. — A Goritz. — L'hôtel Brandt, — L'édredon capricieux. — Indisposition du prince. — L'ombre fatale. — Agitation fébrile. — La dernière entrevue. — Les funérailles de Goritz.

Le 1ᵉʳ octobre 1882, au sortir du banquet de la Saint-Michel, à Lille, où j'avais prononcé un discours, une dépêche urgente m'appelait à Rome. Il s'agissait de réorganiser la rédaction du *Journal de Rome*, décapitée et disloquée par le brusque départ de Mgr. Galimberti et par la fondation concurrente du *Moniteur de Rome*.

Fort engagé dans la lutte pour la monarchie en France, je limitai à la durée d'un mois le mandat que j'acceptais. Il ne me plaisait guère de m'expatrier, d'interrompre ma carrière de journaliste parisien, de risquer dans un exil volontaire le fruit de sept années de pénibles labeurs dans la presse française, et enfin d'abandonner mes amis royalistes, au moment où semblaient se préparer les efforts suprêmes en vue d'une restauration. Enfin je me défiais à bon droit de mon inexpérience des choses romaines ; je prévoyais vaguement les aventures, les embarras, l'assaut, les inimitiés diverses qui m'attendaient à Rome.

Au départ, je considérai mon expédition comme un congé d'un mois, comme un voyage d'exploration dans un monde inconnu.

A peine eus-je mis le pied dans la Ville éternelle, à peine eus-je entrevu l'intérêt palpitant des causes à la défense desquelles j'étais convié, je subis dans toute sa puissance la fascination romaine. Les difficultés mêmes, attachées au poste périlleux qu'on me sollicitait de garder, m'attirèrent et me retinrent.

Ceux qui m'appelaient savaient bien qu'une fois venu je ne partirais plus. Toutefois, avant de signer le contrat qui devait me lier aux administrateurs du *Journal de Rome*, j'écrivis au comte de Chambord, non pour me dégager de son service ni de la foi que je lui avais donnée, mais pour lui demander l'autorisation de défendre sur un autre terrain les principes qui étaient les siens. Revendiquer à Rome, devant la Révolution italienne, les droits opprimés du Saint-Siège, lutter, sous les yeux du Pape, pour la cause de toutes les légitimités, dont il demeure l'auguste gardien, ce n'était pas déserter, ce n'était pas abandonner ma communion avec mes amis de France. C'était au contraire me placer au centre même de la bataille, engagée dans l'univers entier entre les soldats de l'ordre et les fauteurs du désordre satanique. C'était m'exposer à l'avant-poste. De plus, je croyais pouvoir rendre dans Rome quelques services à mon prince bien-aimé. De récents événements, que je ne veux pas rappeler ici, prouvaient que le Saint-Siège n'avait pas toujours été exactement renseigné sur la situation vraie des partis en France. Il ne pouvait être indifférent au chef de la Maison de France que la direction du *Journal de Rome* fût occupée par un serviteur, dont il avait maintes fois daigné louer le zèle et la fidélité.

M. le comte de Chambord me fit répondre qu'il comptait à Rome comme à Paris sur mon dévouement à la cause de l'Église et du droit, qu'il approuvait pleinement ma détermination, et qu'il me recevrait avec plaisir, comme par le passé, lorsque l'occasion se présenterait pour moi de lui rendre visite.

Au commencement de février 1883, je résolus de consacrer les derniers jours du carnaval à un voyage à Goritz.

De combien de commissions, de combien de vœux je partis chargé !

Ils ne manquaient pas à Rome ceux qui remettaient sur la tête du comte de Chambord la somme des espérances humaines pour le rétablissement de l'ordre universel, pour l'affranchissement du Pape, pour le relèvement des droits de Dieu partout méconnus !

Ma plume n'est pas libre de redire les ordres qui me furent confiés par les plus illustres membres du Sacré-Collège, par nombre d'évêques et de chefs d'ordres religieux. Je crus que je ne pourrais jamais partir, tant je fus assiégé de visiteurs jusqu'à l'heure de mon départ. Un éminent évêque m'accompagna presque jusqu'à la gare pour me dicter les paroles que je devais rapporter au prince, et c'était un évêque que sa nationalité faisait républicain. Mais il savait que l'avenir des républiques chrétiennes comme celui de toutes les monarchies dépendait de la destinée du comte de Chambord. Il savait que le comte de Chambord restauré fût devenu, en même temps que roi de France, *le Roi*, le roi par excellence, le protecteur suprême du bien dans l'univers entier, la terreur du mal. Il savait que son avènement eût changé la face de l'Europe, que son influence eût pénétré jusqu'à la dernière bourgade des terres chrétiennes. Il savait que sa victoire eût été la défaite définitive de la Révolution, dans les empires, dans les royautés, dans les républiques.

Le comte de Chambord n'appartenait pas seulement à la France; il appartenait à la chrétienté tout entière. Son parti dépassait les frontières de sa patrie. En tout pays, il avait des amis et des ennemis, et sa cause passionnait toutes les âmes. Il était dans l'ordre politique ce qu'est le Pape dans l'ordre religieux. Lui seul pouvait prétendre au rôle de Charlemagne, non par l'étendue de l'empire, mais par la majesté morale. Il eût représenté, à côté du Pape, au pied du trône pontifical, la force mise au service de la vérité, la puissance humaine obéissant à la voix de Dieu. Il eût été, comme saint Louis, son ancêtre, le sergent du Christ.

Il n'est plus, et sa place reste vacante. Il n'est plus, et un grand vide s'est ouvert dans le monde. Il n'est plus, et la monarchie française est morte avec lui. Du fond de son exil, il régnait sur une immense multitude non de sujets, mais de libres adeptes, et son royaume était plus grand que celui de ses ancêtres. Il n'a pas laissé d'héritiers.

Une princesse, quand elle apprit la mort du comte de Chambord, s'écria : « Mon roi est mort; il y aura peut-être un autre roi, mais mon roi est mort. » Cette princesse porte pourtant le nom d'Orléans; mais elle comprenait que si des princes de sa race peuvent prétendre à la couronne d'Henri V, à coup sûr aucun d'eux ne sera *le Roi*.

Par la mort du comte de Chambord, la cause royaliste en France s'est singulièrement amoindrie. Elle ne met plus en mouvement que des intérêts secondaires. Elle est à peine digne d'occuper un chrétien français; elle laisse les chrétiens étrangers dans une sereine indifférence.

Mais alors, qui pensait à la disparition du comte de Chambord? qui la croyait possible avant la restauration? On eût cru faire injure à la Providence, en admettant que le miracle de la naissance dût être vain, que tant de révolutions, tant d'épreuves, tant de morts épiques, comme celle du petit prince impérial, mélodramatiques comme celle de M. Gambetta, n'aboutiraient pas au règne paisible d'Henri V? Qui eût osé prédire que Dieudonné deviendrait si vite, hélas! Dieu repris!

Alors, en février, tous les regards se tournaient vers Goritz. Au seuil de la nouvelle année, Gambetta disparaissait. La République épouvantée chassait de l'armée les princes d'Orléans, n'osant encore les chasser de France. Le général Billot abandonnait le portefeuille de la Guerre au piteux Thibaudin, plutôt que de participer à une expulsion qu'il jugeait inique. Un grand rôle semblait réservé à cet ancien ministre.

Les temps approchaient; la monarchie, en retard de dix ans sur 1873, s'annonçait en 83 comme imminente. On parlait mystérieusement d'un plan de restauration, de généraux désignés, d'un ministère tout prêt. Les présidents des comités royalistes avaient reçu des plis cachetés, dont l'ouverture était fixée à l'heure décisive.

Je partais plein d'espoir, et je portais avec moi l'espoir de beaucoup! Rome l'indifférente, Rome l'éternelle, Rome la patiente, Rome la sceptique pour les événements humains, commençait à s'émouvoir; elle croyait!...

En effet, les temps approchaient, et l'année 1883 devait apporter au comte de Chambord une couronne...

J'avais hâte d'arriver. Je vole d'un trait à Venise par la route de l'Adriatique. Le ciel, pour le carnaval, s'est déguisé non pas en Scaramouche, comme dit Molière, mais en Pulcinella, c'est-à-dire en Pierrot. Une brume toute blanche voile l'Adriatique, « la pâle Adriatique », le ciel est blanc, la mer blanche, l'horizon flotte à deux pas de nous. Sous ce voile humide et glacial, le paysage ressemble à la Hollande. A défaut de beaux pays, le train traverse de beaux noms, Sinigaglia, qui donna au monde Pie IX, Pesaro, d'où prit sa volée par le monde le cygne Rossini, Ferrare, patrie de la comtesse Mathilde, Vérone, où pleure l'ombre des amants shakespeariens. Et enfin, Venise!

Dès longtemps Venise était pour moi une amie tendrement aimée. Bien avant mon long séjour en Italie, j'avais connu Rome et Venise; Rome habitée pendant quinze jours en 1878, Venise qui, deux fois en 1879, m'avait retenu et enchanté lors de mon premier pèlerinage à Goritz. L'Italie m'avait offert en premier deux de ses plus précieuses merveilles. Je donnais à Rome plus d'admiration, à Venise plus d'amour. Depuis, j'ai goûté les charmes de Naples, de Milan, de Bologne, de Turin. A Rome et à Venise, mon cœur n'a donné d'autres rivales que Florence et Palerme.

Toujours le chemin de fer m'a porté à Venise aux premières heures de la nuit. Toujours, j'ai éprouvé le même frisson d'horreur et de plaisir à traverser en gondole le grand canal et les eaux sombres qui conduisent de la gare à l'hôtel Danieli, sur le quai des Esclavons. Toujours, mes premiers pas, le soir, m'ont conduit au ravissant spectacle de la Piazzetta, avec ses colonnes détachées en clair sur le canal tout noir; de la place Saint-Marc avec ses cafés resplendissants de lumière, tandis que la masse obscure de la basilique découpe ses minarets dans le ciel indigo et que la grande horloge roule son cadran mouvant.

Ce soir-là, Venise est tout à la joie, la place Saint-Marc transformée en immense salle de bal.

Je quittais le grossier carnaval de Rome, cette sordide bataille que les jeunes Américaines livrent aux voyous dépenaillés, à coups de balles de plâtre et de tiges de bouquets souillés de boue. Le carnaval de Venise est bien plus spirituel, plus élégant, plus amusant. Les masques n'ont pas l'air d'y mourir de faim. Ils vont en bandes joyeuses, vêtus de riches oripeaux; il y a de l'esprit jusque dans les costumes. Les faiseurs de *lazzi* forment autour d'eux un cercle, d'où partent les ripostes et les contre-ripostes. On sait qu'à Venise c'est une profession que de débiter des *lazzi*, en temps de carnaval. Il y a des gens qui emploient une part de l'année à aiguiser les traits qu'ils lanceront en place publique, aux grands jours des saturnales. Là, *Pasquino* et *Madame Lucrezia* sont vivants; ils raffinent les petits vers, ils distillent les épigrammes, et les traits s'échangent de bouche à bouche. Le carnaval de Venise n'admet d'autres projectiles que ceux de la malice.

Le petit peuple, qui n'a pas tant d'esprit, danse à cœur joie sur le pavé de la place, autour d'un bruyant orchestre. Tout est couleur dans la patrie de Véronèse; rien de plus gaiement nuancé que le carnaval de Venise, *il gran Carnevole!* A qui ne l'a pas vu, les variations de Sivori peuvent seules en donner quelque idée.

Le lendemain, dimanche gras, j'entends la grand'-messe à Saint-Marc. Assurément, Saint-Pierre est plus grandiose, et la splendeur des pompes religieuses y donne mieux l'impression de l'Eglise triomphante, l'avant-goût du Paradis. Mais Saint-Marc apparaît comme un autre monde; c'est l'Orient antique et mystérieux, éclatant et sombre, riche comme le temple de Salomon et fruste comme une ruine. A Saint-Marc, la messe s'entend, elle ne se voit pas; le chœur disparaît derrière les colonnes d'onyx, derrière les balustrades de bronze; le divin sacrifice est reculé au fond d'une ombre religieuse. La prière y devient rêverie. A Palerme, dans la chapelle royale; à Monreale, dans la basilique, j'ai retrouvé des mosaïques aussi et plus merveilleuses que celles de Saint-Marc; nulle part, je n'ai ressenti plus profonde impression religieuse.

Le palais ducal, les grandes églises m'ont laissé de tels souvenirs, lors de mon premier voyage, au temps où je ne pouvais encore faire de comparaison avec les autres richesses de l'Italie, que je crains d'éprouver une déception à les revoir. Puis, à quoi bon les revoir? Je n'ai qu'à fermer les yeux, je les vois sans cesse avec tous leurs détails; je les vois tels que je les ai vus; les revoir serait peut-être les voir autrement; je n'ai rien à gagner au change. Je préfère, même au bruyant carnaval, une journée de gondole.

Je rends d'abord la visite accoutumée à « l'affreux Lido ». J'en aime l'aride solitude; elle repose de l'éblouissement vénitien. Puis je suis curieux de visiter le couvent de San Lazzaro, qui paraît nager là-bas, en avant des îlots de Venise. — Nous abordons en terre arménienne. Tel est l'avantage des îles, qu'elles isolent les impressions. Au milieu d'une ville ordinaire, contigu à d'autres édifices, le couvent de San Lazzaro frapperait bien moins l'imagination. Son petit cloître fleuri ressemblerait peut-être à d'autres cloîtres; son puits n'aurait rien de bien remarquable; ses moines au costume oriental se confondraient avec d'autres moines; son archevêque, à la tiare étincelante, à la robe éclatante, n'aurait pas l'air d'un potentat asiatique, à la fois pontife et roi. L'isolement au milieu des flots fait de San Lazzaro un pays spécial, bizarre et lointain. Nous sommes à cinq cents lieues de l'Europe. Le drapeau turc flotte sur l'édifice. L'imprimerie, où travaillent de jeunes néophytes arméniens, célèbre en caractères inconnus la gloire du sultan. San Lazzaro appartient, en effet, au sultan. Avant que la munificence de Léon XIII eût créé le collège arménien de Rome et fait consacrer par le cardinal Hassun l'édifice de *San Nicolà da Tolentino* au rite arménien, nulle part ailleurs en Europe on ne portait le costume, on ne parlait la langue, on ne célébrait les offices arméniens. C'est à la sauvegarde du sultan que les moines de San Lazzaro ont dû la faveur d'échapper à la rigueur des lois piémontaises! Le Croissant défend la Croix contre l'injure des chrétiens. L'Islam prend le Christ sous sa tutelle en pays italien ! La protection que l'ambassadeur de France étend là-bas sur les Maronites et le Liban, le consul de Turquie, par réciprocité, l'étend à Venise sur les Arméniens catholiques. Etrange siècle !

Il faut dire que le sultan ne possède pas de plus loyaux, de plus fidèles sujets que les Arméniens que j'ai connus à Venise et à Rome. Le parlementarisme n'a pas encore dissous chez ces peuples le lien filial qui attache les sujets au souverain. Le sultan est respecté et aimé comme un père, même de ceux qui ne vénèrent pas en lui le commandeur des croyants.

La bibliothèque de San Lazzaro contient de très belles peintures, des manuscrits et des enluminures d'un prix inestimable.

Quelques mois après ma visite, un incendie a menacé et heureusement épargné tant de richesses.

Au retour, nous croisons une gondole, richement ornée ; la grande rame est tenue par une blonde jeune femme, qui la manie avec une vigueur et une légèreté toute gracieuses. Je salue la duchesse della Grazia, l'aimable hôtesse du palais Vandramin, où le comte de Chambord attendit pendant tant d'années d'exil. Elle s'y trouve au milieu des souvenirs de son royal beau-frère ; car le duc della Grazia, frère de la princesse Massimo, est aussi le fils de la duchesse de Berry.

Le soir, à minuit, je rejoins le bateau de Venise à Trieste ; encore un vieil ami, qui me rappelle mon premier voyage auprès du roi. Je préfère la route de mer à celle de terre, quand l'Adriatique veut bien se montrer bénigne. Rien de plus insupportable que le chemin de fer de Mestre à Goritz, avec arrêt interminable à Udine. Puis, le matin à l'aube, le panorama de Trieste est si beau ! Et alors je n'avais pas encore vu celui de Naples.

J'ai décidé d'achever le carnaval à Trieste. Nous sommes au lundi gras. Je suis porteur d'une lettre d'introduction auprès du statthalter, gouverneur de toute la province slovène, M. le baron Pretis, ancien ministre des finances de la monarchie autrichienne. M. le chevalier Romeo de B., frère d'un de mes très honorés amis, réside à Trieste en qualité de vice-consul d'Espagne. L'*Hôtel de la ville* est confortable et même somptueux. Tout m'invite à étudier sur place pendant un ou deux jours la délicate question de l'irrédentisme. dont je ne connais que le côté romain. C'est à Trieste qu'Oberdank a consommé l'horrible attentat, qui en a fait un héros et un martyr de l'autre côté de l'Adriatique.

M. le baron Pretis me reçoit dans le vieux et sombre palais de la grande place, avec la familiarité et la bonne grâce coutumières à ses compatriotes. Son accueil me rappelle celui que j'avais reçu, deux ans auparavant à Vienne, des nobles autrichiens, celui dont m'a toujours honoré à Rome Son Excellence le comte Paar, ambassadeur auprès du Saint-Siège. Les hommes d'État de l'Autriche sont les premiers du monde par la haute courtoisie.

Tout d'abord, apprenant que je viens de Rome, le statthalter s'informe de la situation respective des deux cours dans cette capitale que la prétendue unité italienne a eu pour premier effet de partager entre deux souverains. Telle est la grande préoccupation de tous les hommes d'État qui savent et qui pensent. La question romaine demeure le problème européen, universel, et il n'est pas d'esprit cultivé qu'elle ne passionne.

Le baron Pretis appartient au parti libéral autrichien. Il traite la question d'Église en politique, non en croyant. Il garde même certains préjugés contre l'influence ecclésiastique, accusée par lui de favoriser parfois la résistance aux lois civiles, et par là de prêter inconsciemment main forte à la Révolution. Une fois de plus, j'acquiers la preuve que les libéraux, dans tous les pays du continent européen, gardent un fond d'étroit conservatisme, des préjugés d'immobilité sociale, des scrupules jaloux sur l'ordre des choses établi par la Révolution de 89 et sur les privilèges concédés à la classe bourgeoise et à l'État bourgeois par ce mouvement d'affranchissement prétendu. Malgré cette divergence d'idées, je reconnais dans M. le baron Pretis un esprit singulièrement élevé et clairvoyant. Il prend un vif intérêt aux détails que je lui donne sur les relations du Saint-Siège avec l'Italie et sur l'état moral de la Rome transformée par l'occupation.

L'entretien s'engage ensuite sur les finances italiennes. L'abolition du cours forcé est décrétée. L'ancien ministre admire l'audace de son collègue italien. Il ne se fait d'ailleurs aucune illusion sur la régularité et la correction du procédé adopté par M. Magliani. Il sait bien que l'emprunt destiné à rendre possible l'opération, grève lourdement le budget italien, que le pair du papier-monnaie est acheté au prix des plus lourds sacrifices, que l'or apporté en Italie n'y restera pas, qu'il retournera en France, que l'abolition, obtenue à l'aide d'un expédient ruineux, ne sera jamais qu'apparente.

— Et pourtant, dit-il, quand on me reproche de n'avoir pas profité de mon passage aux affaires pour essayer, au profit de mon pays, une opération semblable, je suis tenté de répondre qu'on a raison. Je n'ai pas osé ; j'ai reculé devant une effrayante responsabilité. J'admire M. Magliani d'avoir passé outre. Son exemple m'attire, depuis que je ne suis plus au pouvoir. Si j'y revenais, je ne l'imiterais pas. L'Italie est jeune, ardente ; le succès a jusqu'ici donné raison à ses témérités : elle a confiance. L'Autriche est une vieille nation ; c'est à la sagesse et non à l'audace qu'elle demande son relèvement. Éprouvée par les plus cruels désastres, elle ne veut plus rien risquer. Les erreurs, les échecs sont permis aux peuples jeunes, et non aux vieux peuples. Nous attendrons pour abolir le cours forcé de notre petit papier d'État que nos finances soient assez rétablies pour que ce papier vienne naturellement au pair. Nous attendrons longtemps peut-être ; mais nous n'accroîtrons pas la dette publique par simple gloriole. Avant de songer à des emprunts semblables, nous devons achever notre œuvre civilisatrice dans les Balkans, terminer l'assimilation de la Bosnie et de l'Herzégovine. Cela nous coûte cher ; mais nous arriverons.

— Les Italiens, dis-je, ne pardonnent pas à l'Autriche son extension en Orient, et vous savez ce qu'ils demandent en échange.

— Je le sais, dit-il, mais nous ne le donnerons jamais, Trieste, du moins. Car pour Trente, il y aura peut-être moyen de s'entendre un jour, dans bien longtemps. Mais Trieste ne dépend pas entièrement de l'Autriche. Trieste est, sur la Méditerranée, le débouché des chemins de fer du centre de l'Europe. L'Allemagne du nord et celle du midi ne consentiront jamais à devenir tributaires de la douane italienne. Nul ne doit l'ignorer en Italie.

— Le gouvernement ne garde aucune illusion, repris-je : mais l'instinct populaire continue la tradition de haine à l'Autriche. Les démagogues, qui jusqu'ici, ont été les seuls conducteurs de l'Italie, posent la question. Vous connaissez l'histoire de l'unité italienne ; vous savez ce qu'on appelle là-bas poser une question : c'est créer une agitation de presse, couvrir les murs d'inscriptions, attaquer les ambassades et les consulats, constituer des cercles révolutionnaires, organiser des manifestations publiques. Le procédé a toujours réussi à l'Italie : c'est ainsi qu'elle a gagné la Lombardie, la Vénétie, Florence, Parme, Naples, la Sicile, et enfin Rome. Les meneurs croient dans l'infaillibilité de la méthode. On invoque le principe des nationalités; on portera au prochain congrès la question de Trente et de Trieste; on profitera de la première bagarre européenne, et on ne met pas en doute le succès final. En Italie, « question posée, terre gagnée. »

M. le baron Pretis se départit alors un peu de son calme.

— La question ne peut se discuter au point de vue de l'intérêt triestin. L'annexion à l'Italie deviendrait la ruine immédiate de Trieste. A l'heure actuelle, notre commerce surpasse notablement celui de Gênes. Donnez Trieste à l'Italie, Trieste tombe au rang de Venise, sinon à un rang inférieur. Imaginez-vous un port entouré, à quelques kilomètres de distance, d'une ceinture de douane? Le trafic italien n'ira jamais à Trieste; le trafic oriental et le tarif allemand s'en détourneront, dès que Trieste ne sera plus à nous. Nous saurons bien contourner le rivage triestin : nous dépenserons ce qu'il faut pour établir un grand port à Fiume, et si Fiume ne suffit pas, nous irons en Illyrie, à Zara ou ailleurs. Mais nous aurons un port sur l'Adriatique. L'Italie convoite donc Trieste pour la détruire. Trieste comprend bien son intérêt. Ne croyez pas aux fables qui représentent le peuple triestin comme dévoué à l'Italie. Il y a ici, comme partout, une poignée d'agitateurs soudoyés, qui font un tapage infernal, qui embrigadent le petit commerce, la petite bourgeoisie, et parviennent à se faufiler dans le conseil communal, en spéculant sur la bêtise et l'instinct révolutionnaire des demi-lettrés. Je connais ces agitateurs ; je sais qui les paie, et je surveille l'œuvre des consuls italiens. Cependant, malgré toute ma vigilance, je n'ai pu empêcher l'attentat...

Ici le visage du baron Pretis s'assombrit.

— Mais tout le grand commerce triestin est à nous; tout le peuple aussi. Trieste est composée de trois éléments : la grosse bourgeoisie, celle qui tient en mains les affaires, celle qui règne à Trieste, appartient à l'Autriche et parle allemand. Le peuple qui travaille, celui qui cultive la terre, qui se livre à la pêche côtière, qui fait le service du port, appartient à l'élément slovène; il parle une langue spéciale, très pittoresque, un dialecte slave. Les commerçants de détail, les perruquiers, les cabaretiers, les épiciers sont d'origine ou de nationalité italienne et parlent italien. On invoque le principe des nationalités au profit de l'Italie, c'est-à-dire au profit de cette minorité, la moins estimable de notre population. De quel droit? on parle ici trois langues : à laquelle appliquerez-vous le principe des nationalités? Trieste a été, dit-on, une colonie vénitienne. Mais Venise a semé ses colonies sur tout le littoral méditerranéen. Les Vénitiens sont venus ici en marchands, en conquérants, si vous voulez; ils s'en sont allés et Trieste est redevenue libre. Quel droit cela confère-t-il au roi de Piémont sur notre territoire? Mais laissons la question de droit : reste la question de fait. Trieste est un port autrichien, allemand. Tant qu'une Autriche et une Allemagne subsisteront, Trieste demeurera un port allemand. Dites-le à tous les Italiens que vous rencontrerez. »

En achevant cette intéressante conversation, M. le

baron Pretis me chargea de ses compliments pour M. le comte de Chambord, dont la résidence à Goritz, la villa Bœkmann, est la propriété d'une sœur du statthalter.

Le lendemain, mardi gras, je parcourus la dernière étape d'un carnaval nomade, commencé à Rome, continué à Venise, achevé à Trieste. Dans la voiture de M. de B., nous participâmes à la bataille des bonbons et des fleurs. L'aristocratie triestine exhibait ses plus beaux équipages et ses plus riches livrées. Le Corso de Trieste, vaste boulevard bordé de palais somptueux, ressemble plus au *Ring* de Vienne qu'au Corso de Rome. La fête s'étend jusqu'aux jardins publics, qui s'allongent en dominant l'Adriatique. Nous prenons un instant de repos dans les ateliers du Lloyd autrichien, dont le directeur nous fait les honneurs: chantiers superbes où l'on construit toute une flotte. En face, à peu de distance, Pola, le chantier militaire de l'Autriche, le port d'où sont partis les vainqueurs de Lissa. On ne le rendra pas à l'Italie.

Le soir même, je prends le train de Goritz. Je donne en passant dans la nuit un souvenir à ces montagnes arides et désolées que la voie escalade à partir de Nabresina, point de jonction entre la ligne du littoral et la ligne de Vienne. Entre Nabresina et Goritz se trouve le désert de Montefalcone, où Anne Radcliff, si je ne me trompe, plaça l'un de ses châteaux pleins de frissons, de mystère et d'horreurs. Le site répond à merveille à la sombre imagination de la romancière.

A Goritz, je retrouve tout d'abord l'aimable patron de l'hôtel *Brandt* ou *de la Poste*, qui n'a pas oublié mon premier séjour de janvier 1880, et me rend la chambre que j'occupais jadis. Ce qu'il y a de meilleur dans l'hôtel Brandt, ce ne sont ni les lits, ni la table, c'est le patron. Sa paternelle loquacité supplée au reste. D'ailleurs, je viens d'Italie. Ce qui m'avait paru horrible en 1880 me semble presque convenable en 1883. J'ai désappris le confort. Il n'est pas jusqu'aux mets autrichiens, servis dans une salle de restaurant enfumée par trente ou quarante pipes d'officiers et parfumée de bière, qui ne trouvent grâce, cette fois, devant mon palais accoutumé aux macaronis et aux *fritture miste* de la Ville éternelle.

Rien n'est changé à Goritz. J'y retrouve le froid pénétrant et intense que j'y avais laissé trois ans auparavant. Seulement alors, c'était un froid sec, à présent, c'est un froid humide. Je regrette mon froid d'autrefois. Toujours conciliant, l'hôtelier veut bien m'avertir que la température est tout à fait exceptionnelle, et que le climat de la « Nice autrichienne » n'a pas démérité sa réputation de tiédeur. Je connais les bises rudes et glacées de la Nice française et je concède au patriote hôtelier la ressemblance entre ces deux stations si bien dites hivernales, parce que l'hiver en a fait son séjour de prédilection. J'ai d'ailleurs l'expérience de ces « températures exceptionnelles » et je ne crois plus aux chauds hivers, ailleurs qu'à Paris, à Londres ou à Saint-Pétersbourg. Quand on découvrira le pôle, on y trouvera sans doute la perfection des hivers décrits par les guides.

Sous la serviette qui sert de drap de lit, sous l'étroit édredon, à l'équilibre perpétuellement instable, qui alterne les effluves de sa chaleur entre le parquet de la chambre et le corps humain auquel il est destiné, je rêve au temps passé. Je me crois revenu trois ans en arrière, à ma première visite au comte de Chambord. Je revois le prince, non fatigué et maigri comme je l'ai vu à Frohsdorff en 1881, mais jeune et florissant, tel qu'il m'apparut la première fois, tel que les portraits qu'il aimait à distribuer le représentent. Je souris à son gracieux sourire : j'écoute avidement ses paroles d'espérance, je les crois ; je m'attends à l'avoir pour compagnon de voyage dans une rentrée triomphale à Paris ! — L'édredon tombe ; le froid m'envahit ; le songe délicieux s'évanouit. Je pense qu'il y a déjà trois ans ! que depuis j'ai entendu à Frohsdord le même langage, que j'ai revu le même prince déjà vieilli, que j'ai quitté la France et que le roi n'y règne pas encore... L'édredon est rétabli en sa place, le rêve revient avec la chaleur du sommeil. — Le roi monte à cheval ; il est aux portes de sa capitale. Une députation dont je reconnais les membres, pour les avoir vus siéger au centre du Sénat et de la Chambre lui offre les clefs de la bonne ville de Paris. M. de Marcère tient en main un attelage de superbes chevaux blancs, M. Léon Renault agite des drapeaux blancs, le général X... encore tout couvert de sueur et de poudre, mais portant le bâton de maréchal, commande l'escorte des gardes du corps : le vieux comte Ducros présente à Henri V les préfets du royaume et murmure le *Nunc dimittis, Domine, servum tuum...* Nouvelle chute de l'édredon, nouvel accès de froid... Merci, capricieux édredon : ces rêves sont insupportables. Ne pourrai-je dormir tranquille ;

comme font tant de conservateurs et de royalistes français, dans de bons lits bien chauds, la tête appuyée sur le mol oreiller du scepticisme, dont parle Montaigne ?

Le jour se lève tard. Après avoir reçu les cendres, dans la petite cathédrale, des mains d'une chanoine mitré, je prends en grelottant, le chemin bien connu de la villa Bœkmann, triste et maussade résidence, aimée de madame la comtesse de Chambord, où le roi de France loge en garni. Six mois plus tard, Goritz, la villa Bœkmann, le couvent de Castagnavizza devaient acquérir une lugubre célébrité. Il n'est pas de reporter parisien qui n'ait décrit tout cela mieux que je ne saurais faire.

M. le marquis de Foresta m'accueille au château. Déjà le même gentilhomme m'avait présenté au comte de Chambord, la première fois que j'eus l'honneur de le voir. Décidément, rien n'est changé. Trois années ont passé sur M. le marquis de Foresta sans atteindre sa verte vieillesse. Je retrouve intact son esprit charmant et profond, toujours égale son humeur bienveillante, toujours exquise sa courtoisie. Il m'apprend une triste nouvelle. Le prince est souffrant ; il ne peut recevoir aucune visite, étant condamné à l'aphonie. M. le comte de Chambord est sujet aux maux de gorge. On redoutait une esquinancie ; mais la convalescence approche. Mon audience est remise au lendemain. Madame souffre également d'un accès de maladie de cœur. La santé de madame inquiète beaucoup le marquis de Foresta, heureusement l'indisposition du prince est passagère !...

J'ai connu en 1880 à Vienne et à Frohsdorff le second gentilhomme de service, le jeune vicomte de la Bouillerie, neveu de M. le comte Joseph de la Bouillerie, ancien ministre, et président de l'OEuvre admirable des Cercles ouvriers. Alors le vicomte de la Bouillerie, à peine échappé du collège, était admis pour la première fois en présence du roi. Nous assistâmes ensemble à une représentation des *Meistersinger* de Wagner, à l'opéra de Vienne : et il goûtait médiocrement l'œuvre du maître, tandis que M. Henri de la Bouillerie, son aimable et regretté père, y prenait un plaisir extrême ! Tous ces souvenirs des jours heureux nous reviennent, dans la mansarde que l'exiguïté de la résidence assigne au plus jeune des secrétaires du roi. Les mots si français, si parisiens du comte de Chambord, qu'il entendait alors pour la première fois à Frohsdorff, sont restés dans sa mémoire. Nous les redisons, et nous rions... Le service du jeune secrétaire est un peu rude. Dès cinq ou six heures du matin, au plus tard, il doit aider le prince dans son effrayant labeur quotidien, et souvent les salons fort hospitaliers de Goritz le retiennent jusqu'à trois ou quatre heures de la nuit.

Du reste, il apporte à ses fonctions le zèle ardent, la joie empressée, la bonne humeur que le comte de Chambord répand autour de lui, qui émanent, pour ainsi dire, de sa personne. Nul maître ne fut entouré de meilleurs serviteurs. Depuis les grands seigneurs représentants directs du roi, jusqu'au dernier valet, issu de cette tribu domestique dont les ancêtres remontent à Charles X et qui a multiplié dans l'exil, il y a unanimité dans le respect, dans l'admiration et dans l'amour. Et aussi, à côté du comte de Chambord, il n'y a que de braves gens. En sa présence, un mauvais sentiment, une pensée basse, un mensonge sont choses invraisemblables, impossibles. Aucune conscience ne serait assez perverse, assez endurcie pour n'en pas avoir horreur. Le regard perçant et doux de cet œil bleu traverse les âmes et les épure. Un traître, un serviteur infidèle, n'en pourraient tolérer l'éclat. Les ancêtres du prince guérissaient les écrouelles par leur simple contact ; Henri de France guérissait les plaies et les vices de l'âme.

Le lendemain, à l'heure dite, je serre la main du prince bien-aimé. Eh ! sans doute, quand il n'aurait pas été tel, il eût fallu encore le respecter et s'incliner devant lui, parce qu'il était le roi, le roi indiscutable, le vrai roi d'origine sans tache. Mais, je l'avoue, on m'en a fait un reproche, en lui j'aimais encore mieux sa personne que je ne respectais le roi. Avant de le connaître, j'étais devenu, par la force des principes immaculés qu'il représentait, royaliste de raison. Dès que je le connus, je devins royaliste de passion. On a dit le mot : Je devins Chambordiste. Je le suis encore à un tel point, c'est une faiblesse, c'est une pauvre marque d'esprit politique, je le sais et je le confesse : mais enfin, je suis resté Chambordiste au point de me réjouir, à présent que je me suis séparé du parti royaliste, de n'avoir plus d'autre prince à aimer. Tel n'est assurément pas le motif qui a dicté ma détermination, mais, une fois la détermination prise, cette pensée qu'en reprenant ma liberté politique, je resterais plus fidèle à la mémoire du comte de Chambord, que je ne servirais plus de maître après lui, a supprimé toute l'amertume de la séparation résolue et m'a causé une joie intime. Chacun de nous, après cent ans de révolution, n'a-t-il pas le droit de choisir son maître, et si aucun d'eux ne convient, de n'en servir aucun?

Après le premier élan de joie et de tendresse, je regardai le comte de Chambord, et mon cœur se serra. Il avait gardé son mâle et beau visage; ses yeux brillaient encore de l'inoubliable flamme d'azur; mais une ombre, une ombre fatale enveloppait tout son être.

Cette ombre, je la connais, hélas! Je l'ai vue jadis, répandue autour d'autres êtres qui m'étaient chers: je l'ai vue planer sur des têtes bien-aimées, avant que personne l'aperçût, et la devinât. Grâce à sa révélation mystérieuse, j'ai souvent versé des larmes sur des êtres qui me semblaient pleins de vie, et jamais ces larmes n'ont été inutiles. Par elle j'ai prévu, sans avoir le courage de m'y préparer, bien des séparations douloureuses, bien des deuils dont on ne guérit pas. Hélas! hélas! elle ne m'a jamais trompé, et ce triste privilège, que Dieu m'a donné de la percevoir, n'a servi qu'à augmenter ma douleur, à me donner longtemps, trop longtemps d'avance, l'aiguillon de l'inquiétude, sans m'épargner ensuite la cuisante morsure du regret. Médecin, j'aurais connu la vanité de la médecine, et l'inutilité de la science contre les arrêts divins.

On m'avait dit le comte de Chambord indisposé!... On m'avait dit aussi que les indispositions avaient une prise extraordinaire sur son tempérament robuste, que le plus léger accident le faisait souffrir plus qu'un homme d'une force commune. Je trouvai, en effet ses traits décomposés, tout son corps affaissé. Mais surtout, l'Ombre était là.

En 1880, la première fois que je vis le Prince, son air, son allure, sa physionomie étaient d'un homme de quarante ans; je le revis en 1881, après une année passée à Marienbad, il portait déjà son âge vrai, soixante ans. Cette fois, dix-huit mois après, c'était un vieillard de soixante-dix ans; mais ce qui me frappa, ce ne fut ni son air souffrant, ni l'altération de son visage, ni la décroissance visible de ses forces; ce fut la présence de l'Ombre.

J'essayai de me tromper moi-même. J'attribuai d'abord ce changement notable de ses manières à un léger mécontentement que le Prince pouvait garder de certains articles de la *Civilisation* ou du *Gaulois* qui, je le savais, lui avaient déplu. Mais non, s'il m'admettait en sa présence, c'est qu'il m'avait pardonné; c'est qu'il avait reconnu, même dans ce qui lui avait paru un écart de discipline, la sincérité d'un zèle ardent. Il ne ressembla jamais à ces maîtres vétilleux qui recherchent les occasions de blâme, et nourrissent les sujets de mécontentement ou de rancune. Il ne fut jamais le directeur minutieux et jaloux de son parti. Les détails frappaient sa merveilleuse intelligence, sans jamais l'aveugler sur l'ensemble. Vif en ses emportements, prompt en ses impatiences, il posséda au suprême degré dans ses jugements définitifs sur les hommes et les choses cette justice sereine, bienveillante, aimante et aimable, qui est la plus haute vertu des rois, ces représentants de Dieu. Il payait d'une magnanime réciprocité toute affection sincère. Il ne tolérait ni les conseils pédants, ni les adjurations irrespectueuses et importunes ; plusieurs députés à l'Assemblée nationale apprirent à leurs dépens en 1873 que la souveraineté qu'ils tenaient du hasard des suffrages ne pouvait prétendre à aucune comparaison avec celle de l'élu de Dieu. Mais jamais il ne conserva une rancune. Jamais l'ombre d'un ressentiment n'altéra sa bonne grâce souveraine. Jamais il ne se crut atteint par un oubli du respect ou par la témérité d'un excès de zèle. Il tolérait la vérité dite avec déférence ; il faisait justice de l'erreur avec une majesté et une bonté royales.

Non, si je trouvais le Prince changé, ce n'était pas parce qu'il voulait l'être, c'est parce qu'il l'était, et à son insu.

Je me trouvais devant lui dans ce même petit salon, de la villa Bœkmann, où j'avais eu le bonheur de lui présenter mon premier hommage.

Que d'ardeur alors et de jovialité dans sa conversation ! Déjà il marquait l'impatience de régner. Cette fois, il m'en parut dévoré jusqu'à mourir et l'entretien, ce jour-là, fut triste. Devinait-il lui-même la présence de l'Ombre ? Comprenait-il qu'il devait se hâter, s'il voulait accomplir la destinée ? Je ne crois pas qu'il eût encore le sentiment de sa mort prochaine ; mais il sentait la vieillesse peser chaque jour davantage sur sa tête. Quand la mission commencerait-elle ? Quand la Providence justifierait-elle le miracle de la naissance ?

Les événements se succédaient : tout se simplifiait en France. Dieu retirait tour à tour chacun des expédients dont la séduction pouvait tenter encore un pays affolé par cent ans de révolution. La démarche de 1873 supprimait la compétition orléaniste ; le drame du Zululand supprimait la compétition impérialiste ; la mort récente de Gambetta semblait supprimer toute ombre d'autorité, toute chance d'ordre dans la République. Entre l'anarchie la plus impure et la monarchie la plus pure, la France avait le choix, et le choix ne pouvait être longtemps douteux.

La loi qui chassait de l'armée les princes d'Orléans n'était-elle pas une occasion d'intervenir ? Peut-être, mais comment ?

Il y avait quelque chose à faire. Quoi ? En réfléchissant ainsi, en exprimant ses ardeurs et ses doutes, M. le comte de Chambord avait la fièvre.

— « J'ai dit que « l'heure est à Dieu » J'ai dit cent fois que l'heure venue, je serais prêt. Il me semble bien que l'heure approche, que les premiers coups tintent à mon oreille, et je suis prêt. Il y a deux ans, les royalistes m'ont offert leur argent et leur contribution de guerre ; je l'ai fidèlement réservée ; et l'emploi des fonds est réglé pour le moment décisif. Mes chefs de comité ont leurs instructions. Je ne suis pas sans avoir dans l'armée les relations nécessaires. »

Ici, M. le comte de Chambord fit allusion au général X... mais il venait de se démettre des fonctions où il pouvait rendre service !...

— « Oui, je suis prêt. La distance n'est rien, le danger non plus. Mais l'occasion ? Faut-il aller me livrer sans motif aux gendarmes de la République. L'anarchie gagne ; mais la légalité reste. Les papiers de la République sont toujours en règle, et le seront toujours. La guerre civile ? Elle ne viendra pas : La France, accoutumée à toutes les tyrannies d'aventures, n'en est plus même capable. Pour qu'elle osât faire et combattre la Commune, il a fallu la secousse guerrière de 1871, des catastrophes inouïes, une invasion de la moitié du territoire, des levées en masse... A présent, elle subira tout.. Et moi, que puis-je?

» On m'envoie chaque matin de tous les points de la France des projets, des plans, des conseils. Est-il un seul de mes correspondants qui soit disposé à prendre la responsabilité du moindre commencement d'exécution?

» La responsabilité! J'ai la responsabilité de mon peuple, de son avenir, de sa fortune publique. Cette responsabilité si lourde, Dieu le sait, je veux la porter tout entière : je ne la repousse pas, je ne la redoute pas. Mais c'est parce que cette reponsabilité pèse sur moi, que j'en comprends l'étendue et la gravité, que je ne puis compromettre l'avenir de la France dans une échauffourée. Ce n'est même pas à Culloden qu'on veut m'envoyer; c'est à Boulogne, c'est à Strasbourg. Un Bonaparte peut oser cela ; il n'a pas dans ses veines le sang de cinquante générations royales ; il ne s'appelle pas France!

» Dites-moi, vous, dites-moi, si vous oseriez me dire en face : allez, risquez tout, risquez la monarchie future dans une aventure, dans une échauffourée : mettez le salut de la France à la discrétion d'un commissaire de police. Jouez au hasard la fortune publique, la monarchie dix fois séculaire ; remettez à une chance quelconque le dépôt sacré que vous portez avec vous! »

J'inclinai la tête. Le comte de Chambord avait

raison. Jamais je ne l'avais vu si triste, si animé, si anxieux.

J'écrivis ce soir-là au *Gaulois* une relation très générale de mon entrevue. Je faisais allusion à cette anxiété du prince, à cette intelligence si claire de l'étendue de ses devoirs, et aussi à l'inanité des mille projets qu'on lui soumettait. Je disais aussi que le comte de Chambord se livrait au travail le plus sérieux, pour préparer les moyens, pour ouvrir les voies, et c'était la vérité.

A peine rentré à Rome, je trouvais une lettre de M. le marquis de Foresta m'exprimant la pleine satisfaction du Prince pour la fidèle interprétation que j'avais donnée à sa pensée.

Mais j'emportais de Goritz une profonde douleur. Les lettres que j'ai écrites alors à mes plus intimes amis de France ont dû les préparer aux nouvelles qui suivirent. Je jugeais notre bien-aimé roi voué à la mort, à la mort la plus cruelle pour lui, à la mort en exil.

Il ne retrouva jamais plus la santé. Il eut encore la force de retourner à Frohsdorf, et puis l'Ombre prit sa proie. Né sous la protection de saint Michel, patron de la France, il fut accueilli au ciel par son aïeul saint Louis.

Pour la dernière fois, j'avais pressé cette main auguste et forte, communiqué avec cet esprit charmant et puissant, savouré le contact de cette âme de héros et de saint. Dès lors, je portai son deuil, le deuil de la France espérée, de la France rêvée, de la France entrevue. J'avais rendu le dernier hommage au pieux agonisant.

Je ne l'ai pas vu aux affres de la mort; alors qu'il

avait déjà renoncé à la royauté d'ici-bas; et qu'il appartenait tout entier au ciel. Je l'ai vu dans son angoisse, je l'ai vu dans le doute terrible qui acheva sa séparation du monde. Je l'ai vu consumant le reste de ses forces à l'accomplissement de ce que nous croyions tous sa mission providentielle, sa destinée réglée par un arrêt d'en haut. Je l'ai vu, dans cette entrevue dernière, prendre corps à corps la fatalité qui stérilisait sa vie, et la secouer pour la briser. Après, vaincu par l'effort, il languit et mourut.

Je me félicite de n'avoir pas assisté dans ce même Goritz à ses funérailles. Cet hôtel *Brandt* n'a pas été profané sous mes yeux par l'intrigue et la courtisanerie infidèle : je n'ai pas vu la villa Bœkmann envahie par les réunions ambitieuses; je n'ai pas entendu l'anarchie des paroles confuses résonner dans ces salles où retentissait jadis sa belle voix grave et limpide. Tristes funérailles, indignes de lui, indignes de la France !

Tant qu'il vécut, il avait écarté loin de sa personne les misérables intrigues. Elles ont pris leur revanche sur sa tombe.

Du moins, sa fidèle compagne l'avait défendu de son mieux. Elle veillait sur l'honneur posthume de son époux, comme elle avait veillé sur son agonie.

Elle aussi, elle est morte à la peine, et elle est allée, moins de trois ans après, partager avec lui le paradis des âmes fières et pures; et sa dépouille repose à Castagnavizza, dans l'humble Saint-Denis de l'exil, auprès de ceux qui crurent et espérèrent dans la monarchie française.

Ils dorment là-bas dans les plis du drapeau blanc,

ensevelis dans une gloire de dix siècles. Les Français qui les ont compris et aimés gardent au cœur le deuil sans fin. Car sur cette tombe de roi, on a pu crier : Le roi est mort ! Mais c'est par une parodie sacrilège qu'on a osé ajouter le vieux cri français : Vive le roi ! Car le roi de France est mort sans héritier. La dynastie est close avec la pierre du tombeau de Goritz. L'arbre est mort et les rejetons qui survivent sont adultérés.

Avec Henri-Dieudonné de Bourbon, *finis regni*, mais non pas *finis Galliæ*! Dieu le veuille !

Depuis un siècle, la France travaille au laborieux enfantement d'un régime nouveau. Si Dieu avait permis qu'elle se perpétuât dans la monarchie chrétienne, il n'eût pas sitôt rappelé à lui Henri V. S'il nous l'a retiré, c'est qu'il nous réserve à d'autres destinées : mais la France est restée et reste quand même la nation chrétienne. Le sergent du Christ n'est plus : les soldats du Christ sont encore debout.

CHAPITRE ONZIÈME

DE MILAN A LUCERNE. — M. LE COMTE DE PARIS

SOMMAIRE

A la gare de Milan. — Un compagnon de voyage inattendu. — Les tunnels à vis. — Le dernier des Abencerrages. — La monarchie française et le Saint-Siège. — Déjeuner à Goschenen. — Situation gênante. — Les inconvénients de l'*incognito*. — Un diplomate perspicace. — La monarchie chrétienne. — L'aile droite. — Le prince Jérôme. — L'Université. — Les ordres religieux. — Pas de manifeste. — Conséquences de l'exil. — Le démenti adressé au *Matin*.

Mai 1884.

Dans ma prison, j'avais contracté de grandes dettes de reconnaissance. Quelques semaines après ma délivrance, je résolus d'en acquitter quelques-unes du mieux que je pus.

En Hollande, le chanoine Brouwers nous avait défendus contre une véritable conspiration de calomnies. En Belgique, des amis fidèles nous avaient assistés et réconfortés dans de dures épreuves. Dans le Nord, à Lille, on m'avait donné de précieux témoignages de solidarité chrétienne.

Puis, j'avais besoin de repos et de mouvement, soif d'air libre.

Je me rendis directement à Bruxelles par le Saint-Gothard, ne prenant de repos qu'à Lucerne.

Le matin, à la gare de Milan, au moment de monter dans le *sleeping car*, je me trouve sur le quai à côté d'un voyageur de haute taille qui me tournait le dos, attendant aussi l'heure de l'embarquement. Je n'y prenais pas garde, lorsqu'il me montre son visage. Je le reconnais, je salue : — « Eh bien ! me dit-il, le prisonnier est donc libre ! »

— Vous le voyez, Monseigneur, il use de la liberté.

La cloche du départ sonne. Nous prenons place à la hâte dans nos compartiments respectifs de la même voiture.

M. le comte de Paris, revenant de la chasse en Styrie, voyageait seul, *incognito*, avec un valet de chambre.

Je partageais mon compartiment avec un vieux général anglais, très aimable et très loquace, le général K..., ancien attaché militaire de son ambassade à Paris. Il revenait d'une mission en Crimée et en Perse. A Bellinzona, six ou huit minutes d'arrêt. M. le comte de Paris daigne m'avertir que nous déjeunerions tard à Goschenen et me conseille de suivre son exemple en prenant une tasse de café. Je relate ces menus faits, parce qu'aucune parole, aucun acte des princes ne sont indifférents aux simples mortels, et M. le comte de Paris a soulevé en ces derniers temps de tels enthousiasmes, le grand reportage international a si fidèlement rapporté aux deux mondes les plus minimes détails de son existence que, moi aussi, je veux apporter mon contingent à l'histoire contemporaine. Le chef de la maison de France paya donc sa tasse de café au lait quatre-vingt centimes, avec dix centimes pour le garçon, et nous remontâmes en wagon.

A partir de Bellinzona, les beaux lacs de Côme et de Lugano sont passés, mais l'ascension commence dans la haute montagne.

Après quelques minutes, le prince daigna se présenter à la porte ouverte de notre compartiment. Il tenait à la main un paquet de journaux. « Tenez, me dit-il, voilà tous les journaux de France. » Puis, comme je me confondais en justes remerciements, il nous demanda, avec une bonne grâce parfaite, la permission de s'asseoir à côté de nous. Alors le prince et le général K. se reconnurent. Le général avait été présenté au comte de Paris, à Twickenham, je crois, ou à Londres, lorsque le prince était tout enfant. Monseigneur parle l'anglais avec une aisance toute britannique. Je ne pus prendre qu'une part fort secondaire à la conversation qui suivit leur reconnaissance mutuelle. Mais elle dura peu; et bientôt l'entretien devint général entre nous trois.

M. le comte de Paris suivait, pour la première fois, la nouvelle route du Gothard. Il l'avait traversée jadis, avant la fin de son premier exil, moitié à pied, moitié en diligence. Il nous demanda la permission de se faire notre guide, et jamais on ne vit cicérone plus complaisant, plus érudit. Il avait entendu parler de ces tunnels à vis, que les ingénieurs suisses et allemands ont imaginés pour l'ascension et la descente de la montagne. L'employé du *sleeping* ignorait l'honneur qu'il avait de conduire un si illustre prince, et il l'appelait : « Monsieur ». Monseigneur le pria de nous indiquer les premiers tunnels à vis que nous devions rencontrer, et bientôt nous y arrivions.

Alors nous sortîmes tous trois sur la plateforme, et c'était merveille de suivre, tantôt dans les entrailles de la montagne, tantôt à découvert, cette route où l'art des ingénieurs se montre aussi étonnant que la splendide horreur de la nature. Il n'était pas encore question de politique entre nous. Nous devisions gaiement des points de vue si divers que chaque lacet de la route nous montrait. Comme nous bravions la fumée sous les longs tunnels, nos trois visages se teignaient insensiblement d'une épaisse couche de suie. Je dois dire que celui de M. le comte de Paris n'était pas épargné et que, sans distinction de rang social, on nous eût pris plutôt pour trois entrepreneurs de ramonage se rendant de Piémont en France par la Maurienne que pour des touristes de condition fort diverse, mais tous trois étrangers à la fumisterie. O vanité des vanités ! La majesté naturelle du prince, la figure martiale du vieux général disparaissaient à vue d'œil sous l'effort de la cheminée de la locomotive. Quant à moi, je ne me voyais pas... mais je ressemblais sans aucun doute à l'acteur Dupuis dans l'amusante pièce des *Charbonniers*.

Parfois, le lorgnon du prince s'obscurcissait au point qu'il devenait pareil à ces verres noirs qui garantissent la vue des Romains ou des Napolitains contre l'ardeur du soleil, ou mieux encore à ces vitres enfumées qui servent à contempler les éclipses de soleil. Alors M. le comte de Paris prenait délicatement un peu de salive dans sa bouche et frottait les verres du bout de son doigt. Souvent aussi il appliquait le même procédé à son visage, et il s'ensuivait d'étranges rayures blanches ou roses sur fond noir, qui rappelaient à s'y méprendre le tatouage des héros de M. de Chateaubriand. Au lieu du premier des Bourbons d'Orléans, j'avais sous les yeux l'image exacte du dernier des Abencerrages.

Encore une fois, je demande pardon à mes lecteurs de ces minutieux détails. Ils donnent seulement une idée de la simplicité et de la charmante bonhomie de l'excellent prince.

Assurément, je ne crois pas que jamais M. le comte de Chambord eût laissé voir devant les plus intimes de ses amis une si familière absence de coquetterie. Mais chacun sait que M. le comte de Chambord représentait la monarchie traditionnelle sous la forme du passé. M. le comte de Paris nous a dit, au contraire, qu'il représente la monarchie traditionnelle sous sa forme moderne. Les courtisans disaient de Louis XIV qu'il gardait la majesté d'un roi en jouant au billard. Je ne sais si M. Grévy prend le souci de ressembler à Louis XIV quand il se livre au même exercice. Mais M. le comte de Paris ne manque pas non plus de courtisans, et leurs yeux, sans doute, eussent deviné en lui, sous ce masque de mineur, un fils de France. Mais j'ai le malheur d'être né impropre au métier de courtisan et de garder mes yeux naturels, même en face des plus augustes personnages.

La politique n'eut qu'une part secondaire dans cette première partie de la journée.

Je me permis de demander à M. le comte de Paris, au risque de n'obtenir pas de réponse si la question semblait indiscrète, quel personnage mystérieux, descendu à l'hôtel de Rome, à la fin de septembre 82, sous le nom de comte de Villers, avait été alors reçu par Sa Sainteté avec les honneurs princiers.

— C'est moi, répondit le prince.

— Oserai-je alors m'informer pourquoi Monseigneur a cru devoir se cacher sous un pseudonyme et laisser la presse s'égarer sur de fausses pistes? Monseigneur voyait-il quelque inconvénient à ce que la nouvelle de cette audience fût publique?

— Il m'est arrivé quelquefois de passer par Rome, me rendant en Sicile chez mon oncle Aumale. Si les journaux signalent mon voyage, je ne m'y arrête pas. Je prends à la gare de Rome le train de Naples correspondant à celui qui m'a amené. En 1882, je me suis arrêté, parce que la Cour d'Italie résidait à Monza. J'étais alors libre de rendre visite au Pape, sans être astreint à me rendre au Quirinal. Mais j'ai pris un pseudonyme pour échapper à certaines relations auxquelles je n'aurais pu me soustraire, et aussi pour laisser à mon entrevue avec le Saint-Père un caractère absolument privé. Alors je n'étais pas encore le chef de la maison de France et aucune démarche politique ne m'était permise. »

Je rapporte aussi exactement que possible le sens de ces entretiens, échangés en wagon, dans les loisirs d'une longue journée de voyage. Je ne puis en garantir absolument le texte. Une dénégation fameuse que le prince a cru devoir opposer à un souvenir publié dans le *Matin* de ma première entrevue avec le prince, au château d'Eu, rend cette précaution nécessaire afin de lui épargner une nouvelle peine. Si je me permets enfin de relater les points les plus intéressants de cette longue conversation, c'est parce que M. le comte de Paris, causant avec M. de Blowitz, correspondant du *Times*, le jour où la Chambre votait la loi d'exil, a reconnu lui-même que les conversations politiques des princes avec les journalistes ne peuvent recevoir un caractère strictement confidentiel, et qu'un prince, même dans un entretien privé, ne doit jamais avoir rien à dissimuler de son âme et de ses sentiments. Il est donc bien entendu que les discours suivants sont composés par moi suivant la méthode des anciens historiens, qui rapportaient fidèlement le fond des harangues, mais les arrangeaient à leur manière. La sténographie n'était pas encore inventée de leur temps, et à moi, dans un wagon, elle ne m'eût été d'aucun usage.

M. le comte de Paris reconnut que Léon XIII lui avait fait l'accueil le plus cordial, le plus empressé, un accueil de père. Mais naturellement il s'abstint de me donner aucun détail sur les paroles du Souverain Pontife et sur les siennes.

Je me permis encore d'interroger le prince sur ses idées relatives au dénouement de la question romaine.

M. le comte de Paris ne me parut pas avoir spécialement étudié un problème si délicat et si difficile. Les questions qu'il m'adressa sur la situation respective des deux souverains résidant à Rome me prouvèrent qu'il n'était pas, mieux que le vulgaire, informé des effroyables difficultés créées au Saint-Siège par l'occupation de 1870. Surtout, il ne me parut pas avoir fixé nettement la politique qu'il se proposerait de suivre, à l'égard du Saint-Siège et de l'Italie, s'il montait un jour sur le trône de France.

Je me hasardai de dire :

— Le rétablissement de la monarchie traditionnelle en France affranchirait le Pape *ipso facto*, non pas tout de suite peut-être au point de vue temporel, mais à coup sûr au point de vue spirituel. En effet, les réclamations sans cesse renouvelées par Léon XIII comme par Pie IX trouveraient aussitôt à Paris un écho, un appui, une sanction qui leur a manqué jusqu'ici. Un diplomate espagnol, au lendemain de la protestation du Pape contre la mise à l'encan des biens de la Propagande, me disait tristement : « Qu'y pouvons-nous ? » Nous ne sommes pas assez forts pour intervenir isolé- » ment; tant que la République restera en France aux » mains des démocrates athées, ou tant que la France » ne sera pas en monarchie, nous sommes condamnés » à ne répondre au Saint-Siège que par de bonnes » paroles. La France manque à l'Église; son appui » manque à notre roi très catholique pour la protection » efficace de l'Église. »

M. le comte de Paris se dégagea par une réponse évasive. Suivant lui, autant qu'il m'a semblé, le point essentiel serait de ne pas effrayer l'Italie sur les conséquences directes ou indirectes d'une restauration en France, de ne pas laisser croire que notre monarchie recevrait une couleur cléricale.

Je me permis de rappeler à ce propos le mot d'un fidèle ami du prince qui, vers 1873, à l'heure où l'on croyait à la possibilité d'une fusion entre les principes du comte de Chambord et ceux de la famille d'Orléans, déclarait que le roi, à peine rentré dans Paris, devait prendre une maîtresse et débiter une insolence à l'archevêque de Paris!

Le prince sourit à ce souvenir et ne répondit rien.

La conversation reprit avec le général K. sur les affaires anglaises, sur les difficultés de M. Gladstone dans sa politique égyptienne, et surtout sur les beautés du paysage.

Nous approchions d'Altona, point culminant de l'ascension en chemin de fer. Les pics neigeux nous entouraient, les tunnels à vis se multipliaient; nos visages avaient cessé d'être ceux des charbonniers, pour revêtir les nuances chères aux Cafres ou aux sujets de M. Savorgan de Brazza.

Pendant la traversée du grand tunnel, chacun rentra chez soi, et j'en profitai pour me livrer à une ablution complète dans le cabinet de toilette du sleeping. Le prince, de peur sans doute d'être soupçonné de ne pas échapper aux autres nécessités humaines auxquelles ces réduits des sleepings donnent également satisfaction, ne prit pas la même précaution. Quand nous revîmes enfin la lumière, il était seulement un peu plus tatoué qu'auparavant.

Notre singulière mine donna lieu à un incident plaisant, au buffet de Goschenen.

M. le comte de Paris avait annoncé son intention de participer à la table d'hôte commune, qui, moyennant la rétribution de 3 ou 4 francs, assure aux voyageurs un déjeuner à peu près confortable. Il me pria, si le hasard des places nous rapprochait, de respecter son *incognito* en m'abstenant du titre de « Monseigneur » qui eût révolutionné les garçons de la Suisse républicaine. Le général K. avait déjeuné à Bellinzona, et se sépara de nous.

Monseigneur s'installa donc à un bout de table. Un siège était vacant en face de lui, je m'en emparai. Je n'avais pas pris garde à mon voisin de droite, quand tout à coup je m'entendis interpeller, et une main amicale pressa la mienne. C'était un très aimable député de la Chambre des Communes, l'honorable M. E., qui a coutume de passer à Rome la plus grande partie de l'hiver, et qui y rend d'officieux services à son excellent ami, M. Gladstone. La nature de ces services l'avait mis en relations avec moi, et bientôt nos relations étaient devenues tout à fait cordiales, même intimes. M. E. se rendait précipitamment à Londres pour apporter le secours de son vote à son cher Premier, à qui l'opposition tory taillait alors des croupières. J'ignorais son départ et que le même train nous emportât.

En sa qualité d'Anglais, M. E. n'avait honoré d'aucun regard les voyageurs qu'il ne connaissait pas ; l'axiome britannique est formel : Tout individu non présenté n'existe pas.

Nous causions de Rome, de nos amis communs, quand, dès le début de notre entretien, notre vis-à-vis y intervint. Grand étonnement de M. E., qui ne s'attendait pas à l'interruption. Alors il approcha son monocle de son œil et regarda l'interrupteur. Il paraît que l'aspect ne le satisfit guère, et j'ai expliqué comment il pouvait en effet sembler étrange ; car le député anglais affecta de m'adresser la parole, tout comme s'il n'eût rien entendu. Moi, au contraire, je répondis respectueusement au vis-à-vis, et l'étonnement de M. E. se changea en stupeur.

Fidèle à l'*incognito* promis, je ne pouvais en aucune façon mettre fin à cette situation effroyablement gênante.

La conversation continua fort péniblement ; le vis-à-vis semblait prendre plaisir à s'y mêler, jouissant *in petto* de mon désespoir et de l'impatience de M. E.

Fort heureusement M. E., quoique anglais, est un homme doux et conciliant. Il trouvait à coup sûr très impertinente l'ingérence du vis-à-vis dans notre entretien, très étrange aussi mon respect pour cet inconnu. Mais ses sentiments ne se traduisaient que par d'imperceptibles haussements d'épaules et une affectation sans cesse plus marquée de laisser passer comme non avenues toutes les paroles qui ne sortaient pas de mes lèvres.

Cependant, vers le dessert, le mystérieux vis-à-vis laissa échapper deux ou trois mots d'anglais, prononcés avec le plus pur accent britannique. Le monocle apparut farouche sur l'œil bleu de M. E. Sa fourchette s'échappa de ses mains irritées. J'ai cru que tout était perdu... Une sueur froide perla sur mon front. M. E. ouvrait déjà la bouche pour un rappel à l'ordre...

J'essayai une diversion ; je décochai sous la table un léger coup de pied à mon voisin de droite, tandis que mon coude lui labourait discrètement les côtes. Dans toutes les langues du monde, cette gesticulation signifie : « Attendez... je vous expliquerai plus tard... un peu de patience!... il y a là un mystère que l'avenir éclaircira ! »

Trop révolté pour entendre ce langage muet, M. E. regarda sous la table ! Il pensait qu'un animal incongru l'avait heurté ou que j'avais été saisi d'un mouvement nerveux, ou que le coup de pied partait du personnage inconnu, que sais-je? Il pensait tout, sauf la vérité, hélas! et comment l'eût-il devinée? L'occasion eût été bonne pour un pari. J'eusse pu provoquer M. E. et lui donner en mille à découvrir le nom de l'interrupteur. A coup sûr, j'eusse gagné une forte gageure. On ne saurait songer à tout.

Je bénis en cette circonstance la hâte des déjeuners aux buffets ! J'adressai du fond du cœur des remerciements enthousiastes au chef de train qui sonnait le départ, à l'hôtelier qui nous obligeait à mettre doubles dans nos bouches échaudées des morceaux brûlants, à avaler sans sourciller un café chauffé aux chaudières infernales; je sus un gré infini aux Anglais et aux Anglaises qui nous bousculèrent, aux Allemands, à la recherche des petits colis, qui se jetèrent dans nos jambes. Seul le tohu-bohu qui précède le départ des express en tout pays du monde pouvait abréger mon supplice.

Mais de loin, je suivais M. E. qui courait à son wagon et au risque de ne pas rattraper à temps mon *sleeping*, je me hissai à sa portière et lui lançai ces paroles :

— C'était le comte de Paris !

Et je m'enfuis, mais du moins j'avais eu le temps d'apercevoir une bouche béante, des yeux dilatés, des sourcils montant au ciel, en même temps que des bras stupéfaits.

A l'automne suivant, déjeunant chez M. E., je lui rappelai notre repas au buffet de Goschenen.

— Quel profond diplomate vous faites! me dit-il en riant. Depuis lors, j'ai tout compris.

— Qu'avez-vous compris?

— A présent je m'explique à merveille votre présence à Rome; je sais ce que vous y faites. Ah! pour cela, il a fallu vous surprendre dans vos rendez-vous politiques!

— Que voulez-vous dire?

— Oserez-vous soutenir que vous voyagiez par hasard avec le comte de Paris, que par hasard vous partagiez son wagon-lit?

— Assurément.

— A d'autres, monsieur le diplomate, à d'autres. Mais si vous vouliez finasser avec moi, il ne fallait pas me révéler le secret. A coup sûr, je n'eusse jamais découvert un prince sous l'accoutrement de votre ami, et M. le comte de Paris se dissimule bien. Il peut impunément traverser toutes les frontières, s'il se déguise en nègre...

— Mais je vous certifie que...

— Assez, assez; soyez tranquille, je n'en dirai rien au pape, ni au cardinal Jacobini. Ah! l'on croit que vous êtes venu ici pour traiter la question romaine...

Plus je me défendais, moins j'obtenais créance. M. E. a dû rester convaincu, jusqu'à ces derniers temps que je jouais à Rome le rôle d'un agent secret du prétendant français. Peut-être, a-t-il fini par être détrompé. Pourtant les diplomates sont si fins!

Après la halte de Goschenen, M. le comte de Paris

n'avait pas repris sa place dans notre compartiment. J'allai lui rapporter, après les avoir parcourus, les journaux qu'il avait daigné me prêter le matin, et il engagea, loin du général K., la conversation sur la politique française.

Le prince me parla d'abord de l'opposition que lui faisait le journal l'*Univers*.

— La monarchie chrétienne? dit-il. Assurément, je ne puis la donner telle que la voudrait M. Veuillot. Je crois bien que le comte de Chambord non plus n'aurait pas fait la monarchie chrétienne, telle que l'exige l'*Univers*. C'est un gouvernement qui n'a jamais existé, qui n'existera jamais, en tout cas, auquel notre siècle ne saurait se prêter. Reste à savoir si la monarchie, telle que je la ferai avec mes amis, ne se rapprocherait pas, d'un peu moins loin que tout autre gouvernement, de l'idéal de M. Veuillot. D'ailleurs, notre monarchie sera parlementaire : je ne demande pas mieux de voir, dès maintenant, se former une aile droite, d'extrême droite même, dans mon parti. Le gros de l'armée est avec moi. M. le comte de Chambord avait ses amis, sa politique; j'ai mes amis, ma politique. Tant que mon aîné vivait, il a tenu à l'écart mes amis et ma politique: à présent, je fais comme lui; je dirige le parti, suivant mes principes à moi, et avec les hommes qui partagent mes principes. Mais j'admets une aile droite comme une aile gauche.

— Monseigneur ne craint-il pas que les anciens amis du comte de Chambord n'imitent à présent à son égard la réserve excessive adoptée par les orléanistes d'autrefois à l'égard de l'aîné des Bourbons?

— Pourquoi? Est-ce que je n'ai pas fait à tous bon accueil?

— M. le comte de Chambord faisait bon accueil aussi aux orléanistes qui venaient le voir. Mais je dois dire que Monseigneur est plus favorisé. Les anciens légitimistes lui rendent plus d'hommages que le comte de Chambord n'en recevait des anciens orléanistes.

— Est-ce que mes amis ont jamais contrarié la direction qu'il a plu à mon cousin de donner à son parti?

— L'ont-ils beaucoup aidée?

J'avais aux lèvres les souvenirs de 1873, ceux du vote de la constitution de 1875, la lettre de M. Édouard Hervé, à l'occasion du banquet de Chambord. Au lendemain de la mort du prince impérial, alors que nous aspirions tous à une réconciliation générale dans la monarchie unie, le refus privé de M. Estancelin, le refus public de M. Edouard Hervé, jetèrent une douche froide sur l'ardeur de notre enthousiasme conciliateur. Mais je sais que les princes supportent mal la contradiction directe, qu'elle ne les éclaire jamais, et je craignis de voir tourner court un si intéressant entretien. Je mis donc « un bœuf sur ma langue », comme dit le vieil Eschyle, et je me tus.

J'essayai seulement de rattraper la comparaison « de l'aile droite et de l'aile gauche ». Je fis remarquer à M. le comte de Paris que « le gros de l'armée » qu'il commandait en personne, c'est-à-dire le parti orléaniste, celui de 1830, semblait réserver tous ses moyens d'attraction pour le ralliement de l'aile gauche, tandis qu'il réservait à « l'aile droite » les obus de son artillerie la plus enragée.

— Comment, dis-je, pouvons-nous former cette aile droite sous la fusillade de votre presse officieuse? Vos journaux ne tirent que sur nous. Nous sommes pour eux l'ennemi, le seul ennemi ! La *Défense*, le *Français*, les organes de Monseigneur, ne cessent d'invectiver l'*Univers*, de mettre ce journal au ban de la presse catholique. On est allé jusqu'à attaquer M. Veuillot dans son honneur personnel, jusqu'à lui faire un crime de la débâcle de l'*Union Générale*, à laquelle il n'a participé que par sa ruine, tandis que d'autres, moins ruinés que lui, y participaient autrement...

Ici encore je replaçai soigneusement le « bœuf », et je craignis de froisser le prince dans ses affections. Je continuai :

— Je ne parle pas de moi; mais, si peu que je sois, il suffit que je passe pour sympathique à l'école de l'*Univers* pour que je sois chaque jour exposé à la bordée des journaux orléanistes de Paris. Vos amis de France font campagne avec mes ennemis de Rome pour me vilipender, me déchirer, me salir jusque dans les épreuves que j'ai supportées au service du Pape. Vous nous repoussez? nous nous résignons, nous restons chez nous.

J'ai oublié ce que répondit le prince ; je crois bien qu'il détourna la conversation sur le prince Jérôme.

— Le prince Napoléon, dit-il, fait fausse route ; il offre au pays le radicalisme et le socialisme, le pays n'a pas besoin qu'on lui promette cela: il l'a ou va l'avoir par la République. Pour séduire le peuple, il faut lui offrir ce qu'il n'a pas, ce qu'il n'espère pas du régime actuel. Les foules aiment le changement et ne désirent que ce qui leur manque. A quoi bon aller de M. Clémenceau au prince Napoléon, si le programme est le même?

— Monseigneur ne craint-il pas, répondis-je, qu'on n'oppose la même objection aux principes bien connus du parti royaliste actuel? La constitution de la monarchie parlementaire ne ressemblerait-elle pas, à s'y méprendre, à celle de la République existante? Est-il besoin aux yeux du peuple, d'un changement de régime, d'une chance de révolution, pour substituer un roi constitutionnel et parlementaire à un président constitué et également parlementaire? Tout le monde n'a-t-il pas le sentiment que ce sera, au fond, le même gouvernement et après deux ou trois ans les mêmes hommes au pouvoir, avec cette seule différence toute à l'avantage des républicans, que M. Clémenceau, ministre du roi, participera alors à la dignité, à la majesté royale, et réclamera de ses adversaires pour ses lois et pour sa personne le respect auquel la République ne lui donne pas encore le droit de prétendre?

— Je crois, dit le prince, que la seule force du nom de monarchie entraînera des modifications profondes dans le régime de la France, et dirigera l'esprit public dans un sens résolument conservateur. Il est arrivé de même avec le mot de République. Mes amis et moi, nous n'avions pas prévu en 1875 que ce seul mot suffirait à entraîner le pays dans les voies ultra-démocratiques où on l'a aujourd'hui engagé. Au reste, le roi sera fidèle observateur du pacte constitutionnel. Si vos amis de l'extrême droite parviennent à convaincre la majorité des électeurs (ici le prince ébaucha sous sa moustache un commencement de sourire ironique), je ne m'opposerai pas à la formation d'un ministère d'extrême droite.

— Et si le mouvement démagogique se continuait quand même, si, malgré le nom de monarchie, la majorité des électeurs s'obstinait à peupler la Chambre de radicaux...

— Cela n'est pas probable ; mais alors je ferais usage de ma prérogative... Je pense d'ailleurs que cela n'arrivera pas, car la monarchie s'appuiera sur tous les grands corps sociaux reconstitués, sur la magistrature, qui au moment des décrets a donné un si noble exemple de dignité professionnelle et de solidarité corporative, sur les Chambres de commerce, sur l'Université, et ce sont là des forces conservatrices.

— Monseigneur conservera-t-il l'Université, telle qu'elle a été organisée par Napoléon, ou favorisera-t-il la pleine liberté d'enseignement, pour donner satisfaction au vœu des catholiques ?

— J'aime l'Université, et je la protégerai à l'égal du clergé. Mais encore une fois, je respecterai mon devoir constitutionnel et suivrai l'opinion publique, marquée par la majorité du Parlement.

— Et les congrégations religieuses ?

— Je crois que le rétablissement de l'ordre des jésuites créerait au gouvernement qui l'entreprendrait de graves difficultés. Quant aux autres ordres, il sera facile de les laisser se réorganiser, à l'abri de la tolérance administrative.

— Monseigneur ne pense-t-il pas à consigner son programme dans un manifeste qui indiquerait à la fois son intention de restaurer la monarchie et les bases sur lesquelles il établirait la restauration?

— Je n'ai pas besoin de me poser en prétendant. Mon refus d'assister aux funérailles de Goritz ailleurs qu'au premier rang a indiqué à tous les royalistes ma qualité de chef de la maison de France. Enfin j'ai notifié aux cabinets européens la mort de mon aîné et j'ai signé ma notification du nom de Philippe, alors que précédemment je signais toutes mes lettres du nom de Louis-Philippe d'Orléans. J'ai effacé de mes armoiries le lambel de la branche cadette. N'est-ce pas assez clair? N'ai-je pas assez fait pour répondre à la confiance des légitimistes? Cela équivaut bien à un manifeste de revendication. Je ne crains pas la compétition des princes espagnols ou italiens. De tous les arguments à invoquer contre eux, un seul suffit. Depuis deux siècles et demi, ils n'appartiennent plus à la France; ils sont devenus étrangers, et la France n'acceptera jamais un souverain étranger. Qu'est-ce d'ailleurs que la loi salique? Où est-elle? Qu'est-ce qui en reste? C'est un mot dont on se sert, quand on veut jeter des doutes sur l'ordre de succession, un argument invoqué, non sur des pièces, mais sur des souvenirs, des traditions vagues. La loi salique, c'est une arme de parti.

Mais, encore une fois, il y a une loi tout aussi ancienne, tout aussi respectable que la loi salique, également traditionnelle et non écrite : c'est que les étrangers ne sont pas admis au trône de France. On a beau dire, mes cousins d'Espagne et d'Italie ont renoncé à la nationalité de Louis XIV. Ils parlent notre langue comme des Espagnols ou des Italiens. Puis, aucun d'eux ne revendique ; don Carlos appartient à l'Espagne et ne vise que le trône d'Espagne. Le roi de Naples est de mes amis ; et il fait des vœux pour mon règne.

— Du moins, Monseigneur, ne dira-t-il pas aux légitimistes français quelles modifications il apporte au programme du comte de Chambord ?

— Oh ! je sais qu'on veut me faire faire un manifeste, pour mieux me combattre. On veut m'éplucher. On m'attend là. A quoi ses manifestes, si éloquents, ont-ils servi le comte de Chambord ? Ont-ils rallié un républicain ? Ils n'ont servi qu'à écarter ceux de mes amis qui aspiraient le plus vivement à la fusion ; on les a faits pour rendre cette fusion plus difficile, la retarder, et désoler nombre de légitimistes. Je n'ai pas besoin d'écrire un manifeste pour exposer mes idées. Mes idées sont conformes aux traditions de ma famille. Je les appliquerai dans la conduite de mon parti, et mes amis s'en inspireront dans leurs programmes électoraux : car toute notre action sera électorale.

— Que Monseigneur pardonne à mon ignorance : je vis loin de la France depuis un an et demi. Les nouveaux comités royalistes sont-ils organisés sur le modèle des comités du comte de Chambord ?

— Pas du tout, ce sont des comités électoraux, rien qu'électoraux, et comme tels, je n'ai qu'une part très indirecte à leur constitution. Je laisse les conservateurs de chaque département libres de les organiser au mieux des intérêts locaux, et je crois que c'est par l'intérêt matériel, que la république compromet, plutôt que par les spéculations politiques ou religieuses, que nous arriverons à reprendre notre influence sur le pays. Plus que jamais, la politique devient une question d'argent, et pas autre chose...

Ici le Prince entra dans certains détails sur les lois de commerce, de navigation, de tarifs douaniers, qui sont sortis de ma mémoire. Ils prouvent avec quel soin M. le comte de Paris étudie ces questions spéciales, et j'en conclus en moi-même que dans une assemblée d'affaires, il ferait un très remarquable rapporteur de commission.

Pendant cet entretien, le chemin de fer avait descendu, à travers les tunnels à vis, toute la pente du Saint-Gothard, et il s'engageait dans la vallée. Le général K. dormait paisiblement. Avant de reprendre notre place sur la plate-forme, je demandai au comte de Paris s'il redoutait l'expulsion pour lui et sa famille :

— Je ne la désire pas et je n'irai pas au-devant. L'exil n'a pas réussi au comte de Chambord. Il n'est pas bon à un chef de parti de vivre loin de la France, il ne voit plus par ses propres yeux ; il doit s'en rapporter à son entourage ou au rapport de ses amis. Forcément il ne communique plus guère qu'avec des intimes ; et son jugement se trouve modifié. Les courtisans de l'exil sont plus soucieux de plaire au Prince, de le consoler ou de le bercer de vaines espérances que de lui dire la vérité. Vous savez cela, vous qui avez connu mon cousin de Frohsdorff. Je ne ferai donc rien qui provoque un décret d'expulsion.

— Rien non plus qui le conjure ?

— Non, rien.

Sur ces mots nous sortîmes ; le général K. s'était réveillé, nous passions au pied des grands glaciers qu'on aperçoit, avant le Rutli. Le Prince reprit son rôle de guide, et nous expliqua avec une véritable érudition, toutes les curiosités géologiques, légendaires, historiques, dont abonde ce magnifique pays.

En arrivant à Lucerne, terme de notre étape pour le général et pour moi, M. le comte de Paris nous recommanda le *Schweizerhof*. Il regretta gracieusement d'être condamné à la solitude pour le reste de son voyage. Il allait directement à Calais et de là au Tréport. Il voulut bien me dire que je serais toujours le bienvenu auprès de lui.

Je ne l'ai plus revu.

On sait ce qui arriva. La presse autorisée du Prince ne cessa de combattre avec acharnement les principes que je défendais et ma personne même. Aux heures difficiles que je traversai en 1885, à Rome, le propre secrétaire de Monseigneur applaudit dans le *Correspondant* aux coups dont nous étions frappés.

La politique personnelle du Prince s'affirma par le langage de ses journaux et les actes de son entourage. C'est la monarchie de 1830 qu'on travaille à restaurer, et par des moyens douteux, sous le couvert de la tradition royaliste. L'héritage politique du comte de Chambord tombait en déchéance. Je redevenais libre ; je préférai la République.

Le ralliement de « l'aile droite » me parut plus difficile que jamais. J'y renonçai.

Ai-je besoin de dire que la rupture que je crus devoir consommer avec le parti de M. le comte de Paris n'eut pour motif aucun grief personnel contre ce Prince, dont je n'ai cessé de respecter le caractère et les bonnes intentions, malgré l'abime d'opinion qui me sépare de lui et de ses amis?

Le Prince plus tard m'infligea une dénégation publique à propos de paroles que j'avais recueillies de sa bouche en 1880, et que je rapportais dans le journal le *Matin*. C'était sans doute un grand honneur qu'il me faisait. Mais j'avais reconquis mon indépendance; j'en profitai pour maintenir, avec tous les égards dus à un illustre contradicteur, l'intégrité de mon dire. J'étais assuré de la fidélité de ma mémoire. Je ne pouvais mentir pour complaire à un prince. Le Prince est honnête homme; il n'a pu exiger que je cessasse de l'être, même un instant, pour renier ce qu'il avait dit.

CHAPITRE DOUZIÈME

M. JULES FERRY A ROME

SOMMAIRE

La politique française jugée de l'étranger. — Les préventions contre M. Jules Ferry apaisées au Vatican. — Sa réception aux deux ambassades françaises à Rome. — Sa visite aux musées du Vatican. A l'*Hôtel de l'Europe*. — Le duo des deux timides. — La question romaine. — Le libéralisme italien. — Monarchie et République. — Les trois états du clergé français.

Mai 1885.

Un soir de mai, j'allais demander aux ombrages de Frascati un peu de repos et de fraîcheur. Me rendant à la gare, ma voiture croisa celle qui amenait M. et madame Jules Ferry. Sous le vaste chapeau de feutre qui couvrait son visage, je reconnus tout d'abord l'ancien président du conseil à Rome, dont la chute subite avait eu dans toute l'Europe un tel retentissement. Maintes fois, j'avais entendu sa parole à la tribune; plus souvent encore, j'avais attaqué ses discours et ses actes. Est-il besoin de dire que jamais la moindre relation personnelle ne m'avait mis en sa présence? L'auteur des fameuses lois scolaires, l'inspirateur et l'exécuteur des décrets m'inspirait, tant que j'habitais la France, une sorte de terreur. Alors, malgré les habitudes sceptiques de la presse parisienne, j'eusse repoussé avec indignation l'idée de l'approcher, de lui toucher la main.

Cependant, à l'étranger, après un long séjour, au milieu d'un peuple universellement hostile au nom français, les préventions de parti s'émoussent, la solidarité patriotique s'élargit. On prend aux grandes questions nationales un intérêt plus vif, plus passionné, plus jaloux. Il devient impossible de ne pas accompagner de quelque sympathie les efforts de ceux qui tiennent en main l'honneur de la France, qui gardent la dignité de notre drapeau. A Paris, la politique étrangère, comme le reste, tombe en proie aux haines et aux rivalités de faction. Au loin, le cœur palpite aux succès et aux revers de nos compatriotes, quels qu'ils soient, à qui est échue la mission de représenter et de défendre la Patrie. Les débats du Parlement apparaissent étrangement mesquins, souvent honteux. C'est pitié de voir les partis français faire cause commune avec les ennemis de la France, compromettre les entreprises nationales, ne pas savoir même dissimuler la joie qu'ils ressentent de désastres profitables à leurs rancunes ou à leurs ambitions.

En Italie surtout, ces sentiments s'exaspèrent. Je n'avais guère besoin de lire les journaux pour savoir la fortune de nos armes au Tonkin. Je la connaissais par le regard joyeux ou triste du premier Italien qui m'abordait, joyeux, si nous étions vaincus, triste, si nous étions vainqueurs.

Comment alors partager l'hostilité de mes amis de

France contre l'expédition du Tonkin? Outre que les plus graves intérêts catholiques y étaient engagés, outre que nos ministres, même antireligieux, continuaient dans l'Extrême-Orient le rôle traditionnel de la France chrétienne, la fonction de soldats du Christ, la seule pensée de la jubilation des Italiens, au moindre de nos embarras, me rendait insupportables les mauvaises nouvelles.

L'affaire de Lang-Son m'avait donc apporté une grande douleur, que la chute de M. Ferry n'avait pas adoucie. Je crois que tous les Français résidant à l'étranger ont pensé, ont senti alors ce que j'ai pensé et senti. Quelles que soient leurs préférences politiques, la chute de M. Jules Ferry a inquiété leur patriotisme. La décision bien connue de ce ministre, la ténacité de son caractère, la force de sa volonté, en même temps qu'une certaine prudence, dont il ne s'est jamais départi dans les relations internationales, nous rassuraient contre toute humiliation trop grave. Pour la première fois depuis 1870, et tant que M. Jules Ferry resta aux Affaires étrangères, nous avions la conviction que la France ne faisait plus triste figure devant l'Europe. Nos ambassadeurs se sentaient appuyés et soutenus; les entreprises devenaient suivies : notre chancellerie adoptait une politique. Ce n'était plus l'incohérence. L'ère de l'aplatissement semblait close.

Je crois que le portrait de M. Jules Ferry en tête de l'Almanach de Gotha de 1885 a valu à ce ministre quelques quolibets. A Rome, cet honneur rendu à l'un des nôtres ne nous a pas fait rire. Les Italiens ne s'en consolaient pas. A quoi bon alors la triple alliance,

Pourquoi M. Mancini n'était-il pas en vedette à la place du ministre français? Les journaux de l'opposition pentarchique ne cessaient de déclarer que l'Italie était jouée, que M. Jules Ferry mangeait les marrons tirés du feu par M. Mancini, que l'hostilité de M. de Bismarck devenait plus profitable à la République française que n'était son amitié pour le royaume d'Italie. Ces doléances nous réjouissaient.

Enfin, au Vatican même, M. Jules Ferry avait cessé d'effaroucher. Sans doute, on ne pouvait approuver la continuation du *Culturkampf* français, ni pardonner ce qui irritait si fort nos catholiques. Mais on y juge les questions de très haut. On sait que le sort des catholiques, des religieux, des prêtres, en beaucoup de pays, est d'être persécuté. La puissance, qui chaque année envoie au martyre des légions de missionnaires, ne s'étonne pas de voir, même chez les nations civilisées, les ministres du Christ souvent molestés. Ce sont des épisodes communs de la lutte éternelle entre l'Eglise et la Révolution, entre saint Michel et le Dragon. On y a aussi la pratique des hommes; les prêtres sont tous de profonds psychologues. Juges ordinaires des consciences, ils connaissent le dessous des âmes humaines. Ils savent que s'il en est peu d'absolument bonnes, il n'en est pas d'absolument perverses. C'est pourquoi ils s'accommodent si aisément avec ceux que les simples regardent comme d'irréconciliables ennemis. En somme, leur œuvre c'est l'accroissement quand même de l'Eglise, et un hommage opportunément rendu au Saint-Siège, un service reçu de qui on ne l'attendait pas, ont un très grand prix aux yeux de l'Église. Ainsi, l'attitude résolue de M. Ferry en faveur du Concordat, en faveur de l'ambassade auprès du Saint-Siège, lui avaient fait grand honneur dans la chancellerie pontificale. Avec lui, on pouvait être assuré au moins du *statu quo*. On subissait aussi l'influence de la grande situation prise par notre ministre dans les conseils de l'Europe. C'était un homme avec qui l'on devait compter, et l'on comptait avec lui, d'autant plus volontiers que M. Jules Ferry avait très adroitement ajouté à des services réels l'appoint d'un compliment qui fut très-agréable au Saint-Père. M. Ferry avait prononcé à la tribune un bel éloge de Léon XIII et déclaré que « le Vatican était le lieu du monde où l'on faisait le plus de politique. » Dans une telle bouche le compliment n'était pas méprisable, et depuis ce jour, chaque numéro du *Moniteur de Rome* enguirlandait M. Ferry.

Cependant je ne me fusse pas risqué à demander une entrevue à cet homme d'État, si je n'y eusse été encouragé, presque invité par plusieurs de nos amis.

A Rome alors, comme à Paris, comme partout, on croyait le ministère Brisson-Freycinet tout à fait éphémère. On ne pensait pas que le parti républicain fût assez aveugle pour confier à des mains inexpérimentées la direction des prochaines élections générales. La paix avec la Chine, qui avait immédiatement suivi la défaite de Lang-Son, réhabilitait M. Ferry. Seuls, en France, les opportunistes possédaient un solide personnel administratif, une organisation complète; ils disposaient encore d'une force considérable, et, malgré tout, l'héritier politique de M. Gambetta paraissait le maître de la situation.

Les deux ambassadeurs de France à Rome firent au ministre tombé un accueil presque officiel. On devine que M. de Freycinet ne leur en sut aucun gré. M. Jules Ferry reçut audience du roi, et il fréquenta la *Consulta*. S'il ne visita du Vatican que le musée et la bibliothèque, c'est sans doute qu'il n'a pas voulu prendre la peine de monter au troisième étage, à la secrétairerie d'État. On l'y eût accueilli comme une puissance. Avec certaines précautions, je crois même qu'il n'eût pas eu peine à visiter les grands appartements du second étage, le *piano nobile*, et qu'il eût pu y faire une assez longue station.

Il préféra ne voir à Rome d'autre cardinal que l'ancien nonce à Paris, l'Éminentissime Czacki; et, à la table de M. le comte Lefebvre de Béhaine, il ne rencontra que des prélats de moindre importance.

On me dit donc qu'une conversation avec le célèbre personnage ne serait pas inutile aux intérêts français que je servais à Rome, après ceux du Saint-Siège ; que M. Ferry était homme à me comprendre; que, peu familiarisé avec la question romaine, il y avait grand avantage à l'éclairer sur le véritable point de vue utile à l'intérêt national.

Je me laissai convaincre et je portai ma carte à l'*Hôtel de l'Europe*, où résidait M. Ferry, sur la place d'Espagne. Peu après, je fus avisé que M. Ferry me recevrait avec plaisir, et à l'heure indiquée, je me rendis auprès du redoutable ministre.

Si Berlin est la ville des juges, on peut dire que Rome est la ville des espions. A peine eus-je franchi le seuil de l'*Hôtel de l'Europe*, cette grande nouvelle fut télégraphiée à Paris. La *Défense* y consacra un de ces filets acrimonieux dont elle a le secret. Je confirmai le fait dans le *Journal de Rome*. Mes amis de l'*Univers* semblèrent épouvantés, et discrètement, ils m'engagèrent à donner des explications. Je dus déclarer tout simplement que si j'avais rendu visite à M. Ferry, c'était sans doute pour l'entretenir de sujets intéressants et non pour lui vendre ma foi. Je reçus enfin de quelques amis de France des lettres éplorées comme si j'avais approché l'Antéchrist.

M. Jules Ferry ne me parut pas mériter la réputation de raideur qui lui valut tant d'inimitiés. Plusieurs hommes politiques passent ainsi pour hautains qu'on accuserait plus justement de timidité. M. le duc de Broglie est assurément, dans les relations intimes, le plus courtois et le plus bienveillant des hommes. Pourquoi, cependant, entre ses interlocuteurs et lui se dresse-t-il toujours une muraille de glace qui empêche le contact des âmes? C'est que l'interlocuteur n'ose la briser par respect, et lui, par timidité. Assurément, à la tribune, ni M. le duc de Broglie ni M. Jules Ferry n'éprouvent la moindre gêne; mais une grande assemblée impose moins à certains orateurs qu'un petit cercle d'amis.

Rien de plus faux que cette chanson d'opérette :

> Comment avoir peur d'un homme
> Quand un régiment ne me fait pas peur?

C'est précisément un homme qui est terrible; un régiment n'a rien d'effrayant.

J'ai fait, au temps où l'action royaliste s'exerçait en

banquets et en réunions privées, une prodigieuse débauche de toasts et de conférences. Le public porte, exalte le conférencier. Le public, c'est l'humanité en abstraction ; le public reçoit et communique des passions. Il n'intimide pas, il excite. Je n'ai jamais éprouvé de sensation plus délicieuse que le maniement d'une multitude par la parole. C'est un genre de sport qui n'a pas d'égal ; ni le chasseur à courre ni même le pêcheur à la ligne n'ont jamais connu triomphe égal à celui de l'orateur qui attrape une double salve d'applaudissements, de gros applaudissements, d'applaudissements bien nourris. Au contraire, s'il s'agit de porter un toast à la fin d'un dîner de quinze personnes, dès le potage, l'orateur désigné tremble ; chaque service le rapproche du dessert, c'est-à-dire du moment fatal. Quand arrive le champagne, il défaille. Oh ! je comprends l'angoisse d'un condamné à qui l'on fait la dernière toilette. Encore le condamné garde-t-il jusque sous le couperet une lueur d'espérance : ses yeux agonisants cherchent du haut de l'échafaud le garde municipal porteur de lettres de grâce. Pour le porteur de toasts, pas de merci, pas de grâce. M. Grévy lui-même serait impuissant à commuer la peine. Il faut s'exécuter, s'exécuter soi-même !... Maudits soient les Anglais pour Crécy, pour Azincourt, pour Waterloo, mais surtout pour l'invention des *toasts* !

Je démêlai tout d'abord dans M. Jules Ferry une gêne, tempérée de bienveillance, du désir de se montrer gracieux à l'égard d'un adversaire politique. J'éprouvais absolument les mêmes sentiments, et notre entretien débuta par le duo muet des deux timides.

Après quelques interminables secondes, le terrible président du Conseil se hasarda à me demander si j'avais quelque communication spéciale à lui faire. Toute la difficulté était de commencer l'entretien, et la question de M. Ferry ne la simplifiait pas. Elle appelait comme réponse tout un discours, et il me faut au moins cinq cents auditeurs pour faire un discours. Je répondis, comme je pus, par un compliment banal. Enfin, peu à peu, la muraille de glace se fendit et l'entretien commença par des explications sur la vie intime du Pape et les relations de la Cour romaine avec le gouvernement italien.

— Est-il vrai, demanda M. Ferry, que le Pape ne sorte jamais, absolument jamais?

Tant de Français m'ont adressé la même question qu'elle ne me surprit pas, même dans la bouche d'un homme d'État.

Sur ma réponse négative, M. Ferry reprit :

— Je ne comprends pas cela ; pourquoi le Pape ne se montre-t-il pas au peuple de Rome? Pourquoi ne voyagerait-il pas?

Je dus rappeler à mon illustre interlocuteur le scandale, à jamais déplorable, de la nuit du 13 juillet, où la dépouille d'un Pape fut impunément outragée pendant plus de deux heures. Qu'arriverait-il à un Pape vivant, en plein jour? Le respect de tout un peuple garantirait-il sa majesté contre l'insulte de quelques vauriens? Puis, à moins de consacrer le fait de l'usurpation, le Pape peut-il toucher de son pied la terre que la Révolution lui a prise, peut-il remettre à une police étrangère, à une « domination hostile », la garde de sa personne et de sa dignité? Ce sont les premiers éléments de la question romaine. — Les demandes de M. Jules Ferry m'ont prouvé une fois de plus que ces éléments demeurent étrangers à la plupart des hommes. Le forfait accompli à Rome, le 20 septembre 1870, a disparu dans le retentissement des désastres de la France, dans la grande révolution accomplie en Europe par la reconstitution, au profit de la Prusse, de l'Empire germanique. Cependant, l'événement grave, celui dont les conséquences portent le plus loin, c'était l'entrée des Piémontais dans Rome, l'internement indéfini du Chef de deux cents millions d'âmes, la main mise sur la première puissance spirituelle du monde par un roi ambitieux, et enfin l'absorption commencée de la puissance romaine dans l'élément italien.

Ces points de vue conduisirent notre entretien au véritable objet de ma visite. Sans discuter avec M. Jules Ferry ni la théologie, ni la philosophie de la Révolution française, ni les nouveaux principes de neutralité religieuse, comme disent les radicaux, d'athéisme officiel, comme disent les catholiques, introduits par M. Ferry lui-même dans la République, je partis du fait accompli, du point de vue purement national et patriotique, et j'essayai de faire comprendre à mon célèbre interlocuteur de quel côté se trouvait l'intérêt de la France, même républicaine, dans les querelles religieuses qui divisent les Italiens entre eux.

M. Jules Ferry s'informa avec curiosité des courants divers qui règnent autour du Vatican, au Vatican même, autour du trône pontifical.

— Le Pape, dis-je, est élevé au-dessus de tous ces

partis. Le pilote de l'Église regarde le ciel, tandis que la barque dont il a la conduite est ballottée par les passions inférieures. C'est au ciel qu'il cherche la direction et qu'il la trouve; tandis que sa main ferme et puissante évite les écueils et gouverne droit au but lointain marqué par le Christ. Il n'est pas moins vrai que les flots battent l'esquif en sens contraire et que les éléments, impuissants à le faire dévier, peuvent, par leur fureur, rendre la tâche du pilote plus difficile, plus périlleux le voyage.

» Ici, en Italie, le Saint-Siège est tiraillé entre deux grands partis. Vous avez certainement entendu parler, Monsieur le ministre, de ce qu'on nomme en France le catholicisme libéral. C'est une école à la fois théologique et politique. En théologie, elle s'est assimilé une part de l'esprit janséniste et des doctrines gallicanes, et elle combine ces éléments avec ce que nous appellons tout à l'heure la philosophie, la métaphysique de la Révolution de 89. Sa politique, corollaire de sa théologie, travaille à accommoder la déclaration des droits de Dieu, qui se trouve au fond de toute religion, avec la déclaration des droits de l'homme, à concilier les principes de l'Église avec ceux de l'État contemporain, de votre État à vous, Monsieur le ministre. — Qu'en France, vous penchiez vers le catholicisme libéral, qui soumet l'Église aux lois civiles, qui vous facilite l'application de vos lois scolaires, qui proclame la neutralité absolue de l'Église en matière politique, comme vous proclamez la neutralité absolue de l'État en matière religieuse; c'est fort naturel. Vous êtes dans votre rôle, et, si vous vous trompez, vous ne lésez que l'intérêt des catholiques de France. En Italie, le libéralisme catholique dogmatique n'existe presque plus, et les disciples de Rosmini deviennent chaque jour plus rares. Mais il revêt une autre forme, la forme politique. Les libéraux catholiques italiens sont ouvertement ou secrètement favorables à la réconciliation de l'Église avec l'Italie, du Vatican et du Quirinal sur le terrain du fait accompli, légèrement amendé peut-être, mais d'une manière insignifiante au regard des peuples étrangers.

» Par exemple, il importe peu que l'enceinte du territoire réservé au Pape dépasse les limites du Vatican, qu'elle comprenne même tout le territoire de Rome et de sa banlieue, avec une allée d'arbres jusqu'à la mer. Les Romains s'en trouveraient peut-être mieux, mais la situation du Pape ne serait pas changée; il demeurerait assujetti à la protection du gouvernement italien, avec cette circonstance aggravante que cette protection s'exercerait plus immédiatement après une concession qui entraînerait une réconciliation. Il importe peu encore que le roi Humbert s'en retourne à Florence, reconnaisse la souveraineté du Pape sur les États de l'Église et ne se réserve à lui que la lieutenance générale, l'administration civile et le commandement militaire sur le peuple romain. Tout d'abord, ces projets sont absolument irréalisables, car la monarchie d'Italie n'y consentira jamais. Ensuite, ils n'apporteraient qu'un changement en pire à la sujétion de l'Église. Roi nominal d'un grand territoire dont il n'aurait pas l'administration, ou roi effectif d'un petit territoire qu'il devrait à la générosité italienne, qu'il ne garderait que par son bon plaisir, le Pape resterait toujours le prisonnier du roi d'Italie. Le but de la révolution italienne ne serait pas moins atteint, et quel est ce but ?

» Ce n'est pas la destruction de la Papauté, encore moins son extermination des frontières italiennes. C'est la sujétion de la Papauté aux desseins ambitieux de l'Italie.

» Vous savez quels rêves hantent les cervelles italiennes. L'affaire de Tunis vous l'a appris. Les Italiens prétendent dès maintenant à l'hégémonie sur la Méditerranée. Ils ont d'autres visées plus lointaines. Si le Saint-Siège se prête à ces visées ambitieuses, le rêve est réalisé. Laissez faire; le cardinal Lavigerie quitte Tunis, et il est remplacé par un administrateur apostolique italien, et vous n'êtes plus chez vous dans la Régence. Laissez faire et toutes les missions catholiques sur les bords de la mer Rouge deviennent italiennes, et le Congo belge et le Congo français appartiennent aux émissaires de l'Italie. Vous tenez au protectorat français sur le Liban, sur les écoles d'Orient, sur les gardiens des Lieux-Saints; vos ambassadeurs n'ont jamais failli à leur tâche en Orient. Laissez faire, et si le Pape y consent, votre protectorat passe aux mains de l'Italie. Vous tenez au Tonkin, vous y faites œuvre chrétienne, peut-être malgré vous. Laissez faire, et les émissaires de l'Italie vous en chassent. A Pékin, vous exercez un protectorat officiel sur toutes les missions catholiques, et c'est à ce droit qu'est attaché en Extrême-Orient le prestige de la France; à ce droit peut-être, vous devez la paix récemment conclue. Laissez faire, et l'Italie réconciliée avec le Pape envoie à Pékin un légat italien, à qui passe votre protectorat. Partout l'influence de l'Italie se substitue à celle de la France. D'accord avec le Pape, l'Italie prépare son empire colonial, et en attendant elle devient la reine des missions, la reine des catholiques dans quatre parties du monde.

» La République française a-t-elle intérêt à favoriser cette conciliation entre le Vatican et le Quirinal, à appuyer le catholicisme libéral en Italie, c'est-à-dire le catholicisme italianissime?

— J'ai compris, se contenta de répondre M. Jules Ferry....

Nous abordâmes alors d'autres sujets, notamment celui des élections prochaines.

— Si mes amis et moi avions gardé le pouvoir, me dit l'ancien ministre, le résultat ne semblait pas douteux. A présent, je ne sais plus.

On vint à parler de la politique nouvelle du parti monarchique dirigé par M. le comte de Paris. Je fis observer à M. Ferry qu'une monarchie parlementaire serait assez semblable à une république parlementaire, avec cette différence qu'un pouvoir héréditaire apporterait sans doute à l'État de meilleures conditions de stabilité.

— Croyez-vous? Vous avez raison de dire que la république et la monarchie parlementaires, dans la pratique du gouvernement, se ressemblent fort. Les monarchistes, les conservateurs, les catholiques ne gagneraient pas grand'chose à un tel changement de gouvernement. Vous en convenez. Mais, en ce qui regarde la stabilité, je pense que la République est infiniment plus solide et plus stable que ne serait une monarchie. Avec le nom de la République, nous n'éprouvons qu'une difficulté médiocre à maintenir l'ordre matériel.

— N'avez-vous pas dit, interrompis-je, que le péril est à gauche ?

— Sans doute, mais ce péril de gauche est fort restreint. Il part d'une toute petite poignée d'agitateurs et de mauvais citoyens. Toute la force publique, tout le parti national est avec nous, s'il est besoin de répression. Mais il n'en est même pas besoin, parce que les agitateurs, sous la forme républicaine, ne peuvent s'agiter que contre la République; et c'est au nom de la République que nous les maintenons. Nous n'y avons pas grand'peine. La République a résisté en juin 1848, en mars 1871, à des révoltes formidables; elle en est venue à bout. Qu'étaient-ce, en comparaison, que les journées de juillet 1830 ou celles de février 1848 qui ont emporté deux monarchies ?

» Au contraire, une monarchie si parlementaire que vous la supposiez et que M. le comte de Paris la veuille, une monarchie, a immédiatement contre elle tous les républicains de toutes les nuances. Sans doute les républicains qui tiennent à l'ordre sous tous les gouvernements, répugneront toujours à s'associer aux émeutes de la rue. Mais dans le parlement, ils créeront tous les embarras possibles à la monarchie, comme font les royalistes à l'égard de la République. C'est le jeu des oppositions anticonstitutionnelles. Et cette opposition parlementaire sera appuyée par les passions de la rue. Et pour maintenir ces forces révolutionnaires, pour réprimer ces émeutes, la monarchie n'aura avec elle aucun républicain. Elle ne pourra tenir. Ainsi, à changer la forme du gouvernement sans en changer le fond, vous courez le risque d'une guerre civile, le risque de rouvrir l'ère des révolutions violentes. Cela en vaut-t-il la peine ?

Je ne répondis pas ; et je détournai la conversation sur le Concordat et les projets de séparation entre l'Église et l'État.

— Je suis un partisan résolu du Concordat, dit M. Jules Ferry. Je ne comprends que trois états pour le clergé français : propriétaire, salarié, ou persécuté. Le premier de ces états serait la conséquence forcée d'une séparation.

— Equitable, interrompis-je.

— Equitable, cela va sans dire et on ne saurait en admettre d'autre, à moins de réduire le clergé au troisième état dont j'ai parlé, celui de persécuté. La persécution du clergé, je n'en veux pas ; nous sommes des républicains d'honneur : la persécution pour la persécution nous répugne.

Je ne pus retenir un geste de surprise.

— Oui, elle nous répugne, et nous ne la voulons pas. Nous avons défendu les droits de la société civile, nous n'avons pas empiété sur ceux de l'Église. Vous avez crié à la persécution, mais nous savons que nous ne l'avons pas faite. Quant à reconnaître au clergé le droit de propriété, sans restriction, ou avec des restrictions inutiles ou illusoires, comme il le faudrait en cas d'une séparation équitable, j'avoue que l'hypothèse me fait reculer. Le clergé lui-même a-t-il grand avantage à amasser de nouveaux biens? Qui les garantira contre les lois à venir? Et une fois le Concordat déchiré, qui sait quand on pourra en recoller les morceaux? Reste donc le clergé, tel que nous l'avons, le clergé salarié, le clergé recevant de l'État le principal de sa subsistance, et lui devant en retour, des égards et un juste concours, suivant ses attributions. Nous ne saurons trouver mieux.

L'heure de la promenade approchait. Je pris congé de M. Jules Ferry. Il me dit, au moment où je le quittais :

— Permettez-moi, monsieur, de serrer la main d'un bon et aimable Français. Nous sommes en désaccord sur bien des questions ; il en est une où je crois que nous nous entendrons toujours, le bien et l'honneur de notre patrie devant l'étranger.

CHAPITRE TREIZIÈME

CAPRI

SOMMAIRE

Tibère et la bouteillerie tibériale. — Un mauvais *forestiere*. — Le cercle des beaux-pères. — Les préjugés oubliés. — La vraie philosophie. — Les sirènes et Circé. — L'île de l'oubli. — Les sentiers de chèvres. — La famille d'Alessio. — La soupe de rougets. — Émigration et commerce des pommes de terre. — Le miracle de saint Janvier à Naples. — Les peintres étrangers et indigènes. — Le roi et le perruquier. — Une famille d'artistes. — Une vraie république. — Le travail d'un auteur à Capri.

Juillet, septembre, 85.

La terreur de Tibère plane encore sur Capri. Ruines, hôtels, cabarets portent le nom du tyran. Auprès de la Marine, un marchand de vins a fait aux Français la galanterie d'adopter leur langue pour baptiser son établissement, et il l'a décoré du titre pompeux de *Bouteillerie tibériale*. Si quatre pierres unies par du ciment gisent au bord de la mer ou le long d'une route, c'est le vestige d'un des douze palais que le sinistre empereur érigea en l'honneur des douze grands dieux de l'Olympe. Si, au fond de la grotte d'azur on devine le reste d'un escalier antique, c'est que la grotte bleue a servi les infâmes plaisirs du maître de Séjan. En quoi? c'est ce qu'on n'a jamais su me dire. Si un escarpement surplombe la mer, c'est de là que Tibère précipitait les femmes qui avaient cessé de lui plaire. Pourquoi ? Demandez-le à Tacite, à Suétone, à Juvénal, à Stace, à tous ceux qui, pour décrire des empereurs, ont calomnié l'humanité.

A présent, au bord de l'abîme qui longe les ruines du palais consacré à Jupiter, en haut du mont Tiberio, les ânières dansent la tarentelle, dont une vieille bacchante marque le rythme sur un tambour de basque. Les danseuses comparent gaiement les temps d'autrefois à ceux d'aujourd'hui, les étrangers d'alors à ceux de maintenant, et l'une d'elles me fit cette confidence : *Timberio era un cattivo forestiere !*

Les *forestieri* de nos jours sont moins féroces que le maître de Séjan. Comme lui, ils règnent dans l'île, et s'y bâtissent de somptueuses villas. Mais ils ne font plus faire le saut mortel aux filles de l'île : ils les épousent.

Plusieurs lords, des princes, des marquis, tous fort authentiques, ont demandé à Capri l'oubli du monde; ils y achèvent leurs jours dans le mépris des tracas, des affaires et de la politique; ils y ont fixé à jamais leurs pénates, sous le plus délicieux climat du monde. Ils se résignent à ne plus goûter d'autre joie sur cette terre que la vue du Vésuve lointain, le spectacle de l'incomparable golfe, le bonheur de respirer un air limpide et pur, nourricier du *far niente*. Ils se baignent à perpétuité dans l'azur du ciel et de la mer. Pour charmer la solitude de la retraite, ils ont choisi leur compagne parmi les belles filles au teint bronzé, aux cheveux blonds, aux yeux noirs, au nez grec, aux dents brillantes, que l'île produit en abondance, comme elle produit le raisin doré, la figue miellcuse, l'oranger odorant. Ils vivent, ils aiment et ils meurent sur ce rocher béni de Dieu, assez large pour donner asile à tous les charmes de la vie sensitive, assez étroit pour qu'il n'y ait pas de place aux embarras, aux misères de la vie sociale.

On rencontre à Capri d'opulentes femmes, vêtues de soies voyantes et chargées à profusion de ce corail que vendent leurs sœurs aux *forestieri*. C'est lady X, la duchesse Y, madame Z. Devenues grandes dames, elles ont adopté ce qu'elles ont cru être les ornements de la civilisation : mais pas une n'a accepté pour sa tête la gêne d'un chapeau ; pour ses pieds la prison des souliers. Elles vont encore livrant leur front au baiser du soleil, foulant de leur talon l'âpre pierre du chemin. Peu à peu, leurs maris, ces riches seigneurs, se façonnent aux coutumes du pays, et quelques-uns ont commencé l'expérience de la chaussure adamique.

Le dimanche, à la sortie de la messe, sur la place de Capri, on se montre de beaux vieillards, qui se rassemblent et causent. A leurs oreilles hâlées, d'où s'échappent des touffes blanches, brillent des anneaux d'un or plus cossu. Ils parlent de la marquise ou de la comtesse, et disent : « ma fille. » C'est le cercle des beaux-pères. D'ailleurs pas plus que leurs filles n'ont honte de leurs parents, ils ne sont fiers de leurs gendres. Aucun souci des distinctions sociales dans l'île de Capri.

Il n'y a là ni nobles, ni bourgeois, ni prolétaires. Les uns possèdent moins, les autres plus; mais pas un n'est exclu par indignité du banquet de la vie. Là on ne connaît ni les pauvres, ni les voleurs, ni les socialistes. On n'y connaît donc pas non plus les bourgeois égoïstes ou les nobles hautains. Personne n'attaque : personne ne se défend. C'est une république modèle; une société primitive, un petit coin de Paradis terrestre, égaré au milieu des flots. Un ami français, que j'ai retrouvé à Capri, où il vit en philosophe pendant quelques mois de l'année, me parlait d'un compatriote et disait qu'il ne pouvait fréquenter sa maison :

— Pourquoi ?

— Dame ! il a épousé la sœur de ma cuisinière !

O mon ami, vous vous dites philosophe ! Croyez-vous comprendre cette Capri que vous vantez ? Vous n'êtes pas digne d'habiter cette terre libre, bien plus libre que la vaniteuse Amérique. Vous ne deviendrez jamais un citoyen.

C'est vous encore qui m'avez dit qu'après six mois de séjour à Capri, on commençait à devenir fou, à oublier la civilisation, et que pour cela, vous n'y vouliez passer que trois ou quatre mois par an.

Insensé, est-ce ainsi que vous traitez cette sagesse supérieure, cette admirable indépendance qui fleurit sur ce rocher ? Vous avez peur d'épouser votre cuisinière, ou sa cousine, ou sa nièce; vous avez peur de prendre pour compagne une de ces filles aux pieds nus, peur de jeter vous-même dans un coin vos affreux souliers, peur de rencontrer votre beau-père à la sortie de la messe, peur de vous ensevelir dans la paisible jouissance d'un perpétuel *far niente,* peur de ne connaître plus d'autre affaire que le changement des saisons, d'autre inquiétude que celle de la tempête ou de l'orage ? Vous avez peur du bonheur ! O homme de France, vous ne méritez ni d'être heureux, ni d'être fou. Ne restez pas à Capri, n'y mettez jamais le pied; vos préjugés la souillent. Quelles qu'aient été les épreuves de votre vie, puisque vous ne savez vous plaire à Capri, vous ne trouverez nulle part l'oubli, nulle part le repos. Cette source unique, qui coule d'un rocher à mi-côte entre la Marine et la ville, c'est le Léthé; n'en approchez pas vos lèvres ingrates. — Ces raisins et ces figues que septembre apporte, c'est le fruit du lotus, dont parle Homère, le fruit qui enivre et oblitère la mémoire de la patrie. N'y touchez pas, puisque ces délices vous effraient.

Tibère, le sombre Tibère, quand il eut abordé à Capri, ne voulut plus la quitter. On l'accuse de monstrueuses débauches; je n'y crois pas. L'air de Capri n'excite pas les sens, il les endort. On l'accuse de folie. S'il est vrai que de Capri il ait continué à gouverner le monde, et à faire son rude métier d'empereur, on ne l'a pas calomnié; on a dit vrai : il était fou. Car la vraie folie quand on a le bonheur d'habiter Capri, c'est de songer à autre chose qu'au ciel, à la mer, à l'air pur.

Des montagnes de Capri, on aperçoit distinctement les rochers des Sirènes, à l'entrée du golfe de Salerne, près de la pointe de la Campanella. Les sirènes ont depuis longtemps déserté ces pierres arides, elles ont traversé le canal et ont émigré dans l'île voisine. Elles ne chantent plus ; mais on les épouse tout de même.

On aperçoit aussi, lorsque le temps est clair, des sommets du monte Solaro, le promontoire de Circé, qu'Homère nomme une île. Circé a déménagé : elle a oublié là-bas ses coupes infernales et ses immondes étables : Circé, c'est Capri l'enchanteresse; son breuvage, c'est le petit vin blanc qui mûrit sur ses treilles. Qui en a bu, devient non pourceau, mais philosophe. Pas plus qu'Ulysse, si faussement appelé sage, mon ami ne pouvait comprendre l'hospitalité des Sirènes ni celle de Circé. Les lords et les princes désabusés, devenus citoyens de Capri, donneraient à Ulysse des leçons de sagesse, à Homère des leçons de poésie !

Une première fois, en 1884, j'avais visité, comme tous les touristes, Capri et sa grotte bleue. J'avais respiré l'air frais de la mer, sur la terrasse de l'*Hôtel du Louvre*. Je ne pouvais alors pénétrer le charme intime de cette retraite. Mais déjà, j'avais dit en mon cœur : « Le jour où j'éprouverai quelque gros chagrin, quelqu'irréparable lassitude, où je voudrai reprendre haleine, à la prochaine halte de ma vie, c'est ici que je trouverai le refuge, la cachette opportune, le recueillement, c'est ici qu'il sera bon d'oublier.

Un an plus tard, presque jour pour jour, la halte était venue, après la lassitude, après l'écœurement. La suppression du *Journal de Rome*, dont j'ai raconté ailleurs les péripéties, soulevait dans la presse du monde entier des montagnes de commentaires. Mes adversaires de tous partis triomphaient bruyamment; ils s'acharnaient sur la proie tombée, sur l'œuvre tuée, sur le journaliste répudié. Et moi, j'étais tenté de répondre, de rétablir la vérité, d'expliquer les causes, de me rejeter dans la mêlée d'où je sortais blessé. Je sentais que chaque mot échappé à ma plume, dans des circonstances si graves, deviendrait une faute. Il fallait accepter la défaite, et pour cela, me boucher les oreilles avec de la cire, fermer mes yeux à tous les journaux remplis de nos aventures, aller dans un lieu où le bruit du monde ne parvienne pas, où la presse ne pénètre pas, où mon nom n'excite pas de polémique, où l'on ne me fasse pas redire mes vicissitudes. Ni la France, ni la Suisse, ni l'Allemagne, ni la Belgique, ni la Hollande ne m'offrait une retraite assurée.

Mais il y avait Capri! Je me rappelai Capri et la terrasse de l'*Hôtel du Louvre*, Capri qu'un pressentiment m'avait désigné comme l'île de l'oubli! Capri n'a pas trompé mon espoir, ni trahi ma confiance.

Installé à l'*Hôtel du Louvre*, avec un confort qui semblerait la misère à Trouville, mais fort élégant pour les plages italiennes, j'y trouvai ce que j'y cherchais : la paix profonde. Ma femme et mes enfants y trouvèrent la santé, la salutaire distraction de la belle nature et de la mer.

Nous consacrâmes les premiers jours aux excursions de touristes. Elles ne manquent pas dans cette île de douze kilomètres de tour! Le moindre pas dans Capri est une ascension. C'est l'île des chèvres, non pas que ces animaux y abondent; je ne me souviens pas d'en avoir vu aucun; mais, s'il y en avait, leur humeur grimpante s'y donnerait facile carrière. A défaut de chèvres, il y a les ânes et les petits chevaux de montagne, et même au besoin, une ou deux voitures : car le gouvernement italien a construit à grands frais, au bénéfice de ces deux voitures, une route carrossable qui relie les trois villes principales et uniques de Capri, la Marine, la ville proprement dite et Anacapri, en tout 4000 habitants! Mais cette route carrossable, si dispendieuse, ne sert jamais aux indigènes, et après huit jours, sauf nos souliers dont nous n'avons pas encore consenti à abandonner l'usage, nous étions devenus semblables en tout aux indigènes. Nous méprisions la route, et, nous grimpions les escaliers rocheux que le génie national des Caprais a taillés de temps immémorial dans les pentes abruptes de l'île. Quand la course est longue, c'est à cheval ou à âne qu'il faut monter ou descendre ces interminables gradins dont chaque marche mesure parfois plus d'un mètre. Je n'avais pas appris ce genre d'équitation au manège Pellier si cher à mon adolescence; mais après quelques épreuves je passai maître dans cette haute école.

Au bout de tant de peines, il y a toujours une récompense. Au palais de Tiberio, je ne crois pas que les ruines offrent grand intérêt même aux antiquaires les mieux doués d'imagination; mais rien de plus grandiose que la vue sur les deux golfes, celui de Salerne et celui de Naples, rien de plus charmant aussi que l'hospitalité de l'ermite. Car à Capri, à côté des ermites mondains on rencontre encore des ermites religieux, de vrais ermites qui n'ont pas épousé la moindre Capraise. Entre le sort des uns et celui des autres, je ne sais pour lequel j'opterais. Les ermites religieux, avec leurs petites chapelles, leur clochette, et leur bon vin sont bien heureux. J'ai conversé avec les deux ermites de

Capri, celui du Monte-Tiberio et celui du Monte Solaro. Chacun règne sur une des deux grandes montagnes de l'île : je n'ai jamais entendu dire qu'ils se fussent querellés ni que l'un eût entrepris sur le domaine de l'autre. Leurs ermitages n'ont pas d'histoire, heureux ermites !

Et au retour de ces promenades, quand la nuit tombe, et qu'à la première fraîcheur, on arrive à cet isthme voisin de la ville, d'où la vue plonge sur les deux côtés de l'île, c'est plaisir de voir sur l'une et sur l'autre mer s'allumer les innombrables falots des barques de pêche. Ce tableau, bien classique, est toujours charmant à regarder. Dieu épargne à cet isthme la visite de M. de Lesseps !

Une famille capraise préside à nos excursions terrestres et maritimes. Le père Alessio avec ses fils, ses beaux-fils, gendres et neveux, conduit notre barque. Ses filles Concetta, Teresina, Maria, intrépides danseuses de tarentelle, conduisent nos chevaux et nos ânes. De plus Alessio excelle à assaisonner la soupe au poisson. J'en demande pardon à madame Roubion, hospitalière patronne de la Réserve marseillaise, inventrice présumée de la bouillabaisse; mais la soupe de rougets préparée par Alessio de Capri, quand la pêche a été bonne, surpasse en poivre et autres condiments toutes les bouillabaisses connues à Marseille. De plus, nous allons savourer ce chef-d'œuvre dans la maison d'Alessio, une étrange maison, pleine de tunnels et d'escaliers, avec terrasses nombreuses, qui ressemble à une redoute, à un château fort, à toutes les constructions imaginables excepté à une maison de pêcheur.

Une grande chambre fait l'office de dortoir pour toute la famille qui est nombreuse. Il est vrai que chaque lit élevé de deux mètres au-dessus des pierres du plancher peut contenir toute une famille. Quand un enfant tombe de là-haut, il serait estropié, si c'était un Parisien ou un Anglais. Mais les enfants et petits enfants d'Alessio sont solides, et après quelques chutes de ce genre, je crois qu'ils pourraient hasarder le saut de Tibère, à coup sûr celui de la roche Tarpéienne!

Tous les enfants d'Alessio ne sont pas là. Un fils est sergent dans la marine royale. Un autre est parti à Montevideo, où il fait fortune en vendant des pommes de terre. La plupart des Caprais s'en vont ainsi à Montevideo ou à Buenos-Ayres se livrer à ce métier, évidemment honorable, mais de plus, paraît-il, productif. Aussi ne rencontre-t-on guère de jeunes gens à Capri. L'aînée des filles d'Alessio, Concetta attend son fiancé, parti depuis sept ou huit ans, pour vendre des pommes de terre aux Américains du Sud. Il va revenir; Concetta ne doute ni de son retour, ni de sa fidélité. Aussi le mariage fait, Concetta partira-t-elle avec son époux, et ils seront deux à colporter le précieux légume : double fortune.

Depuis que je sais cela, j'ai acquis une certaine commisération pour les habitants du Pérou et de la République Argentine. Eh quoi? ils savent faire pousser les pommes de terre; mais pour les vendre, ils ont besoin qu'une vingtaine de Caprais quittent chaque année leur bon et riant pays, traversent une immensité d'Océan, et la ligne équinoxiale? Tous les Caprais s'enrichissent à prêter cette aide aux Argentins et au Péruviens! Je ne comprends pas.

Souvent, un des fils d'Alessio me conduit le matin à la grotte d'azur. J'aime à y prendre mon bain, à plonger jusqu'au fond de cette eau limpide et tranquille inondée de lumière céleste, où les poissons brillent comme autant de lampes électriques, où les rochers noirs apparaissent comme des monstres marins. Rien de plus romantique, que ce bain dans l'azur. Les premières fois, j'excitais la méfiance de l'homme dont la profession est de se baigner dans la grotte bleue, moyennant un franc, pour faire admirer aux Anglaises le contraste de son corps nacré par l'eau lumineuse avec sa tête noircie par l'obscurité de l'air. Il craignait surtout que mon bain ne se prolongeât jusqu'à l'arrivée du bateau à vapeur de Naples. Alors, j'aurais moi-même servi de phénomène et adieu la *mancia!* Une *mancia* préventive le rassura sur mes intentions et j'eus soin d'abréger mon bain, de peur que quelque jolie Américaine n'eût la tentation de m'offrir le pourboire réservé au nageur de profession.

C'est encore à Alessio que nous dûmes, ma femme et moi, d'assister au miracle de saint Janvier à Naples, le 19 septembre. Avertis la veille au soir de l'imminence du miracle périodique, il ne fallait pas songer à attendre un bateau à vapeur, pour nous rendre à Naples. Avec six robustes rameurs, Alessio se fit fort de nous conduire à temps, si nous voulions partir à cinq heures du matin. La mer était assez calme, la traversée fut délicieuse. Un requin vint à souhait nous présenter son dos redouté des baigneurs, et il eut la complaisance de se laisser contempler pendant quelques secondes. On ne rencontre pas tous les jours ce terrible visiteur dans les eaux enchanteresses du golfe. Ce matin-là aussi, des poissons-volants passèrent à côté de notre barque. Je n'en ai jamais vu d'autres. Les hôtes de la mer de Naples semblaient s'associer à la joie de la grande ville, en ce jour de fête solennelle. Ils s'ébattaient paisiblement pour notre plaisir.

Quand nous entrâmes dans le port, après cinq heures de voyage, le canon tonnait à toutes les forteresses, les cloches sonnaient à toute volée, et Dieu sait s'il y a des cloches à Naples et des cloches bruyantes. Hélas! saint Janvier ne nous avait pas attendus. Dès dix heures du matin, son sang avait bouilli. Nous arrivâmes un quart d'heure après le commencement du miracle. Nous fûmes d'ailleurs bien vite consolés, parce que la population napolitaine n'avait pas eu le temps de témoigner sa pittoresque impatience, ni d'injurier le saint, ainsi qu'elle a coutume de faire, quand saint Janvier est inexact. Le spectacle, ce jour-là, n'avait pas présenté la sauvage étrangeté accoutumée.

Le chapitre de Naples offre un spectacle imposant; les chanoines portent la mitre et la chape comme des évêques. Le cardinal San Felice, si beau, si distingué, préside à la cérémonie. Un prêtre, revêtu d'ornements magnifiques, offre la précieuse fiole aux baisers de la foule ardemment pieuse. Saint Janvier s'est montré empressé à satisfaire les désirs de son peuple. C'est un signe favorable, et Naples est en liesse.

Nous nous approchons, et, à notre tour, nos lèvres touchent la relique. Le miracle se continue pendant plusieurs heures. Je vois le sang vermeil couler et bouillir dans les deux ampoules. Quelques semaines auparavant, je l'avais vu tout noir et coagulé.

Je rapporte ce que j'ai vu. La fiole qui contient le sang du martyr a la forme d'une lanterne de voiture ; un large cercle en argent, surmonté d'une couronne et porté par un pied cylindrique, enferme deux verres de cristal. Au sommet du cercle sont suspendues deux petites ampoules, absolument isolées. Dans le courant de l'année, ces ampoules sont à moitié remplies d'une sorte de pâte épaisse et noirâtre. Aux fêtes de saint Janvier, on porte la fiole sur l'autel, et on récite des oraisons ; au bout d'un certain temps, long ou court, cette pâte se soulève, comme si elle entrait en ébullition : puis elle se liquéfie peu à peu, et devient rose et limpide. Alors un chanoine saisit la fiole : le peuple éclate en applaudissements et en cris enthousiastes. On retourne le reliquaire et le sang coule, comme une eau colorée, dans les ampoules. Le miracle dure plusieurs heures ou seulement quelques minutes. Pendant ce temps, on baise la fiole et on la touche du front.

Aucune des explications données par les sceptiques n'est admissible. Ce n'est pas la chaleur des cierges qui suffit à expliquer la fusion et l'ébullition d'une matière isolée entre deux lames de glace, distantes de plusieurs centimètres des ampoules qui contiennent le sang.

Le peuple napolitain a une foi absolue dans le miracle de saint Janvier, et quiconque se permettrait le moindre doute à cet égard, risquerait un mauvais parti. En s'associant par ses canons à la joie de la foule, le gouvernement fort peu religieux de l'Italie agit prudemment. Un régime qui ne reconnaîtrait pas saint Janvier ne saurait longtemps tenir à Naples.

Je dois dire que la région est fertile en miracles périodiques de ce genre. Saint Janvier a été exécuté à Pouzzoles en 305, sous Dioclétien. Les traces de son sang tachent encore la pierre sur laquelle fut tranchée la tête du martyr. On dit qu'à l'heure même où commence la liquéfaction du sang à Naples, à Pouzzoles, les traces du même sang deviennent liquides et rouges. A Sorrente, où séjourna saint Pierre, aux fêtes du saint, les colonnes de la cathédrale s'inondent d'une sorte de sueur mystérieuse. De l'autre côté de la pointe de Sorrente, à Amalfi, sur le golfe de Salerne, j'ai admiré le tombeau qui recouvre le corps de saint André. Aux fêtes du saint, le sépulcre sacré distille les gouttelettes d'une huile appelée : manne de saint André.

Le miracle de saint Janvier a plus de réputation, parce que toute une grande ville, de nombreux touristes, en sont témoins chaque année. Mais il n'est ni plus ni moins extraordinaire que les miracles voisins Je crois bien que saint Costanzo, patron de Capri, opère aussi quelque merveille. J'ai dit ailleurs comment il a préservé son île du choléra en 1883.

L'île de Tibère est devenue de nos jours l'île des peintres. Toute une colonie artistique s'est établie à Capri, et son quartier général est situé à l'hôtel Pagano remarquable par un superbe palmier, et par les peintures qui décorent la salle à manger, tout comme à l'auberge de Barbizon, près Fontainebleau. Les points de vue abondent en effet, dans cet espace restreint, autant que les beaux modèles. La nature se montre tour à tour gracieuse et fleurie sur les pentes couvertes de myrtes, d'aloès, de vignes, de figuiers, de grenadiers et de citronniers, ou sauvage et grandiose au Val de Mitromania ou en face des splendides écueils appelés Faraglioni. Le tour de l'île fait en barque offre une succession ininterrompue de merveilles. Dans la grotte verte on se croirait dans un palais de fées ; la rame soulève des émeraudes, des opales, des perles. Le pinceau ne saurait reproduire ces jeux infinis de la lumière dans les flots. Du moins, l'imagination de l'artiste s'exalte et s'affine au spectacle, toujours varié, toujours nouveau de ces splendeurs naturelles. La création apparaît là revêtue des plus somptueux atours.

Dans cette colonie artistique dominent les Anglais et surtout les Allemands. Le coloris de la nature méridionale les attire et les surprend par le contraste avec la nature du nord. La ville de Capri est toute pleine de marchands de couleurs. Les perruquiers, les cafetiers, les merciers, vendent tous l'ustensile des ateliers et parlent le jargon des peintres. Les perruquiers surtout, qui en tous pays prétendent que leur métier confine à l'art, ont adopté non seulement la langue spéciale, le *chic* de leurs principaux clients, mais même leurs principes politiques.

Au rebours du peuple français, les gens du peuple italien ne disent jamais de grosses sottises. Parlez politique à un décrotteur italien, il répondra peut-être par une erreur, jamais par une absurdité. Tentez la même expérience à Paris : presqu'à coup sûr vous obtiendrez une monstrueuse bêtise. Sans doute le peuple italien va moins à l'école et lit moins les journaux; c'est le secret de la supériorité incontestable de son bon sens. Ce n'est pas à Capri, île fermée à la politique, que j'eusse attendu une dérogation à cette règle générale. Mais il paraît que la conversation des artistes a commencé à tourner la tête de quelques-uns de ces pauvres gens. Un barbier m'a dit un jour :

— Moi, monsieur, je suis républicain.

— Eh quoi! demandai-je, ne vivez-vous pas ici en république? La plus parfaite démocratie n'est-elle pas le régime de votre île? Vous n'avez ici ni seigneurs, ni fonctionnaires, ni bourgeois : vous êtes tous égaux.

— Oui, mais cela me gêne qu'il y ait un roi à Rome; cela me choque.

— Et pourquoi?

— Je ne puis comprendre pour quelle raison je ne suis pas à la place du roi de Rome et lui n'est pas à ma place ici.

— Gagneriez-vous au change? Mais croyez-vous que le roi sache faire la barbe aussi bien que vous?

Je croyais causer avec un ouvrier parisien... Ce perruquier était un Caprais perverti... par les peintres.

A côté de la peinture des *forestieri*, il y a aussi une peinture indigène, assez productive. J'ai visité l'atelier d'un artiste caprais, qui s'est fait une fortune raisonnable par l'industrie suivante :

Il achète une douzaine de toiles, un bel assortiment de couleurs et une collection de palettes chez un mercier de la ville. Il dispose les toiles en cercle autour de son atelier; il étale chacune des sept couleurs de l'arc-en-ciel sur chacune de ses sept palettes. Un modèle de paysage caprais est fixé au mur. Quand ces préparatifs sont achevés, il appelle sa femme et ses enfants : et il procède à la distribution des palettes... A la femme échoit le bleu, au fils aîné le vert, à la fille cadette le jaune, etc. Lui, se réserve le rouge. A un signal, le travail commence. Chacun remplit sur chaque toile la couleur dont il a le monopole. C'est une course de toute la famille autour des douze toiles; en un clin d'œil le mari, la femme, les fils, les filles ont, conformément au modèle commun, appliqué aux bons endroits le ton répandu sur leur palette respective. Il ne faut pas une heure, grâce à cette division du travail, pour couvrir les douze toiles et en faire douze tableaux semblables.

Le curieux, c'est que ces tableaux offrent une belle apparence, une sincère couleur locale. Pour ma part, je les préfère à la plupart des études laborieuses que produisent les artistes allemands ou anglais de Capri. Chacun de ces tableaux, ainsi composé, trouve sans peine amateur à 20 fr. En marchandant, on les obtient pour quinze ! $15 \times 12 = 180$ fr. Notre Caprais n'a pas perdu l'heure de travail imposée à sa famille !

Dans les chapelles russes, chaque choriste ne donne qu'une note, comme un tuyau d'orgue. Dans l'atelier de notre Caprais, chaque membre de sa famille ne donne qu'une couleur, comme un rouleau d'impression en chromo. Mais cette couleur est belle !

Du reste, seuls, les artistes et les mariniers travaillent à Capri. La terre produit sans effort tous les fruits à profusion. Les *forestieri* apportent sous forme de pourboire, le complément de la subsistance nécessaire aux 4,000 habitants. Puis, chaque année, l'Amérique du Sud rend à l'île quelques-uns de ses enfants enrichis dans le commerce des pommes de terre, et ils y viennent paisiblement manger leurs revenus dans la propriété familiale.

C'est un heureux pays. Le syndic y exerce les fonctions de roi, et sa royauté est douce. Les questeurs, les gendarmes se livrent au plaisir du *far-niente*. N'était la prison des soldats qui se trouve placée dans l'île, on n'y aurait jamais vu un scélérat. Parfois un de ces soldats s'échappe; alors la terreur règne dans Capri, mais pour peu de temps. Car après un jour ou deux, les carabiniers retrouvent le fugitif, saoûl de raisins et de figues, comme une grive. Il s'était enfui pour satisfaire ce besoin d'indigestion que l'école des médecins de Salerne assignait, pour chaque mois, à la nature humaine : *semel mense, ebriari*. Il s'est grisé aux vignes, s'est repu aux figuiers et rentre à la prison. Les clôtures n'existent pas aux jardins de Capri. A quoi bon? Le fugitif se laisse reprendre. Où pourrait-il être mieux?

Tout invite à la paresse, dans ce délicieux climat. Un homme de lettres de mes amis s'était retiré à Capri pour travailler à l'aise. Depuis trois mois, il s'était cloîtré dans une agréable maisonnette.

— Avez-vous bientôt achevé votre roman?

— Le voici.

Il me montra un gros cahier de papier blanc. Sur la première page était marqué le chiffre 1.

— A quoi bon travailler? me dit-il. On ne dépense

rien et on jouit de tout ce que la nature a fait de beau et de bon.

Jamais à Capri, je n'aurais pu écrire ces souvenirs de Capri. Et moi aussi, j'avais apporté des rouleaux de papier, croyant que la solitude et l'ennui me contraindraient au travail. La solitude, en face de la mer, en face du Vésuve! L'ennui, sous ce beau soleil, par ces belles nuits! Jamais je n'ai été aussi occupé, et si je prends la peine d'écrire ces choses, je crains bien que ce ne soit pas pour le plaisir de mes lecteurs; mais c'est pour revivre, pendant quelques minutes, la vie simple, la vie innocente, la vie délicieuse qu'on mène à Capri.

CHAPITRE QUATORZIÈME

AMALFI, SALERNE, PŒSTUM

SOMMAIRE

Voyage antique. — Mon équipage. — Une ville déserte. — Amalfi. — Le couvent des capucins — La cathédrale. — La vallée des Moulins. — D'Amalfi à Salerne. — Rovello. — Les buffles de Pœstum. — Pas de mendiants ! — Plus de roses ! — Un tourniquet dans la solitude. — Je trouve le mendiant. — Le temple de Neptune. — L'art grec. — Une amphore moderne. — Salerne et Hildebrand.

Septembre 85.

De l'ermitage du Monte-Solaro, à Capri, à la lueur pourprée d'un beau coucher de soleil, l'anachorète me détaillait l'immense étendue du paysage. A droite, derrière Ischia, les îles Ponzio, et à l'horizon le promontoire de Circé; à gauche, à l'entrée du golfe de Salerne, presque à nos pieds, les écueils des Sirènes, et là-bas, devant nous, tout au fond dans la brume, sur cette côte plate, Pœstum, Pœstum la colonie des Sybarites, la ville de Poseidôn, Pœstum, dont les temples rivalisaient avec ceux d'Athènes, Pœstum, la terre des roses!

Peu de semaines auparavant, j'avais visité Syracuse

et ses amphithéâtres, Girgenti et ses temples. L'antiquité grecque me possédait.

Dès le lendemain, je traite avec Alessio, le nautonier, et ses quatre fils ou gendres, vigoureux éphèbes. Notre barque semblable à celle qui portait Ulysse ou Enée, fendra les flots tyrrhéniens que parcoururent ces héros, semblables aux dieux : comme eux je demanderai l'hospitalité aux peuples du rivage; j'admirerai les monts grandioses qu'ils ont admirés. A défaut d'Athéné ou d'Aphrodite, dont je n'ai pas la fortune d'être le protégé, à l'exemple de ces grands hommes, j'aurai du moins pour guides Homère et Virgile, qui les ont immortalisés. Et si parfois les divins aèdes faiblissaient à leur tâche, le nocher Alessio et ses rameurs agiles y suppléeront par leurs récits. La côte leur est familière: ils connaissent les usages, les mœurs et le nom des villes nombreuses qui se mirent dans le golfe bleu.

Capitaine prévoyant je garnis mon navire d'amples provisions de bouche; il faut s'assurer contre la tempête ou le calme plat. Alessio se charge de la provision d'eau et de la nourriture de l'équipage, composée de quelques poissons secs et de pains noirs. La surabondance de mes vivres ne sera pas perdue; et l'équipage y trouvera un utile supplément de ration.

On me dit que le *vaporetto* de Capri m'eût aussi bien conduit à Pœstum, avec une caravane d'Anglais, et pour bien meilleur compte. Mais ce *vaporetto* me semble bien prosaïque. Il va droit au but, sans imprévu, sans aventures, avec la régularité d'un véhicule frété par M. Cooks.

Moi aussi, tout comme Lamartine et Alexandre Dumas, je voguerai sur mon navire, à moi. Ce n'est qu'une pauvre barque, parce que je ne prétends égaler en rien ces incomparables maîtres; mais c'est ma barque; et moi aussi, je découvrirai la Méditerranée.

Ma femme et mes enfants me font leurs adieux. comme si je partais pour le Nouveau-Monde. Tandis qu'à force de rames, Alessio et ses compagnons doublent la *punta del Calato*, en rasant les écueils, je donne un dernier regard aux mouchoirs qui s'agitent sur la terrasse de l'*Hôtel du Louvre;* je réponds par un dernier salut à ceux qui me sont chers et que j'abandonne pour l'aventure :

Illi robur et æs triplex
Circa pectus erat...

L'air est lourd, la chaleur accablante; peu de vent. Il faut traverser à la rame le détroit qui sépare Capri de la pointe de Campanella. Nous prenons le large pour chercher un peu de brise, et les montagnes de la Calabre, au sud du golfe de Salerne, se développent dans leur sécheresse grandiose. Je me figure ainsi la Grèce. La barque marche lentement : Alessio me dispose une sorte de lit, fait de toile à voile capitonnant mal une planche détachée du fond de l'esquif; je m'y étends et je navigue dans la posture d'un Antoine ou d'une Cléopâtre : la pourpre et les couronnes de fleurs manquent seules à ma majesté. D'un œil indolent, je regarde passer les villages blancs qui éclatent sur le fond jaunâtre de la montagne. Alessio et ses compagnons mangent leur poisson salé et me passent l'amphore qui garde à l'eau, avec un goût prononcé de terre cuite, un reste de fraîcheur. Ils parlent peu et je ne comprends guère ce qu'ils disent; car le dialecte caprais ressemble à l'italien, à peu près autant que le volapük au français.

Les heures succèdent aux heures, et je comprends comment les voyages d'Ulysse, qui demanderaient à un anglais à peine deux ou trois jours dans un *steam-boat*, durent une dizaine de mille vers. Mais comme le monde est devenu triste et désert depuis la chute de Troie! Les sirènes ne chantent plus, tandis que pendant près d'une heure nous passons la revue de leurs insipides rochers. Inutile de se faire attacher au mât; et nous avons bien fait d'oublier la provision de cire destinée à boucher nos oreilles. Je regrette les sirènes, en dépit de leurs queues de poisson. Je suis sûr que les coquettes savaient les tortiller avec grâce et s'en faire un ornement. Après tout, ce n'était pas plus laid qu'un pouf ou qu'une crinoline. Neptune ne nous veut aucun mal; et il nous épargne la tempête classique. Il faudrait peu de temps aux prisonniers d'Eole pour nous atteindre, s'ils voulaient s'échapper de leurs îles, car Stromboli fume à peu de distance : mais c'est à peine si vers quatre heures, Eole nous détache une petite brise tout juste suffisante pour rider la surface de l'eau et hâter lentement la marche de notre barque.

Enfin nous passons en face de Positano, grand village de riant aspect. Les maisons immaculées s'étagent au milieu des jardins. Alessio me raconte que cette ville d'apparence si florissante, et qui fut un grand port sous les rois d'Anjou, est devenue à peu près déserte. Tous les habitants en sont partis pour chercher fortune...

— En Amérique?

- Quelques-uns, oui.
— A vendre des pommes de terre ? Alors! ils font concurrence aux Caprais.
— Non, à cirer les bottes dans les rues de New-York. Mais beaucoup aussi font le colportage dans la Calabre.
— Et pourquoi ?
— Ils étaient trop malheureux chez eux.
— Malheureux dans ces jolies maisons, devant cette mer d'azur, sous ce beau ciel!...
— Oui, mais la mer et le ciel ne rapportent pas d'argent.
— A quoi bon l'argent quand la nature fournit tout ?
— Ah ! Excellence, l'argent, c'est l'argent.
— Et qui habite leurs maisons ?
— Vous, si vous voulez. Pour trente ou quarante francs par an, le prix de l'impôt, vous aurez la plus belle demeure de Positano. Les vieillards et les enfants gardent la ville, veuve de ses adultes.

L'offre est tentante; Positano me plairait : mais je ferai comme ses habitants; j'attendrai d'avoir fait fortune à écrire des livres, des articles de journaux, ou à cirer des bottes dans de grandes villes sombres et humides, avant de me donner le luxe d'un palais de quarante francs à Positano.

Nous doublons la pointe de Conca Marina; on entrevoit enfin les hauteurs d'Amalfi, terme de notre première étape marine. Alessio me fait voir une grande habitation sur la montagne; il me dit qu'elle appartient à un général français, dont le nom dans sa bouche est inintelligible, malgré notre bonne volonté réciproque. Heureux guerrier!

L'aspect d'Amalfi, vue de la mer, me transporte d'enthousiasme. Il est plus de quatre heures du soir. Nous naviguons depuis neuf heures du matin, presque toujours à la rame. Les rameurs sont fatigués de ramer, moi de ne rien faire et de les voir faire. Je salue la terre gracieuse où nous abordons.

Amalfi occupe le fond d'une petite baie; elle est collée sur la montagne, et les terrasses du couvent des Capucins portées par une longue rangée d'arcades blanches, couronnées de vignes et d'orangers, produisent un effet grandiose. La cathédrale lance à mi-chemin du ciel sa grosse tour carrée, et derrière la ville une gorge profonde toute tapissée de verdure, où l'on devine la fraîcheur et l'ombre éternelles, complète un des plus riants tableaux qu'on puisse imaginer.

En descendant, je me laisse happer par les gens de l'hôtel des Capucins, succursale voisine de la plage, du superbe couvent que j'admirais tout à l'heure de la mer et qui est converti en hôtel.

J'ai encore deux heures de jour pour visiter la ville. Un gamin déguenillé prend possession de moi. Il m'engage dans un dédale de tunnels et d'escaliers couverts ; ce sont les rues de la ville. Elles passent sous les maisons : on gagne ainsi sur le terrain l'espace d'une chambre suspendue. C'est commode pour garantir du soleil, mais ce n'est pas toujours propre. Une population nombreuse grouille sur ces marches inégales et dans ces souterrains. Elle a cette physionomie misérable, fière et radieuse des peuples que le soleil habille et nourrit. Au terme d'une course assez longue, après d'interminables escaliers, nous parvenons au couvent.

La révolution italienne a fait de ce couvent un hôtel, mais sans y rien changer, pas même les Capucins. Je ne sais comment ces bons Pères accommodent la règle de leur ordre avec la vie d'hôtel; mais plusieurs d'entre eux ont été oubliés là; ils y restent pour l'ornement et la couleur locale. Leurs robes de bure et leurs longues barbes conservent au couvent l'aspect d'autrefois pour le plus grand agrément des hôtes de l'hôtel, et c'est plaisir de les voir méditer sous les charmilles. Les cellules, changées en chambres, n'ont reçu qu'un faible surcroît de mobilier. Le réfectoire fournit une belle salle à manger, et la chapelle est toujours une chapelle. Au couvent des Capucins, le voyageur peut soigner à la fois son âme et son corps, et faire, s'il lui plaît, de son séjour une retraite. La vue du haut de ces terrasses est splendide : surtout de la vaste grotte qui les termine et où l'aubergiste a pieusement conservé un terrifiant calvaire, disposé suivant l'art réaliste des enfants de saint François. Hôtellerie délicieuse pour les gens qui ont de bonnes jambes ou pour ceux qui n'en ont pas du tout.

En quatre bonds, l'enfant qui me guide m'a ramené au bas de la montagne, sur la place d'Amalfi, où s'élève, au sommet d'un grand escalier (toujours des escaliers), la cathédrale.

On dit qu'au moyen âge, Amalfi comptait 50,000 habitants; où logeaient-ils? car je ne sais de quel côté pouvait s'étendre la ville serrée dans une gorge et appliquée contre des montagnes. Elle n'est pas trop grande aujourd'hui pour les 7000 âmes qui lui restent. Ils logeaient peut-être dans la cathédrale, monument du xie siècle, vaste et encore magnifique, malgré les restaurations.

On s'étonne souvent en Italie de voir de superbes églises et d'illustres évêchés dans des lieux presque déserts. C'est qu'en Italie, la splendeur des églises répond moins à l'importance des cités qu'à celle des saints patrons sous le vocable de qui elles sont dédiées. La cathédrale d'Amalfi est bâtie sur le tombeau de l'apôtre saint André. La dépouille du saint a été apportée à Amalfi de Constantinople, au xiiie siècle. Des colonnes tirées de Pœstum ornent l'ancien vestibule; de magnifiques portes de bronze, incrustées d'argent, dues au ciseau de maîtres bizantins du xie siècle donnent accès dans la nef principale. De beaux sarcophages antiques, des mosaïques de Pœstum ornent ce temple majestueux. La crypte, où se trouve le tombeau de l'apôtre, est décorée avec la profusion habituelle aux sanctuaires de l'Italie méridionale. Comme celui de Naples, le chapitre d'Amalfi est un chapitre mitré.

Mon guide me laisse à peine le temps d'admirer le bel édifice. La nuit approche ; c'est l'heure de se perdre dans la vallée des moulins. La principale rue de la ville, qu'il faut traverser dans sa plus grande longueur, est étroite et populeuse, sans cesse couverte par les maisons; puis on pénètre dans la gorge, dont les points de vue varient à chaque pas. Un maigre ruisseau fait travailler de nombreuses papeteries et des fabriques de macaroni, dont les vieux édifices contribuent à rendre le paysage plus étrange et plus pittoresque. Le crépuscule ajoute un caractère mystérieux au spectacle. Je me crois subitement transporté dans une sombre gorge de la Suisse ou de la Savoie. La fraîcheur et l'industrie sont deux biens qu'on ne s'attend guère à rencontrer dans ces parages méridionaux.

Le soir, après dîner, toute la ville est en fête. On n'entend que pianos mécaniques et chanteurs ; on ne voit que danseurs. J'ai toujours ignoré quels étaient les jours non fériés dans les villes de l'Italie du Sud.

Grâce aux moustiques qui me défendent de m'arrêter au lit plus d'une demi-heure, je goûte tout entier, sur la galerie de l'hôtel qui borde ma chambre et domine la mer, le charme d'une nuit fraîche et splendide.

Au petit jour, Alessio me trouve debout, et nous voguons vers Salerne en longeant la côte, comme si nous suivions la route. Mes rameurs sont frais et dispos. Ils ont soupé la veille avec leur poisson salé et leur pain noir, auquel j'avais ajouté une ou deux bouteilles de vin. Ils ont dormi dans leur barque, mieux que moi dans ma chambre, car les moustiques n'entament pas leur peau. Ils veulent rapporter intact à la famille le prix du voyage, y compris celui de la nourriture que je paie à part, à raison de 1 fr. 50 par homme et par jour. Ils ne boivent d'autre vin que celui que je leur donne ; ils fument tous les cinq la même pipe et l'alimentent à mon tabac. Ce sont gens sobres et économes. Nos matelots français devraient prendre modèle sur la famille d'Alessio ; car pour bien travailler, ces braves gens n'ont besoin ni de snik, ni de snaps. Je ne crois pas qu'une goutte de rhum ait jamais passé par leurs lèvres.

Un bon vent nous pousse rapidement. Toutes les voiles sont dehors et les rameurs se croisent les bras. J'en suis charmé, car leur fatigue m'épuisait. Nous arriverons à temps à Salerne pour que j'y prenne le chemin de fer de Pœstum, nouvellement construit, et qui me ramènera le soir. J'aurai même quelques minutes disponibles pour acheter les provisions nécessaires à mon déjeuner, car Alessio m'avertit que sur la route de Salerne à Pœstum on chercherait en vain rien qui rappelle, même de loin, les pauvres buffets, je ne dis pas de la France, mais même de l'Italie. C'est le désert absolu.

En attendant, j'admire les jolis villages qui bordent la côte. Atrani, Ravello, Minori, Majori, Cetara, Viétri, se ressemblent à cette distance par la grâce et la propreté. Là, on bâtit les jardins, comme ailleurs on bâtit les maisons. Pour bâtir un jardin, on étage des murs le long de la montagne; sur ces murs on égalise la terre végétale, et l'on y plante des vignes, des orangers et des citronniers. Ces jardins suspendus se succèdent presque sans interruption, et la verdure des plantations alternant avec la blancheur des murailles, donne une fête aux yeux.

— Ravello, me raconte Alessio, était jadis une grande ville de 40,000 habitants. Autrefois tout ce golfe était plus peuplé que n'est à présent celui de Naples. Aujourd'hui Ravello, comme Amalfi, comme Positano, a plus de monuments que d'habitants. Voyez ce palais, là-haut; c'est aujourd'hui la propriété d'un Anglais; les Maures l'ont construit dans le temps. (Je crois qu'Alessio se trompe : les Maures n'ont fait que passer sur cette côte ; mais les rois normands et angevins construisaient leurs édifices dans le style mauresque): le pape Adrien IV et deux rois, Charles II et Robert le Sage l'ont habité : du moins, on le raconte. La cathédrale de Ravello (il y a encore un évêque à Ravello) est aussi belle, plus curieuse peut-être, que celle d'Amalfi.

Le rivage est bordé de nombreuses tours carrées, constructions sarrazines, prétend Alessio. La tradition populaire rapporte tout aux Sarrazins. A Cetara, du moins, ils se sont fortement établis durant leur première invasion.

La route d'Amalfi à Salerne me paraît surpasser en beauté la célèbre route de Castellamare à Sorrente. Les rochers et les montagnes y affectent des formes étranges, et rien n'égale la bizarrerie du cap *Tumulo* ; on dirait vraiment une gigantesque tombe construite par des patriarches antédiluviens.

Enfin apparaît au fond du golfe, entourée de hautes montagnes, la grande ville de Salerne, la capitale de la Calabre. De belles promenades longent la mer et le port : mais je cours à la gare, où va partir le train d'Agropoli, dont Pœstum est une station.

La ligne suit d'imposantes montagnes de travertin jusqu'à Battipaglia ; là, dans une plaine aride, sous l'implacable soleil, il faut attendre le train qui dessert le tronçon récemment ouvert de Battipaglia à Pœstum et qui doit un jour, prolongé jusqu'à Reggio, en suivant la côte, achever l'armature de fer qui enserre la botte italienne.

La route dénudée franchit des pâturages desséchés et des marécages fumant la malaria, où se vautrent dans la boue brûlante des troupeaux de buffles. Le buffle est au genre animal ce que le cactus ou figuier d'Inde est au genre végétal, un premier essai du Créateur, une ébauche lourde et presque informe, un être rudimentaire, sans couleur et sans grâce. C'est une espèce survivante aux mastodontes et autres pachydermes des premiers temps. Elle tend aussi à disparaître et on ne la retrouve que dans les lieux humides et déserts, dans le voisinage des fanges fiévreuses, auprès des ruines désolées. Là où le lieu est naturellement triste, le buffle le rend horrible. J'ai vu des buffles dans les parties sinistres de la campagne romaine qui longent la route de Tivoli; je les retrouve aux environs de Pœstum. Ils ruminent la mélancolie des grandeurs déchues. Entre le désert africain et le chameau existe une harmonie préétablie de forme et de couleur: le chameau a une figure d'Arabe. Entre le buffle et les marais noirâtres qui recouvrent les cités désolées, existe aussi je ne sais quelle grandiose et sauvage affinité élective. Le buffle ressemble à une ruine vivante, mais à une ruine sordide, à une ruine hantée par les esprits infernaux.

En approchant de Pœstum, une aquarelle de Gérome me revient subitement en mémoire. Depuis quinze ans, je l'avais oubliée. Je la revois tout à coup, pendue dans le salon de mon regretté ami, le sculpteur P.-J. Mène. Elle représente un vieux temple grec dont les colonnes plongent dans un marais; à côté, un grand buffle songe au néant des choses disparues. Est-ce un temple de Pœstum? Je le crois; je ne sais plus. En tout cas, c'est la même impression, et M. Gérome, avec ses yeux d'artiste philosophe, a bien vu.

Voici la station, une bicoque neuve. Où sont les roses ?

Je descends : pas même un faquin, pas un mendiant pour porter ma valise ! Pas de mendiant : en Italie, c'est la désolation de la désolation. Pas même de mendiant ! O Horace, ô Pœstum ! Et je cherchais des roses ! Je me résigne et, sous le soleil, je porte mon petit bagage ; car, confier une valise à cette cabane, qui est la gare, comment y songer ? Distraire de sa tristesse enfiévrée cet employé aux yeux vagues, pour ajouter un souci quelconque à la désespérance qu'exhale toute sa personne, ce serait une cruauté inutile. Dans deux heures, au retour du train, vivra-t-il encore ? La fièvre ou le suicide n'auront-ils pas abrégé le supplice qu'il endure à Pœstum ?

Bien entendu, nul autre que moi ne descend du train. Qui va à Pœstum, en cette saison surtout ? Je suis lentement une route blanche qui mène à un grand portique derrière lequel il n'y a rien. A droite et à gauche, des pierres jaunes figurent une muraille ruinée, sans doute l'ancienne enceinte de la ville. Au delà toujours la route blanche et ardente. Ma valise me pèse ; la soif me consume ; j'ai envie de me coucher là et de mourir, comme tous ceux qui ont habité ces lieux maudits, en songeant aux roses de Pœstum et à la volupté des Sybarites. Un peu de courage : une vieille femme m'aborde. Comment peut-on devenir vieux dans ce cloaque ? Elle paraît moribonde ; cependant elle garde la force de m'indiquer une hutte voisine. Je m'approche et je découvre un tourniquet ! Ironie des choses ! Civilisation italienne ! On a mis un tourniquet dans cet horrible désert, et, derrière ce tourniquet, un gardien des musées royaux en uniforme ! C'est évidemment un lieu de punition, le bagne des employés du ministère des beaux-arts. Quel crime de lèse-Albion a commis ce malheureux pour avoir été déporté dans cette solitude ? Il est maigre, affreux. A ma vue, il se soulève péniblement de son grabat. La surprise, une sorte de stupeur donnent un semblant de vie à ses traits minés par la fièvre.

Je crois qu'il va m'adresser en grec le discours de Philoctète à Néoptolème : « Jeune étranger, qui que tu sois....., donne-moi une place dans la sentine de ton vaisseau, aie pitié... etc., etc. » Mais non ; il me tend une série de tickets multicolores, ornés des armoiries royales, couverts d'imprimés et de signatures officielles. Il me demande deux lires et m'invite à franchir le tourniquet. Mais en même temps il saisit ma valise, la met en lieu sûr, me comble de soins et d'attentions. Je suis le *forestiere*, vainement attendu pendant de longues semaines, attendu comme le voyageur par le brigand calabrais, le *forestiere* auquel il est destiné et qui lui manque toujours, le *forestiere*, *rara avis*, le merle blanc de ce gardien des musées royaux. Aussi, comme il me choie ! Sous l'uniforme de cet employé, je trouve ce que je cherchais à la gare. Le mendiant, le voilà ! Seulement sa grandeur officielle le retenait loin de la gare ; et pourquoi irait-il à la gare ? Personne ne s'y arrête.

Le temple de Neptune se présente enfin dans sa majesté. Alors l'affreux désert disparaît. Un grand frisson religieux envahit l'âme. *Deus, ecce deus*. A peu de distance, le royaume du dieu, la mer, s'étend comme une nappe bleue. Elle est calme, rigide, grandiose, harmonieuse, hiératique, comme l'architecture du temple.

Les géomètres ont mesu les rapports exacts du diamètre de ces colonnes avec leur hauteur, la relation de la circonférence de leur base avec celle de leur sommet. Ils ont déterminé toutes les dimensions, toutes les proportions; analysé les éléments des courbes imperceptibles qui marquent l'amincissement de la base au chapiteau et fixé dans l'espace le point idéal où elles se réunissent en faisceau. Les Grecs avaient élevé la géométrie au rang des Muses; ils en faisaient l'auxiliaire de tous les arts. Platon, au fronton de son Académie, avait raison d'inscrire: « Ici on n'entre pas sans la géométrie ». La géométrie est l'âme secrète de l'architecture, de la statuaire, comme de la musique, et Pythagore entrevoyait le mystère de la création, une parcelle de l'intelligence divine, une des facultés maîtresses de l'éternelle raison, quand il divinisait les nombres. Les nombres et le rythme, les lignes et les proportions sont les premiers éléments constitutifs de la beauté. Mais quand on a tout mesuré, on n'a pas encore trouvé le secret. L'analyse chimique explique-t-elle le parfum des fleurs; les dimensions d'un visage donnent-elles la raison de l'amour qu'il inspire?

Seul, le génie grec a réalisé la plénitude de la grâce dans la géométrie. Oui, ces architectes furent d'étonnants géomètres, mais, avant tout, des artistes sublimes. Ce n'est pas la construction d'une épure, ni la démonstration d'un théorème qui conduisent à ces lignes et à ces proportions; c'est le sens délicat de l'exquise beauté, c'est l'instinct divin. La géométrie n'est venue qu'après offrir son secours à la poésie. La poésie a deviné d'abord, a pressenti les données et la solution du problème : la science l'a résolu.

Dans l'architecture grecque, la science se cache, elle se dissimule ; on n'a pas besoin de la pénétrer pour admirer son œuvre. De quoi est faite cette beauté, que nous importe ? Nous nous inclinons, nous adorons ; car Dieu est là : « Apollon dictait, Homère écrivait. » Une étincelle céleste est descendue sur l'artiste et il a conçu.

A présent, les trente-six grosses colonnes du temple de Neptune et les sept colonnes du sanctuaire ont perdu le stuc coloré qui les décorait. Quelques vestiges restent à peine des feuillages sévères qui ornaient l'entablement. Les siècles et les intempéries ont arraché le vêtement qui recouvrait ces pierres. Leur nudité élégante et chaste n'en apparait que mieux dans sa grâce et dans sa majesté. Les ornements, en tombant, n'ont rien enlevé à la beauté ; au contraire, ils la laissent mieux voir.

Devant cette simple merveille de l'art dorique, je veux oublier toute comparaison. Le souvenir des arcs romains, des voûtes puissantes que j'admirais à Rome, le souvenir des basiliques, de Saint-Pierre même, si compliqué dans sa grandeur, apporte à mon esprit je ne sais quel trouble impur, une confusion qui me fait perdre le sens du beau.

Rien n'est comparable à cet art fait de lignes ; c'est la perfection, c'est le beau lui-même. On ne le détaille pas ; il saisit l'âme entière ; il la détache des sens ; il l'emporte au monde des idées pures.

Ce n'est pas la simplicité qui frappe en ce chef-d'œuvre ; car rien n'est plus raffiné, plus complexe, plus savant que cette apparente simplicité. Le charme qu'on ressent vient précisément de ce que, en cette unité d'impression qui ressemble à la simplicité, on découvre un sujet d'études inépuisables ; en cette beauté ingénue, on remarque un nombre infini de beautés, non pas accessoires, car on ne saurait les isoler de l'ensemble, ni partielles, car on ne saurait les séparer l'une de l'autre sans qu'elles s'évanouissent toutes ensemble, mais de beautés corrélatives qui concourent, chacune à sa juste place, à la beauté totale. C'est un ravissement ; et une longue contemplation produirait l'extase.

On nous dit que la félicité du Paradis consiste à connaître éternellement, sans jamais en épuiser la connaissance, les perfections de Dieu. Je comprends cela en face du temple de Pœstum. Les sens servent à peine pour en apprécier la splendeur. Ces pierres de travertin usées par la pluie, ne sont pas belles en elle-mêmes ; l'édifice est de médiocre grandeur, et ne saisit pas par sa masse, comme le Colysée. Il ne me touche pas non plus par les souvenirs qu'il rappelle ; l'histoire de Pœstum n'a rien d'intéressant ; ni par la religion morte attachée à ces débris. L'imagination, non plus que les sens, n'a aucune part à mon émotion. Non, l'œuvre ne parle qu'à mon âme ; elle satisfait pleinement ma raison qui se complait en cette satisfaction ; elle s'y reconnaît, elle s'y épure, elle s'y affine. Cette splendeur, qui me transporte au-dessus de la nature, c'est la splendeur du vrai.

L'art ionique, l'art corinthien ont cherché l'effet dans une ornementation, sobre encore, mais jolie, et qui n'est pas essentielle à l'œuvre. Ici, tout est vrai, tout est grand, tout est beau.

Je ne décrirai pas le temple de Pœstum; tous les guides l'ont décrit. A quoi bon même en donner le dessin? Il ne vaut pas seulement par les proportions relatives que donne le dessin; il vaut par ses proportions absolues. Plus grand, plus petit, il ne serait plus lui. Il est tel qu'il est, il faut le voir. Je ne puis mieux en donner l'idée qu'en analysant les sentiments que sa contemplation a éveillés en moi.

On dit que les temples d'Athènes sont plus beaux, étant faits de marbre. Fussent-ils d'or, la matière a peu de prix en comparaison de l'idée. J'ai vu les temples d'Agrigente; et j'en parlerai : ils s'harmonisent avec un plus riant paysage. Mais je tiens le temple de Neptune à Pœstum pour la perfection même. Le génie grec a pu varier l'exemplaire de cette perfection, il n'a pu la surpasser.

L'Italie contient bien des merveilles. Quand on les a vues toutes, il faut entreprendre ce pèlerinage de Pœstum, se découvrir et méditer. C'est là qu'est la merveille.

Les autres ruines de Pœstum, loin de ce voisinage, auraient aussi de l'intérêt et du prix. La *basilique*, avec la rangée intermédiaire de colonnes, fait rêver les archéologues. Le *Temple de Vesta*, dont les colonnes s'amincissent par des lignes droites, n'est plus qu'une décadence, ou une contrefaçon, grecque peut-être, de l'art grec.

Dans les buissons d'acanthe, qui pousse abondante en ces ruines, on montre des vestiges d'amphithéâtre, de temple romain. On ne fouille pas ; on a raison. A quoi bon tirer de leur juste sépulture des débris qui ne serviraient pas même à faire valoir le temple de Neptune dont l'éternelle perfection n'a pas besoin de repoussoir ? Il est même heureux que le gouvernement italien n'ait pas d'argent pour entreprendre ces fouilles ; ce serait de l'argent perdu.

Le custode des ruines me dit que son traitement consiste dans le prix des entrées. Pœstum ne coûte rien à l'État, et combien rapporte-t-il à son gardien ? Trois ou quatre cents lires par an, sans compter les pourboires. Après cette course dans les ruines, je meurs de soif. Le custode me montre au loin une *albergo*, pauvre albergo ! Elle ne me paraît pas valoir la peine d'une nouvelle marche. Je m'arrête chez la vieille femme qui m'avait montré le chemin. Elle me tend une cruche d'eau. Si, par miracle, les roses de Pœstum se prenaient à refleurir, les habitants n'auraient ni un verre, ni un vase, pour en désaltérer les bouquets ! Je bois au goulot de la cruche, dans une posture antique. L'eau est chaude et saumâtre.

Le fonctionnaire des musées royaux me reconduit à la gare, portant ma valise sur son épaule. Il a gagné sa semaine, son mois peut-être, en cette journée.

Adieu Pœstum ; cité déserte; ville des buffles, ton horrible solitude garde le plus pur chef-d'œuvre que porte la terre Italienne; elle le défend des regards indifférents ; elle en écarte les profanes. Solitude, sois bénie! Pompei, en toute sa gloire, avec ses caravanes de touristes, Pompei, avec ses fresques, ses stucs, ses statues charmera l'archéologue et le badaud. L'artiste ira méditer devant le temple de Pœstum.

Il fait jour encore, quand je reviens à Salerne. J'ai le temps d'aller m'agenouiller dans la cathédrale devant la tombe de Grégoire VII. Le grand serviteur du Christ repose à côté des reliques de saint Mathieu, l'évangéliste. On vient de célébrer les fêtes centenaires du glorieux pape. L'église chante, aux jours saints, le récit de la passion suivant saint Mathieu. Comme son divin maître, Hildebrand a connu toutes les douleurs de la passion ; il a supporté les coups, la prison, l'exil : mais pour lui, la croix, instrument de supplice, est devenue aussi le gage du triomphe. De sa tombe, la papauté est ressuscitée glorieuse ; la tiare qu'il a si fièrement portée était doublée d'épines ; mais l'éclat en a resplendi jusqu'au ciel. Son histoire résume celle de la papauté entière ; les triomphes y succèdent aux humiliations : et jamais le pape n'est plus puissant et plus grand, que dans l'excès de l'abaissement.

Il y a fête à Salerne, fête toujours. Les grandes promenades le long de la mer, le grand théâtre à peine achevé retentissent de musique ; partout des instruments et des cris. Je vais me coucher.

Au point du jour, Alessio m'éveille : de Salerne à Capri, la traversée sera pénible ; la mer est grosse. Je revois tous les endroits qui m'ont charmé le long de cette côte, que Dieu a comblée de ses dons, si florissante jadis, aujourd'hui presque déserte. Le soir,

halé par le soleil et la fatigue, je retrouve les miens.
dans la bonne et paisible hospitalité de l'hôtel ambi-
tieusement appelé *Hôtel du Louvre*. Les aventures
m'ont manqué; mais ma mémoire s'est enrichie de souvenirs inoubliables. J'ai laissé une part de mon âme
dans le sanctuaire désolé de Pœstum.

CHAPITRE QUINZIÈME

LA SICILE

MESSINE, CATANE, SYRACUSE, GIRGENTI, PALERME

SOMMAIRE.

L'*Elettrico*. — Ses mérites et sa fin. — Le mal de mer. — Le Stromboli. — Un volcan contagieux. — Messine. — Son agréable cimetière. — Promenade au *Faro* — Charybde et Scylla. — La cathédrale. — Les madones de Gagini. — Une lettre de la Vierge. — L'Etna. — Catane. — Un hôtel bizarre. — Les jardins. — Lentini. — Mégare. — L'Hybla. — Syracuse. — La fontaine Aréthuse. — Une comparaison téméraire. — La ville antique. — Porto Empedocle. — Girgenti. — Agrigente. — Un franc-maçon anglais. — Les mines. — Un beau sarcophage. — Alexandre Dumas et les brigands — Palerme. — La politique des Siciliens. — Adieux à l'Italie.

L'*Elettrico* passait pour le plus rapide marcheur de la Cie Florio Rubattino. Il me transporte de Naples à Messine par un très gros temps, qui ne retarde pas sa vitesse. Sur ce beau bateau, j'ai souffert, pour la seconde fois de ma vie, les affres du mal de mer. Je ne lui en veux pas ; d'abord, le mal de mer « était dans mes vœux », comme dit l'Ancien. Je souffrais d'une pléthore de bile, contractée à Rome aux premiers jours de ce mois de mai. Je n'avais pu donner carrière à cette bile dans le *Journal de Rome*; elle m'étouffait. Je résolus d'en offrir des libations aux dieux marins, et c'est une des raisons qui déterminèrent mon voyage en Sicile. Puis, on pardonne aux morts ce qu'ils vous ont fait souffrir, et l'*Elettrico* a survécu peu de semaines à notre traversée. Il a péri, victime des précautions sanitaires de la municipalité napolitaine.

Lorsque le choléra éclata à Palerme à la fin d'août 1885, les Napolitains se livrèrent à une frénésie d'affolement. Je les ai vus donner la chasse aux malheureux Siciliens qui fuyaient la patrie contaminée. Toute la populace s'arma de pierres, fit le siège des hôtels et des pensions où les Palermitains cherchaient asile. Les carabiniers, venus trop tard à leur secours, reçurent une volée de projectiles. L'année précédente, j'avais assisté au choléra de Naples, dans les plus mauvais jours. La terreur des lazzaroni ne me surprit pas. Puis, leur colère passait à bon droit pour une représaille. Les Siciliens avaient fait preuve alors du plus sauvage égoïsme. Ils s'étaient enfermés dans leur île, comme un escargot dans sa coquille, interrompant même les relations commerciales, même le service de la poste. Ils avaient hermétiquement clos leurs ports, au grand dommage du port de Naples. Les Napolitains trouvaient juste de leur rendre la pareille. Ils obtinrent de plus que le lazaret, jusque-là situé à quelques kilomètres de la ville, dans la petite île de Nisida, derrière la pointe de Pausilippe, fût transporté à l'île d'Asinara, derrière la Sardaigne! C'était vraiment le comble de la précaution.

L'Asinara se trouve distante de Naples, de près de 500 kilomètres. C'est là que l'*Elettrico*, au retour d'un voyage en Orient, se brisa, dans des passes inconnues de son capitaine Il purge sa quarantaine au fond de la mer, à moins qu'on ne l'ait relevé et renfloué, ce qui est probable, car c'était un magnifique bateau.

A tous ses mérites de rapidité et de confortable, joignait-il celui d'une bonne table? Je l'ignore; car, au moment même où, en vue de Capri, la cloche du dîner sonna, je commençais à vaquer à l'opération inverse. La Cie Florio bénéficia du prix de ce dîner, et comme la plupart des passagers, ce soir-là, imitèrent ma sobriété contrainte, le commissaire de cette puissante Compagnie put inscrire un chiffre important à la colonne des profits.

Les montagnes du golfe de Salerne, illuminées par les derniers rayons du soleil, frappèrent vainement nos regards désespérés. Les passagers et moi nous ne prenions garde qu'aux montagnes d'eau qui nous secouaient horriblement. La carcasse de l'*Elettrico* craquait à faire peur; ses roues battaient alternativement l'écume des vagues furieuses. Je souffrais, mais j'étais satisfait au delà de toute espérance. Ma bile accumulée s'en allait; la médication opérait à souhait et davantage. Depuis ce temps, bien des déboires m'ont encore assailli; je n'ai plus de bile!

Quand je me reconnus suffisamment purgé, entre deux nausées, je descendis dans ma cabine et j'usai du remède infaillible, qui est la position horizontale sur le côté droit. Jusqu'au jour, je rêvai ascension et chutes, tortures diverses et surtout écartellement des membres sous l'effort de quatre chevaux bondissants; les gémissements de mes compagnons, dont plusieurs n'avaient pu escalader leur cadre et qui restaient étendus sur le plancher, interrompaient ces rêves désagréables. Enfin le jour parut à travers mon écoutille. Je trouvai la force de me hisser en chancelant sur le pont.

Nous passions à quelque distance de Stromboli, la première des îles éoliennes. Juste à ce moment, le volcan nain procédait, avec une sorte de furie, à une de ses éruptions périodiques. Il en est sans doute des volcans comme des chiens; plus ils sont petits, plus ils sont rageurs. Celui-ci lançait sa bordée de pierres en toute conscience, et son bruit ressemblait à un jappement. Seulement, son exemple fut contagieux, et moi aussi, je fis éruption. Il me fallut redescendre, reprendre la position salutaire dans mon cadre, sous peine d'imiter le Stromboli jusqu'au terme du voyage. Vers huit heures, la mer se calme; nous approchons du détroit : à droite, dans le lointain, Lipari et Vulcano, de tous côtés des montagnes. On ne distingue pas la Sicile de la Calabre; c'est la même chaîne aride qui se continue. Il semble que nous voulions nous butter au fond d'un golfe. Impossible de deviner le passage. Encore quelques tours de roue, et l'étroit couloir apparaît au moment d'y entrer. A gauche se dresse Scylla; de l'autre côté la pointe de Faro; une tache dans l'eau bleue indique Charybde. Scylla et Charybde ont perdu leurs épouvantes. Cependant la mer mugit et bouillonne autour de Scylla, et parfois les chiens, dont parle Homère, semblent se réveiller. Quant à Charybde, il ressemble au plus innocent des tourbillons. Il me paraîtrait facile, malgré Charybde, de franchir le détroit à la nage; et lorsque Schiller a étudié le remous des moulins, pour chanter l'exploit de Pesce Cola, il avait sous les yeux des tourbillons moins vastes, mais beaucoup plus agités que Charybde. C'est pourquoi il a si poétiquement exagéré la description.

A gauche, Reggio s'étend comme une vaste nappe blanche, au pied des montagnes de Calabre. Nous entrons dans le port de Messine, détaché comme une faucille dans la mer, et dont la forme a donné à la ville antique son premier nom de Zancle.

Messine s'élève en s'allongeant sur les pentes escarpées. Ses maisons, ses palais se détachent dans une lumière limpide. Je salue la vieille Sicile, chère à mes souvenirs classiques, la terre des dieux et des pasteurs, où Ulysse vainquit le Cyclope, où Acis aima, où Eschyle mourut, où Archimède trouva, où Théocrite chanta, où Verrès vola.

A en juger par le confort de l'hôtel où le faquin me conduisit, au sortir du port, la vie sicilienne est simple, plus simple même que la vie napolitaine. L'espadon, accommodé à des sauces diverses, forme le fond des menus. C'est un poisson dur et charnu comme l'esturgeon ou le thon frais. Je le savoure avec plus de curiosité que de plaisir.

Longues et belles avec monotonie, les grandes rues de Messine, qui longent la mer et qu'inonde un soleil ardent me lassent vite. Je remarque seulement les charrettes, produit amusant et singulier de l'industrie sicilienne. La caisse, les roues sont peintes en jaune taché de rouge; sur les flancs de la caisse, des coloristes naïfs ont représenté des scènes de la Bible ou de l'histoire chevaleresque. Ici, l'imagerie d'Épinal va en voiture. Plus curieux encore est l'attelage. A Naples, les ânes ou les petits chevaux sont couverts de harnais de cuivre ciselé, buriné, étincelant, avec clochettes, pagodes, tout un clinquant. Le harnais sicilien est tissé de laines multicolores, avec houpettes, glands, effilés d'une singulière richesse. Rien de plus plaisant à l'œil que ces petites voitures, alertes, pimpantes, gaies. Le costume seul des Siciliens fait tache sombre; il n'a gardé aucun caractère, et les Napolitains l'emportent en pittoresque.

Je prends le parti de me confier à un fiacre. Le cocher, fort complaisant, sans avoir la servilité louche des cochers napolitains, me sert de cicérone.

— Menez-moi, d'abord, au plus bel endroit de Messine.

— Signor excellenza, allons au Campo-Santo.

— Merci; votre Messine n'est pas une ville gaie.

— Pardon, excellence, notre cimetière est gai.

— Plus gai que le reste de la ville?

— *Siguro*.

— Vos morts sont donc bien logés?

— Mieux que les vivants, et ils jouissent d'une plus belle vue.

— Alors, chez vous, il est mieux d'être mort que vivant?

— *Siguro*; notre municipalité dépense tout son revenu pour les morts.

Rendons-leur donc visite.

> Par un chemin montant, sablonneux, malaisé
> Et de tous les côtés au soleil exposé,

nous arrivons à la suprême demeure des Messinois. Automédon ne m'a pas menti. Là-haut, c'est la vraie ville, la riche, la belle. Des profusions de fresques encadrent des profusions de marbres, au milieu de jardins délicieux, étagés le long de la montagne. Les plantes les plus rares y exhalent les parfums les plus capiteux. Le custode des morts, tout en me faisant admirer l'opulence de sa cité, me cueille un bouquet digne d'une princesse. Je regrette que tous ces morts me soient absolument indifférents. Si j'avais là quelque tombe à arroser de mes larmes, j'aimerais que de cette larme naquît une telle fleur, et que ma douleur s'exhalât ainsi en parfum sur une dépouille bien-aimée. Amants romantiques, c'est à Messine qu'il faut soupirer; la mort y sent bon; elle est gracieuse, et les roses du cimetière s'y épanouissent avec tant d'éclat, qu'elles vous inspirent mille comparaisons gracieuses. Le fossoyeur de Messine, plus aimable que celui de Shakespeare, ne joue pas avec les crânes de son domaine; il tresse des couronnes de fleurs. Si j'avais une coupe, je l'en ornerais et je dirais joyeusement le *Carpe diem*. Oui, saisissons le jour qui vient, dévorons-le et hâtons-nous; amer ou doux, qu'importe? Buvons-le vite; car la mort heureuse nous guette, et dans un si beau cimetière, le repos est un doux plaisir.

Ce cimetière est si riant, qu'on ne voudrait jamais le quitter !

A Tarquinie, les Étrusques offraient à leurs morts leurs plus précieux objets et leurs plus délicates peintures. Quelque sentiment païen a survécu sans doute en Italie ; car on y prend un soin extrême du bien-être funèbre ; on y loge somptueusement la guenille. Certes, on dépense ce qu'il faut pour les messes, utiles à l'âme. On dépense plus qu'il ne faut pour « l'autre ». On prépare un cadre merveilleux à la résurrection des corps. Le Campo-Santo de Pise est trop connu pour que j'en redise les beautés. Mais assurément, le quartier le plus propre, le plus magnifique de Rome, c'est le Campo Verano avec son *Pincietto*, son ombre de Pincio, où les dépouilles seigneuriales « font encore les vaines » étant « rongées des vers ». A Messine, on a prodigué aux morts les marbres de Carrare et les sculptures superbes. On leur a prodigué surtout ce que Messine a de plus excellent, le soleil et la belle vue. On a choisi pour les loger, l'endroit de la côte d'où le spectacle du détroit s'étale en sa splendeur. Ils dorment là, mais si leur ombre flotte encore auprès de leur corps, si, suivant la psychologie homérique, elle prend encore une ombre de plaisir aux plaisirs des vivants, elle jouit là d'une tranquille contemplation de ce que la nature a de plus beau.

Le mince détroit, de ces hauts lieux, apparaît comme un large fleuve bleu coulant entre de hautes et pittoresques montagnes. Reggio et vingt villages de la Calabre reposent sur le rivage opposé, tandis que Messine présente ses dômes et ses clochers. Aux deux extrémités du détroit, la mer Tyrrhénienne et la mer Ionienne, que sillonnent les navires de toutes les nations, ceux qui vont au mystérieux Orient ou qui en reviennent.

Après avoir envié les morts de Messine et leur benoît gardien, homme aimable et doux, grand jardinier, je reviens non sans regret aux vivants, et mon cocher me propose une promenade au Faro. J'accepte bien volontiers. La promenade est longue, et la journée aussi. Route blanche au bord de la mer. Les villages se suivent. Les petits Siciliens, aussi mendiants, sont plus habillés que les petits Napolitains. A moitié chemin, la route passe sous un portique. C'est l'église de la Grotte. Puis, nous longeons de vastes marais salants, et enfin, à un dernier village, assez misérable, toute une escorte de gamins suit la voiture ; bande hurlante, belliqueuse. Tous se disputent, poings en avant, l'honneur et le profit de me conduire au phare. Ce phare est bien visible et je n'ai que faire d'un guide. Cependant, pour mettre fin à la rivalité et aux ambitions des candidats, j'en choisis un parmi les plus timides : il me mène au pied du vieux monument et me remet aux mains du gardien. En Sicile, comme ailleurs, en voyage comme en politique, les guides n'ont guère d'autre fonction que celle de suivants.

Du Faro, je revois d'ensemble ce que le bateau m'avait montré en détail dans la matinée. Au loin, fume le Stromboli, les îles Lipari émaillent la mer, Charybde semble presque baigner le pied de Scylla.

Il fait jour encore pour ma rentrée à Messine. Je gagne à pied la cathédrale dont les cloches sonnent à toute volée. Il y a fête et grande fête ; j'ignore en quel honneur. Un évêque vient en grande pompe à la porte de l'église, rendre hommage à l'archevêque qui prend place sur son trône très élevé, tendu d'étoffes d'argent et de soie blanche. Une musique éclatante, fort peu religieuse, tout à fait dédaigneuse des préceptes salutaires de la Congrégation des rites, mêle confusément le bruit des cuivres à celui des chants ou plutôt des cris. Pendant ce temps, j'admire les beaux sarcophages royaux de l'empereur Conrad, d'Alphonse le Magnanime et de la veuve de Frédéric III d'Aragon. Pour la première fois, m'apparaissent ces étranges statues de marbre peint, qu'on retrouve dans toute la Sicile et qu'on attribue à l'un des Gagini. Ces Christs et surtout ces délicieuses Madones, je les ai retrouvés comme des amis dans presque toutes les villes de Sicile. Il me paraît à Messine, non que je les découvre, mais que je les retrouve. Je n'en avais aucune idée et, du premier coup, leur vue réveille en moi des sensations connues, des rêveries endormies, des admirations déjà ressenties.

Des statues peintes, du marbre coloré ? Je vois d'ici mes lecteurs froncer le sourcil. Quel mauvais goût, disent-ils, et pourquoi gâter par l'enluminure une si belle matière ? — Non, non, les sensations dont je parle; ne sont pas une réminiscence des environs de Saint-Sulpice, et MM. Raffl ou Biais et Rondelet, malgré leur mérite, en demeurent innocents.

Imaginez une riante image de Vierge en marbre de Paros, dont les tons crèmeux ont la transparence de la vie. La Vierge a les traits d'une toute jeune fille. presque d'une enfant, gracieuse sans mélancolie, souriante sans mysticisme. L'artiste, d'un pinceau discret et délicat, a ombré, plutôt que coloré, les yeux, le nez, la bouche. Il a réchauffé la froideur du marbre; marqué ici et là, d'une teinte rose la fraîcheur des lèvres, d'une nuance bleue, la limpidité du regard; indiqué la place des narines. Les sourcils et les cheveux, par une bizarrerie qui exclut toute recherche de naturalisme, sont dorés. De même, les vêtements ont reçu des teintes si légères, qu'elles semblent moins appliquées sur le marbre qu'une émanation même de la matière. Ces nuances sont visibles juste autant qu'il faut pour donner l'illusion de la vie, mais d'une vie glorieuse, éthérée, divine. Elles paraissent aussi limpides que la transparence du marbre qu'elles ne couvrent pas, qu'elles font ressortir. Je ne sais rien au monde de plus ravissant que ces Madones de Sicile. Telle dut apparaître la Vierge, radieuse, aux privilégiés et aux simples de Lourdes ou de la Salette. Une vision céleste a sans doute inspiré les artistes siciliens.

La Vierge, d'ailleurs, parle, dans la cathédrale de Messine, non seulement par ses délicieuses images colorées, mais aussi par sa Lettre, la fameuse Lettre gardée au trésor de la cathédrale, et dont le texte latin, traduit du grec, est reproduit sur une muraille de l'église. Car les habitants de Messine se vantent d'avoir correspondu avec la divine Mère du Sauveur, en l'an 42, et saint Paul aurait été le porteur de la missive sacrée. Le texte a la gravité affectueuse d'un bref pontifical. La Lettre est-elle authentique? Les sceptiques en attribuent la rédaction au fameux grec, chassé de Constantinople par les Turcs, et qui professa en Sicile,

Constantin Lascaris. Les savants théologiens de Messine ont, au contraire, consacré de nombreux volumes à en établir l'authenticité. En tout cas, ce n'est pas article de foi. Quoi qu'il en soit, il est doux de penser que cette lettre est vraie, qu'il reste un document écrit par la Reine des Anges, qu'un rayon de sa pensée, tandis qu'elle était encore sur la terre l'humble épouse du charpentier Joseph, éclaire encore les âmes d'une ville de notre terre. La Lettre témoigne de l'antiquité de la foi dans ce peuple de Messine ; elle en a entretenu l'intégrité; elle en a réchauffé à tous les âges la ferveur. Combien de millions d'âmes pieuses ont balbutié devant l'image de la Madone, les termes de cette Lettre? Combien ont versé de douces larmes en songeant à la tendresse particulière de la divine Mère pour le peuple dont ils sont sortis? Oui, cette Lettre est vraie par la dévotion de cette multitude; elle est vraie par le respect de tout ce peuple, par cette longue tradition, par tant de prières qu'elle a fait éclore et monter jusqu'au ciel, avec la Salutation angélique !

Messine croit si ardemment à cette Lettre qu'elle l'a prise pour patronne. Un prénom favori des Messinois est emprunté à la Lettre. On y baptise la plupart des enfants du nom de *Letterio*; la Lettre sacrée qui protège Messine, protège aussi ses habitants. Ce nom rappelle sans cesse à la Vierge qu'elle aime les enfants de Messine, qu'elle a béni tout le peuple depuis son origine chrétienne jusqu'à la dernière descendance. Par ce nom, chacun revendique pour soi une part directe des bénédictions contenues dans la Lettre. Quiconque s'appelle

Letteria semble devenir lui-même un correspondant de la Madone.

Le soir même, le vapeur m'emporte à Catane, sur les flots ioniens. La mer Ionienne est calme ; et après quelques heures de repos, je m'éveille en vue de l'Etna. Au loin, les montagnes de Calabre s'estompent et s'enfuient : devant nous, à quelques kilomètres, l'immense montagne couronnée de son blanc panache de fumée, étale sa masse grise et imposante. Au pied, les villes charmantes et riches de Taormina et d'Acireale. Au-dessus se développent de nombreux villages; puis plus rien d'habité. Une croupe désolée portant, comme des cicatrices, les ouvertures mal fermées des cratères : enfin le cône neigeux d'où sort la flamme et la vapeur. Le tout se détache sur le ciel bleu foncé de l'Occident, tandis qu'à l'Orient, les pourpres de l'aurore ne sont pas encore effacées par l'éclat du soleil qui vient de se lever sur la Grèce.

Le Vésuve ressemble à une décoration, ajoutée par Dieu, à un splendide paysage. La grâce de ses contours le tendre coloris de son cône d'éruption, allongé en forme de dôme, l'élégance de son panache ténu, font oublier ses méfaits. Il n'inspire aucune terreur, on le trouve joli, joli. Si l'antiquité l'avait connu à l'état de volcan, elle en eût fait la demeure, non du sauvage et formidable Encelade, mais de quelque déesse, fille de Vénus et de Vulcain, d'une divinité gentille quoique infernale, d'une nymphe de l'Erèbe.

Au contraire, l'Etna n'évoque que des idées d'horreur. La ceinture de villes opulentes qui entoure sa large base ne sert qu'à faire ressortir l'effrayante éten-

17.

due de sa nudité, la désolation de sa masse. Les campagnes fertiles se relèvent à ses pieds, afin de mieux montrer la limite infranchissable qui sépare l'empire de Cérès de celui de Pluton... (La Sicile appelle naturellement les images mythologiques; Cérès et Pluton sont là chez eux.) Tous les genres de désolation se superposent sur le flanc de l'Etna ; d'abord les laves arides, plus haut les roches couvertes de cendres, plus haut encore la neige éternelle, non pas éclatante et irisée comme dans les nevés alpestres, mais sordide, étriquée, trouée par des roches hideuses, comme la chemise d'un géant nègre, pelé et gibbeux. Au sommet le feu et une fumée sèche. — La forme de cette montagne isolée, hors de proportion avec toutes les autres montagnes de l'île, est lourde, épatée; sa majesté, sauvage et gauche, semble celle d'un immense cyclope. L'Etna est un monstre. Ni l'aquarelle ni la gravure ne l'ont popularisé. Ses éruptions mêmes, n'ont pas de beauté : elles n'ont que de la méchanceté. Encelade n'a pas la force de lancer ses laves jusqu'au faîte de la montagne qui l'écrase ; il les vomit par des déchirures ouvertes dans les flancs crevés. L'Etna forme un monde à part, au milieu de la riante Sicile, un coin de l'enfer planté dans un paradis.

Tandis que je médite sur l'Etna, le bateau entre dans le port de Catane. Pauvre port, vingt fois comblé par les laves, où il reste juste assez d'espace pour abriter quelques navires, grâce à un môle encore inachevé qui reprend sur la mer l'espace conquis par les coulées déchiquetées.

Naturellement, quoique presque aussi vieille que

Rome, Catane offre l'apparence d'une ville neuve, et elle l'est en effet. Les Ostrogoths, les Sarrasins, les Normands, les Allemands, l'ont tour à tour saccagée et pillée, et tous les deux ou trois siècles, un tremblement de terre la détruit de fond en comble. La ville moderne date du xviii° siècle. Sainte Agathe, patronne de la ville, avait en 1669 détourné la lave qui la menaçait, et l'avait jetée sur le port; mais en 1695 le tremblement de terre prit la revanche de la lave et ne laissa, pour ainsi dire, aucune pierre debout dans la ville. Jamais histoire ne fut plus tragique que celle de Catane; jamais ville ne fut plus pimpante, plus riante d'aspect.

Les larges rues bordées de blancs palais, se coupent à angle droit. Peu d'édifices anciens; mais toutes les maisons sont bâties avec la riche uniformité de l'architecture moderne.

On m'avait recommandé un hôtel bien tenu, sur la place du Dôme, la plus belle de Catane. Le faquin m'y conduit en effet. Sous le portail même de l'hôtel, un homme galonné me saisit et me demande ce que je veux. — Une chambre.

— Une chambre meublée? — Assurément. Venez avec moi.

Je le suis : il me mène au fond d'une cour bordée de plusieurs *trattorie* de médiocre apparence. Nous montons un grand escalier sur lequel s'ouvrent des appartements assez chétifs.

— Est ce l'hôtel? demandai-je avec inquiétude.

— Ce sont les chambres meublées.

Nous parvenons au dernier étage dans un logis plus

sordide que les autres. Une vieille me fait grand accueil.

— L'Excellence veut un lit? me dit-elle.
— Je veux une chambre.
— Sans doute, nous ne ferons pas coucher l'Excellence dehors. Il me reste justement un lit dans la plus belle chambre de la maison, et les deux autres lits de la chambre sont occupés par des voyageurs bien comme il faut, des Excellences, comme monsieur.
— Que me dites-vous là? Au diable! je veux être seul.
La vieille hôtesse ouvre de grands yeux.
— Seul! tout seul! — Parbleu!
— Eh bien! nous allons faire lever les deux Excellences qui dorment encore, et nous les mettrons dans une autre chambre, tout de suite, ce ne sera pas long.
— Ne les réveillez pas, je m'en vais.
— Oh! Excellence, cria la vieille d'un ton perçant, restez avec nous; vous aurez les trois lits pour vous tout seul, et une chambre... un vrai palais. Et puis, nous vous soignerons si bien, ma fille et moi. Je suis une pauvre veuve. Ayez pitié de nous, Excellence.

Je me laisse attendrir par cette lamentation, mais je comprends mal en quel genre d'hôtel je suis tombé. Un instant après je vois sortir les deux Excellences, se frottant les yeux et gagnant piteusement je ne sais quel réduit, quelle soupente, où la pauvre veuve les relègue. La chambre en effet mérite, malgré ses trois lits, les éloges de l'hôtesse. La vue est superbe; je m'en accommode. Je demande alors au garçon à quelle heure la table d'hôte?

— Quelle table d'hôte? me répond-il en riant.

— N'est-ce pas ici un hôtel?
— Ce sont des chambres meublées.
— Mais l'hôtel, où est-il?
— Sur la façade de devant.
— Et l'homme galonné n'appartenait donc pas à l'hôtel?
— Non, il est à nous.
— Et l'hôtel tolère cette concurrence?
— Le portail appartient à tous les habitants du palais, mais vous n'aurez rien à regretter, et l'hôtel n'a pas de si bonnes chambres.
— Est-ce la coutume ici de loger trois voyageurs dans une chambre?
— Trois, et plus; trois, quand ce sont des Excellences.
— Combien coûte la chambre avec trois lits pour une personne seule?
— Trois francs, un franc par lit.

Je consens à payer comme trois voyageurs un prix encore si modique, et je reste, désireux de trouver l'un des trois lits au moins passable. — Après deux nuits passées dans les cadres de la Compagnie Florio, je ne serai pas trop exigeant, et, sous le climat brûlant de Catane, la ville la plus chaude de l'Italie, la sieste est le plus doux passe-temps.

Les belles rues de Catane, le Corso Victor-Emmanuel, la via Lincoln, la via Stesicoro-Etnea ne sont pas dépourvues de monotonie. Les cercles de lecture installés dans des boutiques ouvertes sur la rue regorgent de causeurs. Les élections municipales approchent et la population y prend un vif intérêt. Je ne la partage pas.

Je promène ma mélancolie dans les deux jardins publics, charmants l'un et l'autre. Le plus petit, voisin du port, arrosé d'un cours d'eau qui sort d'une voûte, planté d'arbres rares, est dédié au compositeur Pacini ; le plus grand, situé au bout de la via Stesicoro-Etnea, est dédié au compositeur Bellini. Ainsi se trouve justifiée la parole de notre Fénelon : « Les Siciliens ont plus de goût pour la musique que les Lapons. » Ce n'est pas leur unique avantage sur ces peuples ; car le jardin Bellini, dessiné sur deux collines, avec terrasses et labyrinthes, exhale le parfum de mille fleurs superbes. Toute la flore des pays chauds épanouit ses couleurs en des parterres sans fin ; les plantes que nous voyons à Paris, souffreteuses dans leurs pots, chauffées comme des malades en des serres asphyxiantes, croissent ici à l'air libre, sous le soleil, orgueilleuses de leur éclat. Vu de ce jardin merveilleux, l'Etna lui-même perd sa tristesse, et ses neiges ne forment plus qu'un agréable contraste avec la nature tropicale qui nous entoure. A la tombée de la nuit, l'Etna revêt la forme d'un pape majestueux : la fumée qui sort du cratère ressemble à une calotte blanche ; la neige, à un blanc camail, et les pentes de la montagne s'étalent comme une ample robe.

A Catane comme à Messine et à Palerme, point ou peu de femmes dans les rues. Sont-ce déjà les mœurs de l'Orient ? Ou bien les patriciennes de Catane redoutent-elles pour leur teint le baiser calcinant du soleil ?

Après deux longues journées de repos, je quitte Catane sans regrets. C'est une grande ville de près de cent mille âmes, sans physionomie, sans attraits, une ville riche et triste. Si j'étais riche, j'aimerais mieux m'ennuyer ailleurs.

Pour me rendre à Syracuse, je préfère le chemin de fer au bateau. La route traverse une plaine admirablement fertile, puis s'engage dans des solitudes fort poétiques. Je salue en passant Lentini, l'ancienne Leontium, patrie de Gorgias. C'est un vieil ami à moi. Ses sophismes, transmis par le divin Platon, me charmaient, au temps de mes jeunes années. Plus d'une fois, j'ai refait, à ma manière, son discours aux Athéniens, pour leur donner le mauvais conseil d'envoyer en Sicile l'expédition qui devait si mal finir. Gorgias, Alcibiade, Socrate, Platon, vous me rappelez mon adolescence ; vous redevenez les compagnons de mon voyage en ce pays grec. Vu du haut de la côte, le port d'Augusta, dessiné par la nature en faucille, comme celui de Messine, a grand air. Nous passons ensuite devant ce qui fut Mégare. De Mégare, il ne reste rien, pas même un nom. Du moins, les abeilles de l'Hybla ont laissé après elles un savoureux vocable à la petite ville de *Mililli*, qu'on aperçoit la haut : Mililli a-t-elle conservé les ruches? Plus loin, c'est la presqu'île de Thapsus, où les Athéniens avaient embossé leur flotte. Enfin la voie contourne les ruines de l'ancienne Syracuse; elle longe les vieilles fortifications du côté de la mer; je vois Tyché, je vois Achradine; Neapolis nous domine! Oh! les beaux noms antiques! Ils ennoblissent le désert.

La route est assez longue de la station à Syracuse. Il n'y a pas de voiture. Je suis au hasard le faquin de l'*Albergo del Sole*. Nous traversons le pont qui relie l'île antique d'Ortygie, la moderne Syracuse, à la terre ferme. De grandes fortifications gardent cette porte unique de la nouvelle ville. Nous suivons d'abord, le long du port, une rue, relativement grande, appelée via Savoia. Que vient faire la Savoie à Syracuse? L'*Albergo del Sole* se trouve au milieu d'une pente raide et étroite qui mène à la via Cavour! L'antique Syracuse ne manquait pourtant pas de morts illustres pour baptiser les rues principales de la petite cité qui usurpe son grand nom.

La cathédrale enclave les colonnes d'un temple ancien de Minerve. celui sans doute dont parle Cicéron dans les *Verrines*. Mais la fête religieuse est à Sainte-Lucie, dont la statue d'argent est offerte à la vénération du public. Le concert me rappelle celui de Messine. Si Fénelon l'avait entendu, eût-il si fort maltraité le goût musical des Lapons?

A dîner, l'*Albergo del Sole* m'offre un flacon de vin de Syracuse, digne de sa renommée. C'est le premier vin potable que je bois en Sicile. Je commençais à croire qu'il en est de la Sicile comme de Capri; elle exporte ses bons vins et garde pour elle la piquette.

Le soir, je fais le pèlerinage à la fontaine Aréthuse. Située au bas de la ville, et voisine de la pointe extrême d'Ortygie, la nymphe murmure dans un joli bassin qu'entoure la feuille mince et svelte du papyrus. Tout autour de grands arbres tamisent la lueur de Phébé, qui sourit discrètement à la chaste fontaine. Un silence absolu règne dans ce bois sacré. Seul, je rends hommage à la divinité du lieu. Aréthuse est tranquille et calme; elle ne paraît pas lasse de la course souterraine, que, depuis tant de siècles, elle hasarde sous le lit de la mer, pour échapper aux tendresses importunes du fleuve Alphée. Les mauvaises langues ont trouvé le moyen de calomnier même la timide Aréthuse. Elles prétendent qu'elle ne se cache ainsi dans la profondeur de la terre que pour mieux dissimuler ses rendez-vous avec le fleuve entreprenant, dont les eaux communiqueraient, au moins par infiltration, avec l'onde virginale. Je n'en veux rien croire. Et quand cela serait? Un peu de coquetterie messied-elle aux nymphes? On prétend même qu'Aréthuse aurait un petit goût saumâtre, qui rappelerait le limon du fleuve... On ne respecte plus rien, pas même la mythologie! Le gardien dort; je ne le réveille pas. Je préfère mes illusions.

Pourquoi faut-il qu'au bord de la poétique fontaine, à cette heure nocturne et solitaire, ni Théocrite ni Virgile ne viennent me tenir compagnie? A leur place, ma mémoire évoque obstinément le grand nez de mon excellent censeur du Lycée Napoléon, le regretté M. Haussard! Quel rapport entre le digne homme et la nymphe Aréthuse? — M. Haussard avait conservé les traditions fleuries de la vieille Université. Poète aimable, même en vers, les allocutions qu'il se plaisait à nous adresser étaient toutes émaillées de jolies comparaisons antiques. Alors, jeunes barbares, nous nous prenions à rire de la faconde imagée de notre maître. Nous ne savions pas goûter le charme un peu vieillot de cette érudition classique. M. Haussard me tenait en grande faveur. Il fondait sur moi, le pauvre cher homme, les plus hautes espérances. Il surveillait avec une paternelle tendresse et une fraternelle indulgence, mes premiers entretiens avec la Muse ; il guidait mes premières excursions au Parnasse. Avec lui disparut mon génie poétique, hélas! Du moins, mes chants d'adolescence charmaient M. Haussard. Il daigna même collaborer avec moi pour la confection de certains vers de la Saint-Charlemagne, où la succulence du repas était exaltée sur le mode pindarique. J'en ai retenu deux vers, dus à l'imagination du censeur, et que je transcris ici afin de les lui restituer devant la postérité, si elle venait à m'en attribuer l'honneur indû :

> Vois comme le Lycée en cuisine progresse!...
> Du filet, Dieux sauveurs! d'olives couronné...

Le reste était de moi ; Dieux sauveurs! je l'ai oublié. J'étais alors un élève docile et bien sage ; je m'en souviens avec contrition. M. Haussard aimait à me proposer en modèle à mes compagnons, et un jour, devant toute la classe, comparant mes mérites à la turbulence illettrée de mes camarades, il dit : « Semblable à la nymphe Aréthuse, il reste pur au milieu des flots amers! » Vous jugez l'éclat de rire : moi seul, je ne riais guère. Un tel éloge me confondait. Le surnom d'Aréthuse me resta pendant six mois, à mon grand désespoir. Je vouais la nymphe aux dieux infernaux : mais, à part moi, je nourrissais un secret désir de faire connaissance avec la divinité qui m'avait valu une si belle comparaison et tant d'ennuis. D'ailleurs je ne pardonnai que trop vite à la source trop pure, car, depuis M. Haussard, personne au monde n'a plus jamais songé à me comparer à la nymphe Aréthuse.

Voilà pourquoi je ne veux pas ajouter foi aux calomnies qui poursuivent Aréthuse : voilà pourquoi je ne veux pas savoir si son eau est un peu saumâtre.

Voilà pourquoi j'évoque, le soir, au bord de la fontaine, le souvenir de M. Haussard; voilà pourquoi je m'approche avec une dévotion particulière de la nymphe, et je fais à sa pureté amende honorable d'une comparaison irrévérencieuse et téméraire.

En quittant ma chère Aréthuse, la sœur de mes jeunes années, sœur un peu gênante, je parcours la belle promenade qui porte son nom et qui suit « les flots amers ». En cette belle nuit, *per amica silentia lunæ*, comme dirait M. Haussard ou Jules Janin, il est agréable de rêver à Aréthuse.

Le lendemain matin, je rends visite à la vieille et immense ville. J'en dirai peu de choses : la course est si fatigante, sous un soleil terrible, que j'ai pris peu de plaisir à l'excursion. L'amphithéâtre, construit par Auguste, n'a pas le caractère simple et grandiose des constructions grecques; il ne surpasse pas celui de Pouzzoles. Seul, le vaste théâtre grec, taillé dans le roc, évoque l'idée des anciennes représentations tragiques. La ville moderne, située sur un promontoire, la campagne, la mer Ionienne, forment une splendide toile décorative. Je me rappelle ce coup de théâtre du drame d'Eschyle, où le fond de la scène s'ouvrait pour laisser voir Salamine, Salamine la victorieuse. — Les latomies, ou carrières de Denys le Tyran, avec leur écho semblable à celui des caveaux du Panthéon de Paris, me laissent indifférent, malgré leur riche tapisserie de verdure. En passant auprès de Cyané, la source des bleuets, aujourd'hui entourée de verts papyrus, comme Aréthuse, je donne un souvenir classique à la nymphe héroïque et pleureuse, qui s'opposa de toutes ses faibles forces au rapt de Proserpine par Pluton. Toutes les nymphes de la Sicile étaient chastes dans cette haute antiquité.

Le bateau part de Syracuse à dix heures du soir pour Girgenti, où il arrive le lendemain à cinq heures. Je me réveille avec le jour en face du cap Passero, angle méridional de la Sicile, entre la mer Ionienne, à qui j'envoie un adieu, et la mer africaine, que je salue. Nous voguons sous une latitude inférieure à celle de Tunis. Il fait froid; la bise souffle avec violence. La mer s'enfle violemment; mais j'ai payé mon tribut à la Méditerranée. Ses fureurs ne troublent plus mon cœur et je regarde avec quelque dédain mes infortunés compagnons gisant inanimés sur le pont et ne se soulevant que sur des cuvettes. La côte de Sicile, si montagneuse au nord et à l'est, apparaît au midi toute plate et déserte, relevée à peine par de maigres collines de sable. A partir de Pozzalo, les stations du vapeur se multiplient. Il s'arrête devant la côte, charge et décharge à grand peine les marchandises sur des barques venues du port, et que le flot soulève au niveau du navire ou perd dans de profonds abîmes. Notre capitaine, gros loup de mer rubicond, malmène son équipage et les bateliers: les disputes n'on finissent pas, dans un jargon sicilien, inintelligible. Le balancement sur place, au milieu de la mer démontée, énerve et fatigue. Je cherche une consolation à table et je goûte enfin la succulente cuisine de la Compagnie Florio, arrosée d'excellent Marsala. Bien que fort occupé à retenir les plats, les assiettes et les verres, que le roulis et le tangage éloignent sans cesse de mes lèvres, commes d'autres pommes de Tantale, je déjeune de bon cœur et non sans fierté. Je suis seul à table et prends ainsi ma revanche du dîner manqué, à bord de l'*Elettrico*.

Nous stoppons en face de Terranova, l'antique Gela où mourut Eschyle, ville dont l'histoire est faite de catastrophes et de ruines, comme celle de la plupart des villes de Sicile. Encore une étape à Licata ; dans ces eaux où nous faisons une trop longue pause, Régulus défit la flotte carthaginoise. Aujourd'hui le port est resté considérable ; c'est le grand débouché des soufres siciliens. Enfin, nous touchons à Porto-Empedocle. Le gros temps devenait tempête ; nous avons failli toucher dans la passe ; le bateau s'arrête et interrompt son voyage pour attendre la fin de l'ouragan. Cependant le soleil brille toujours, et la chaleur est devenue accablante. C'est un vent sec qui fait rage.

Je me figure que Carthage naissante devait ressembler à Porto-Empedocle; grand môle et petite ville ; beaucoup de travaux inachevés..... *minæque laborum Ingentes*. Il faut reconstruire sans cesse la digue ; car tous les ans la mer en emporte une partie. C'est un port entièrement artificiel, une dépendance du chemin de fer qui traverse la Sicile de part en part, de Palerme à Girgenti. Les pains de soufre et les sacs de blé encombrent les quais. La route qui mène du port à la gare, à travers des masures, le long du port, est toute blanche de farine et de poudre soufrée.

Le chemin de fer monte lentement la côte élevée que couvrait jadis Agrigente, dont la moderne Girgenti n'occupe que le faîte. On aperçoit les murs, quelques ruines dans la verdure pâle de l'olivier; puis la voie contourne la colline et aboutit sur l'autre versant derrière Girgenti.

Une voiture me conduit en dehors de la ville, à l'*Hôtel des Temples*, récemment fondé par M. Ragusa, le Napoléon des hôteliers siciliens. C'est lui qui, le premier, a introduit dans l'île le confortable des grands hôtels continentaux, le luxe du service et celui de la table. Malheureusement il a importé aussi les prix qui, dans tous les pays du monde, compensent ces sortes d'avantages.

L'*Hôtel des Temples*, situé en avant de la ville, domine la pente qui plonge dans la mer. De là, on aperçoit dans sa splendeur l'enceinte de l'immense Agrigente, celle que Pindare appelait « la plus belle ville des mortels ». Syracuse l'emportait en grandeur, Agrigente en splendeur. De la ville du tyran Phalaris, il reste juste l'Acropole de Phalaris, et un oratoire! Le reste n'est que ruine et campagne. La roche d'Athéné plane encore sur ce désert, à droite de la ville, mais nulle trace du temple. Les fouilles mêmes n'en remettent pas une pierre au jour. Au-dessous, un gouffre béant d'où furent tirées les pierres énormes qui servirent à la construction des murailles. Dans le lointain, à droite sur la mer, devant le soleil couchant, on me fait voir une vague forme; c'est l'île de Pantellaria d'où l'on distingue la côte africaine. D'Agrigente, comme de Drépane, les barques se rendaient directement en Afrique, sans perdre la terre de vue. Pantellaria, île africaine, appartient à l'Italie; pourquoi Tunis, ce prolongement de la Sicile, n'est-il pas aussi une province italienne ? Rome n'a-t-elle pas vaincu Carthage? Jamais on ne fera entendre à un Italien que toutes les terres qu'un œil italien peut apercevoir dans la Méditerranée d'une côte italienne, ne soient pas la propriété légitime de l'Italie. J'ai traité ces sujets dans une autre partie de ce livre.

A table, je fais connaissance avec un aimable couple de graves Anglais. Milady ne parle ni le français ni l'italien; mais elle comprend quelques bribes de la conversation et sa physionomie fort expressive commente les paroles qu'elle entend ou croit entendre. L'honorable gentleman a longtemps servi dans l'armée des Indes. Aujourd'hui il est retiré à Birmingham, où il occupe un rang élevé dans la loge maçonnique de cette capitale de la maçonnerie. C'est un conservateur à tous crins, un tory enragé. Le nom seul de M. Gladstone le fait entrer en fureur. Il entreprend de me prouver que Léon XIII, dont il est d'ailleurs, quoique protestant et franc-maçon, le fervent admirateur, n'a pu vouloir englober dans son anathème les loges de Birmingham. Suivant lui, la maçonnerie anglaise répudie ses filles dégénérées, ses filles indignes du continent. Ses opinions aristocratiques, libéralement conservatrices, protestent, dit-il, contre les accusations dirigées par les catholiques contre la maçonnerie en général. — « Si vous étiez franc-maçon français ou italien, dit-il, jamais je n'aurais avoué mon affiliation; j'aurais eu honte que vous me prissiez pour votre frère. Notre Loge de Birmingham est une école d'honneur, d'assistance chrétienne, de religion. » J'essaie en vain d'objecter qu'une institution, si facile à dégénérer et dont la corruption, il le reconnaît lui-même, est si funeste, doit nécessairement contenir en elle quelque germe dangereux, reposer sur quelque erreur fondamentale. Au contraire, l'Église établie par le Christ, même dans ses schismes, même dans ses hérésies, garde toujours la marque divine; d'elle dérive toujours, en tout lieu, en tout temps, ce qui reste de noble, de juste, de bon, dans les nations qui portent le nom chrétien. Elles valent précisément par la quantité d'esprit chrétien qu'elles ont su retenir. A l'inverse, plus la maçonnerie a fait de progrès dans un pays, plus ce pays est malade. Mon franc-maçon de Birmingham ne veut rien entendre, et, en savourant le *Zucco* du duc d'Aumale, un autre de ses amis, il célèbre les louanges de la maçonnerie anglaise, à l'exclusion de toutes les autres maçonneries du globe.

Au matin, la voiture, qui m'avait pris la veille à la gare, m'amène un guide qui me promènera parmi les ruines d'Agrigente.

Au guide s'est joint bénévolement un jeune auxiliaire qui sans doute fait un apprentissage de cicerone. Le gars représente en sa pureté l'un des types caractéristiques de la Sicile; car il y en a plusieurs, comme il est naturel après tant d'invasions. Le sang sicilien est un des plus mélangés qui soient au monde. Les Aryens et les Sémites se sont disputé de tout temps ce poste avancé de l'Europe. La généaologie de mon cicerone en second n'est sans doute pas écrite sur parchemin; mais elle l'est sur sa figure. Des ancêtres sarrasins y tiennent une place; car Girgenti devint au IX⁰ siècle la cité favorite des Berbères; mais j'imagine qu'il remonte jusqu'aux Carthaginois. Les yeux, noirs et profonds, sont fendus à l'orientale; les pommettes saillantes, le nez petit et retroussé, la bouche large, épaisse et rouge, le front bas, les cheveux noirs, épais et rudes, les oreilles percées d'anneaux d'or. Le gamin marche avec une audace conquérante. Une sorte de bonnet phrygien rouge complète son allure martiale. Annibal enfant n'était pas plus superbe. Il m'accompagnera sur les ruines qu'ont faites ses ancêtres, et il en tirera profit. C'est bien carthaginois !

Le temple et les édifices d'Agrigenti bordaient la grande muraille du côté de la mer, dans la partie la plus basse de la ville. Polybe et Diodore ont décrit ces murs fameux, faits de cubes énormes qui mesurent jusqu'à quinze pieds de côté. La description est exacte, mais il faut dire que la pierre d'Agrigente est extrêmement légère et friable, toute mélangée de coquilles et de plantes marines pétrifiées; c'est une sorte de sable solidifié. La détestable qualité de la pierre explique la dimension et le transport de ces blocs gigantesques et aussi le mauvais état de conservation des ruines. Dans les pierres éparses des murailles, on remarque de grands trous. C'étaient sans doute les tombeaux des guerriers morts au champ d'honneur. Diodore raconte que les Agrigentins décidèrent que les soldats tombés pour la patrie seraient enterrés dans les murailles qui forment l'enceinte, afin que ces vaillants défenseurs de la cité lui fissent encore un rempart de leurs cadavres, afin que l'enceinte fût consacrée par la tombe glorieuse de ses enfants les plus héroïques. Hélas! cette noble pensée ne sauva pas la ville. Himilcon et Annibal ne respectèrent pas la muraille sainte, cimetière des héros, et les tremblements de terre achevèrent d'en disloquer les immenses, mais trop légères assises.

L'arrivée au temple de Junon et Lucine est charmante à travers les oliviers qui émaillent une prairie encore assez fraîche. Ces ruines sont joliment encadrées, et si elle ne donnent pas l'impression grandiose et désespérée des ruines de Pœstum, elles plaisent davantage aux yeux. Ce sont des ruines décoratives. Du temple de Junon, il reste des colonnes dont les chapitaux d'un côté sont reliés par un entablement. Ces colonnes appartiennent à la meilleure époque dorique; beaucoup sont renversées, toutes rongées par le vent et la pluie. C'est là, dit-on, que Zeuxis avait placé le fameux tableau où il reproduisait les traits des cinq plus belles filles d'Agrigente. Je ne voudrais pas manquer de galanterie pour la postérité des cinq belles filles; et je connais trop peu les modernes Girgentines pour hasarder une comparaison. Mais, à vrai dire, celles que j'ai aperçues ne tenteraient peut-être plus le pinceau de Zeuxis!

En descendant toujours le long des murs, on parvient au temple de la Concorde. Celui-là est à peu près intact. Ce n'est pas une ruine : c'est un monument. Toutes les colonnes restent debout, et le sirocco seul les a endommagées. L'architrave se dresse sur le fronton ; les murs de la cella ont été percés d'ouvertures au moyen âge, lorsque le temple servait d'église à *San Grégorio delle Rape*, saint Grégoire des navets ; mais saint Grégoire a sauvé de la destruction la disposition intérieure du temple païen. Les quatre marches sur lesquelles s'élèvent les imposantes proportions de l'édifice sont dégagées de tous côtés. Imaginons les colonnes et les cannelures revêtues de stuc coloré, et la théorie des prêtres et des fidèles de la déesse peut se développer à l'aise sous ces superbes portiques, entonner le chant sacré, et immoler la victime sur l'autel encore placé devant le sanctuaire. Ici il faut se recueillir et admirer le génie dorien en sa pureté. Le temple est de dimension moyenne ; il mesure 40 mètres de longueur sur 19 de largeur ; ses colonnes sont élevées seulement de 7 mètres avec un diamètre de 1^m 50 à la base. Cependant, il paraît grand et majestueux, avec un peu de lourdeur.

Du temple d'Hercule, il ne reste que de beaux débris. Un tremblement de terre a renversé les colonnes en sens inverse. Mais à quelques pas de là gisent les restes du temple de Jupiter, l'un des plus grands et des plus magnifiques que le génie grec ait entrepris d'élever au souverain de l'Olympe, et il ne put jamais l'achever. Des tronçons de colonnes gigantesques sont éparses. Diodore affirme qu'un homme pouvait entrer dans chacune des cannelures de ces colonnes. Bien que la nature m'ait doué de larges épaules, je vérifie le fait : je tiens à l'aise dans une cannelure. Un géant informe, les bras relevés comme un Atlas, est couché à terre : il a 7 mètres 75 de haut, et sans doute, il devait être placé au-dessus des pilastres pour soutenir la toiture. Le temple en son entier mesurait 110 mètres de longueur; Saint-Pierre en a 167. Les Grecs, non contents de faire harmonieux, avaient essayé de faire grand, de faire énorme. C'était peut-être un effort contraire à leur génie; ils n'ont pu achever cette Babel. Il était donné au seul génie chrétien, à la seule puissance de la Papauté d'élever au vrai Dieu un temple qui surpassât tous les monuments de la terre, et de porter la croix jusqu'aux nuages.

On me fait admirer encore à Girgenti de belles et curieuses catacombes chrétiennes du second siècle, et une église normande, décorée de peintures bien conservées, pittoresquement enclavée dans une sorte d'*osteria* toute fleurie, tout odorante.

La ville moderne de Girgenti n'est ni belle ni intéressante. La cathédrale située tout en haut de la cité, contient un écho remarquable et surtout un sarcophage grec d'une admirable conservation. Les bas-reliefs détaillent l'histoire d'Hippolyte et de Phèdre, suivant exactement le drame d'Euripide. L'église de Santa Maria dei Greci enferme les restes du temple de Jupiter Polieus qui dominait l'acropole. Les archéologues seuls y trouvent leur compte.

De toutes les ruines antiques, celles de Girgenti me paraissent les plus agréables à voir, les plus aimablement disposées. Un vif soleil africain dore la pierre fruste : la verdure qui les entoure en rehausse l'agréable couleur jaune. Elles donnent une grande idée du génie et de la richesse du peuple sicilien, grec, elles n'attristent pas l'âme. Elles ont gardé la grâce et la sérénité de la race qui éleva ces monuments. Il n'y a pas de contraste entre cette nature riante et cette architecture. A Pœstum, le contraste est plus saisissant; le pays est affreux, mais Pœstum est plus beau.

Alexandre Dumas a fait à pied la route de Girgenti à Palerme. C'est au milieu de cette route qu'il rencontra deux brigands, qui demandèrent au maître et à ses deux compagnons une pièce de 20 francs pour taxe de leur passage. — Combien sont-ils? — demanda Dumas au guide. — Deux. — Eh bien! nous sommes trois : c'est nous qui allons les taxer.

Il n'y a plus de brigands, plus d'Alexandre Dumas, non plus. Le chemin de fer a tué l'industrie des brigands et celle des conteurs de voyage. On n'est plus rançonné que par les maîtres d'hôtel. Je crois cependant qu'il serait périlleux, même aujourd'hui, de s'aventurer dans les immenses solitudes que traverse la voie ferrée. En Sicile, il n'y a ni fermes isolées, ni villages. Il n'y a que de petites villes fortifiées. On dit bien que la *camorra* sicilienne est dissoute, qu'elle s'est liquidée, tandis que celle de Naples est encore florissante. Mais les membres de la *camorra* survivent à l'association et opèrent pour leur compte. Plus d'abonnement possible: ce n'est que plus dangereux. Certes, la Sicile usurpe sa réputation, sous le rapport des brigands. Ceux des environs de Rome, ou ceux qui exploitent méthodiquement à bureau ouvert, presque sous la garantie du gouvernement, Naples et la campagne de Naples, ne le cèdent en rien aux brigands de la Sicile. Ils travaillent même d'autant plus à l'aise qu'étant moins célèbres, on les redoute moins.

Notre train n'a pas été arrêté et m'a conduit sans

aventure à Palerme, terme de mon voyage sicilien.

Le magnifique *Hôtel des Palmes,* autre création du célèbre Ragusa, m'offre une hospitalité somptueuse, au milieu des palmiers, des cocotiers, des lataniers, des orchidées les plus éclatantes. Mon confrère Guy de Maupassant vient de quitter l'hôtel pour continuer l'excursion qu'il a si bien racontée. Je le loue de confiance et d'après la lecture de ses autres écrits : car si j'avais eu connaissance de ses études sur la Sicile, je n'aurais sans doute jamais eu le courage de rédiger ces notes.

Palerme reçoit trop de visiteurs pour qu'il soit possible d'en publier une description nouvelle. Dès ma première promenade, je lui donne une place d'honneur en mes affections urbaines, à côté de Venise, de Florence et de Vienne.

On ne sait ce qu'il faut le plus admirer en cette ville bénie, le site, la grâce aimable des principales rues, le climat ou les monuments. Après avoir vu Naples, il ne faut pas mourir; il faut se rendre à Palerme, n'en plus sortir, si l'on peut ; et y finir paisiblement ses jours. La campagne de Palerme, que je traverse pour visiter la basilique de Monreale, mérite son gracieux nom de : Conque d'or. La basilique de Monréale, c'est Saint-Marc de Venise en plus beau, avec un cloître qui surpasse celui de Saint-Paul hors les murs.

Tous les maîtres de Palerme, Sarrasins, Normands, Angevins, Aragonais, ont laissé des monuments absolument originaux, où le style particulier à ces races se marie harmonieusement avec le style oriental, byzantin ou arabe. La cathédrale, bâtie sur une place magnifique, serait un des plus grandioses parmi les édifices normands, sans le dôme malencontreux en style jésuite qu'on y ajouta au siècle dernier. L'église de Saint-Jean des Ermites ressemble à une mosquée du plus beau caractère arabe ; la Martonara, la chapelle palatine, éblouissent par l'éclat de leurs mosaïques byzantines et la noblesse de leur architecture ogivale du temps de Roger II, fils de Robert Guiscard.

Au musée, je retrouve mes chères madones de Gagini, si vivantes. Les métopes de Sélinonte offrent des spécimens, presque uniques, avec les marbres d'Egine, de l'art primitif de la Grèce : des figurines grecques de terre cuite étonnent par le naturel presque moderne de leur allure. et enfin, il faut s'extasier devant le triptyque attribué à Van Eyck, et devant les peintures d'Antonello de Messine.

Mais qui ne connaît ces merveilles, ou qui n'en a entendu parler ? Ceux qui les connaissent n'attendent plus qu'un plaisir, celui de les revoir. Ceux qui en ont entendu parler, n'ont qu'un désir, c'est de les voir à leur tour.

Le duc d'Aumale possède là un des plus beaux palais qui soient au monde. En ce pays, l'exil même doit être doux ou du moins adouci.

Plusieurs lettres de recommandation me donnent accès dans quelques familles. Pour la première fois, depuis douze jours, j'entends parler politique. C'est une langue que je me plaisais à oublier.

Les Siciliens ne regrettent pas les Bourbons ; ils n'aiment pas non plus le nouveau régime. La destinée de la Sicile a toujours été d'être mécontente. Les Siciliens ne se sont guère défendus contre l'invasion révolutionnaire des Mille, parce que les gouverneurs napolitains traitaient la Sicile en pays conquis, en province de rapport, plutôt qu'en terre patrimoniale. Cependant alors, la Sicile jouissait de précieux privilèges, notamment l'exemption du service militaire. Pendant la domination des Bourbons de Naples, Palerme ne cessa de s'insurger pour conquérir l'autonomie administrative, son parlement. C'était l'Irlande du royaume des Deux-Siciles, mais une Irlande riche et pressurée. La conquête piémontaise n'a apporté à la Sicile aucune des libertés qu'elle réclamait; elle a supprimé les privilèges dont elle jouissait. La Sicile continue à aspirer à l'autonomie. Quand l'unité italienne viendra à se disloquer, ou il faudra donner à la Sicile un parlement distinct, et un ministère spécial, ou il faudra l'ériger en État indépendant. Elle n'acceptera plus le régime d'avant 1860.

Le roi Humbert a agi prudemment, l'année dernière, à l'époque du choléra, en s'abstenant de visiter Palerme. Alors une fièvre d'indépendance a soulevé l'île entière : elle a vécu en république, et en république désordonnée.

Le personnage le plus populaire de Palerme, c'est l'Em. archevêque, le cardinal Celesia. Il n'a acheté sa popularité au prix d'aucune concession aux passions populaires; mais au prix d'une immense charité. A côté de lui, le journal la *Sicilia Cattolica*, rédigé, comme sous ses yeux, par l'éminent jésuite, le P. Orlando, contribue à maintenir chez les catholiques siciliens l'intégrité des doctrines catholiques. Là sont à peu près inconnues les divisions religieuses qui troublent et inquiètent les catholiques du reste de l'Italie.

De cette trop rapide visite à la Sicile, je n'emporte assurément que des impressions superficielles. Mais, quand un rude labeur me permettra quelque loisir, c'est là que je retournerai, c'est là que je me reposerai.

La Sicile m'offrit sur la terre italienne mes derniers jours de bonheur. Je ne revins à Rome que pour assister aux crises finales du *Journal de Rome*, et pour connaître l'amertume d'un autre exil, l'exil de la Capitale chrétienne, l'exil de la plus chère patrie des âmes régénérées par le baptême. Cet exil du moins n'est pas définitif, et à tant de belles choses, dont j'ai essayé de décrire quelques-unes, je me plais à dire : Au revoir !

FIN

TABLE DES CHAPITRES

                                                          Pages.

PRÉFACE   I
    I. — Ma prison. — La cellule n° 19.   1
   II. —   —   Le parloir 30
  III. —   —   Le régime des prisons italiennes. . . 45
   IV. —   —   Le temps s'écoule. 62
    V. —   —   Les derniers jours d'un condamné. . 81
   VI. — La triple alliance. — L'irrédentisme 102
  VII.   —   —   Le mariage du duc de Gênes . 117
 VIII.   —   —   La France en péril 132
   IX.   —   —   Le voyage du prince impérial
                                        d'Allemagne 145
    X. — A Goritz. — M. le comte de Chambord. 173
   XI. — De Milan à Lucerne. — M. le comte de Paris. . . . 205
  XII. — M. Jules Ferry à Rome. 228
 XIII. — Capri. 245
 XIV. — Amalfi, Salerne, Poestum. 264
  XV. — La Sicile. — Messine, Catane, Syracuse, Girgenti,
         Palerme. 285

F. Aureau. — Imprimerie de Lagny.

www.ingramcontent.com/pod-product-compliance
Lightning Source LLC
Chambersburg PA
CBHW070626160426
43194CB00009B/1383